»Macht euern DRECK alleene!«

Der letzte sächsische König, seine Schlösser und die Revolution 1918

› »Macht euern DRECK alleene!«

Der letzte sächsische König, seine Schlösser und die Revolution 1918

Herausgegeben von Iris Kretschmann und André Thieme

Staatliche Schlösser, Burgen und Gärten Sachsen gemeinnützige GmbH
Schloss & Park Pillnitz

Sandstein Verlag

Inhalt

Christian Striefler
Grußwort · · · · · · · **7**

Sybille Gräfe
Danksagung · · · · · · · **8**

Iris Kretschmann · André Thieme
Vorwort der Herausgeber · · · · · · · **9**

André Thieme
Vom Königreich zur Republik –
Sachsen und die Revolution von 1918 · **10**

Gisela Petrasch
Friedrich August III. – Prinz, König,
Privatier. Kurzbiografie · · · · · · · **30**

Iris Kretschmann
Friedrich August –
privat und als Familienvater · · · · · · **52**

Götz Krüger
Das Schicksal eines Reserveoffiziers
im Ersten Weltkrieg · · · · · · · · · **82**

Matthias Donath
Die Abdankung des
letzten sächsischen Königs · · · · · **108**

Matthias Donath
Zwei Wochen im November –
Tagebucheinträge zur Abdankung
des letzten sächsischen Königs
Edition · · · · · · · **130**

Lars-Arne Dannenberg
Das sächsische Königshaus, der Adel
und das Ende der Monarchie · · · · **146**

Matthias Donath
Der Besitz des vormaligen
sächsischen Königshauses
zwischen 1918 und 1945 · · · · · · · **162**

Jan Bergmann-Ahlswede
Der Bericht von Georg Freiherr O'Byrn
über die Begräbnisfeierlichkeiten
König Friedrich Augusts III.
Edition · · · · · · · **176**

Iris Kretschmann · Götz Krüger
Besuche nach dem Untergang –
Sibyllenort gestern und heute · · · · **194**

Abbildungsnachweis · · · · · · · **223**

Impressum · · · · · · · **224**

König Friedrich August III. von Sachsen in Paradeuniform mit weißen Straußenfedern auf der Pickelhaube, Pastell von Anton Klamroth, 1905.

Grußwort

Die Bedeutung eines Menschen, seine Größe bemisst sich nicht selten an der Teilnahme seiner Mitmenschen an seiner Beerdigung. Sollte dieser Satz allgemeingültig sein, dann kann man bei König Friedrich August III. getrost vom bedeutendsten Sachsen des 20. Jahrhunderts sprechen. Als sein Sarg am 22. Februar 1932 gegen 10 Uhr am Dresdner Hauptbahnhof eintraf, säumten Hunderttausende die Straßen auf dem Weg zur Hofkirche, in der Sachsens letzter König aufgebahrt werden sollte. Beobachtende berichteten von chaotischen Zuständen, als die zum Schluss auf etwa eine halbe Million angewachsene Menschenmenge dem Wettiner das letzte Geleit geben wollte. Ein viel zu geringer medizinischer Dienst sprach gar von über 1000 Einsätzen, Quetschungen, Ohnmachtsanfällen und sogar zwei Toten, die in der Menschenmenge quasi zerdrückt wurden. Kein Sachse und nur ganz wenige andere Deutsche haben bei ihrer Beerdigung so viele Trauernde angezogen.

Schloss Pillnitz, Blick auf das Neue Palais, Postkarte, koloriert, 1917.

Über die wirklichen Gründe lassen sich sicherlich nur Mutmaßungen anstellen, Meinungsumfragen gab es dazu natürlich nicht. Vielleicht symbolisierte die große Zahl der Trauernden eine tief im Volk liegende Sehnsucht nach Stabilität, nach geordneten Verhältnissen, die man in den »glücklichen« Jahren vor dem Ersten Weltkrieg gehabt zu haben glaubte. Vielleicht auch lag es an der Persönlichkeit Friedrich Augusts selbst, der sich weniger durch großartige politische Leistungen oder kühne Visionen Anerkennung verschafft hatte, sondern durch sein einnehmendes und leutseliges Wesen, das ihn bei der Bevölkerung so beliebt gemacht hatte. Zwar hatte Sachsens letzter König die letzten vierzehn Jahre seines Lebens nicht mehr in der Residenzstadt Dresden, sondern im fernen Sibyllenort (Schlesien) verbracht und sich dort mehr als Privatmann denn als ehemaliger Repräsentant seines Landes gegeben. Aber über die eher gelegentlichen Aufenthalte in Dresden und Sachsen konnte nur Positives berichtet werden, und die Zahl der sich darum rankenden Anekdoten ist Legion.

Im Zeichen zunehmender »Gendergerechtigkeit« könnte man einen ausgeklügelten Plan in der Konzeption der Staatlichen Schlösser, Burgen und Gärten Sachsen für diese Ausstellung vermuten, wenn wir uns nach der so großartigen Befassung mit Luise von Toscana im Jahr 2017, der spektakulär geschiedenen Ehefrau Friedrich Augusts III., in diesem Jahr ihrem Gemahl zuwenden. Es ist mehr als nur die 100. Wiederkehr dieses für die gesamte Geschichte des 20. Jahrhunderts so entscheidenden Schicksalsjahres. Wir wollen auf dem uns zur Verfügung stehenden Raum einiges über diese Umbruchzeit berichten und natürlich auch über den Protagonisten selbst. Pillnitz hat er besonders geliebt, ist oftmals im Park spazieren gegangen und hat dabei wohl das eine oder andere Mal an seine bedeutenden Vorfahren denken müssen. Er hätte auch heute seine Freude gehabt an dem so wunderbar von uns gepflegten historischen Garten, und er wäre stolz auf die vielen fleißigen Mitarbeiter, die in der Nachfolge seiner früher am Hofe beschäftigten Arbeiter und Gärtner den Park auf das Vortrefflichste pflegen und bewahren.

Ich wünsche der Ausstellung viele interessierte Besucher, die auch im Schlossmuseum Pillnitz wieder Neues entdecken können.

Dr. Christian Striefler
Geschäftsführer
Staatliche Schlösser, Burgen und Gärten
Sachsen gemeinnützige GmbH

Danksagung

An die überaus erfolgreiche Ausstellung »Skandal bei Hofe – Die Flucht der Luise von Toscana, Kronprinzessin von Sachsen«, die 2017 Zehntausende Besucher in das Schlossmuseum im Neuen Palais von Schloss & Park Pillnitz gezogen hat, schließt sich 2018 inhaltlich die Ausstellung »Macht euern Dreck alleene! Der letzte sächsische König, seine Schlösser und die Revolution 1918« an.

Die Ausstellung geht vielen Fragen nach. Wer war dieser König, dem die Aufgabe zukam, in seiner Regentschaft nach vielen Jahrhunderten die Ära der Monarchie in Sachsen zu beenden? Legendär ist seine enge Verbundenheit mit »seinen« sächsischen Untertanen, die mit einer Vielzahl von Anekdoten und Aussprüchen belegt ist. Diese sind noch heute im Langzeitgedächtnis der Sachsen verankert.

Die fundamentalen Entwicklungen in Sachsen und Änderungen im Leben Friedrich Augusts wurden von unseren erfolgreichen Kuratoren, dem Kunsthistoriker Dr. Matthias Donath, dem Historiker Dr. Lars-Arne Dannenberg und der Museologin Iris Kretschmann fachlich hervorragend recherchiert, beschrieben und »zum Leben erweckt«.

Bei der Vorbereitung der Exposition konnten wir uns auf die großzügige Unterstützung aller Leihgeber verlassen. Bei ihnen bedanke ich mich sehr herzlich. Sie stellten uns zahlreiche Objekte, Kunstwerke und Archivalien zur Verfügung, die diese Ausstellung begreif- und sichtbar machen. Einige historisch besonders wertvolle Artefakte, wie z. B. der Schreibtisch, an dem 1918 die Abdankung unterzeichnet wurde, werden erstmalig im Schloss Pillnitz präsentiert.

Die hervorragende Gestaltung der kleinen Ausstellungsräume lag wieder in den bewährten Händen unseres zuverlässigen, kreativen Gestaltungsteams mit der Ausstellungsgestalterin Antje Werner und der Illustratorin und Bühnenbildgestalterin Anja Maria Eisen.

Mein herzlichster Dank gilt allen Beteiligten:
- dem Kuratorenteam,
- den Leihgebern,
- den Gestalterinnen,
- allen Firmen,
- den beteiligten Mitarbeitern der Zentrale der Staatlichen Schlösser, Burgen und Gärten Sachsen gGmbH und
- dem gesamten Pillnitzer Team

Sie alle haben zum Gelingen dieser außerordentlichen Ausstellung beigetragen!

Sybille Gräfe
Schlossleiterin Schloss & Park Pillnitz

Vorwort der Herausgeber

Für die Staatlichen Schlösser, Burgen und Gärten Sachsen ist 1918 ein besonderes Jahr. Die Revolutionäre zwangen im November 1918 nicht nur den letzten sächsischen König zur Abdankung, sondern beschlagnahmten überdies die wettinischen Residenzen und alle Besitzungen des wettinischen Fideikommiss. In einem weiteren Sinne wurde das Jahr 1918 damit auch zur Geburtsstunde der staatlichen Schlösserverwaltung in Sachsen. Deren institutionelle Formierung sollte sich freilich in wechselvoller Verwaltungsgeschichte über mehrere Jahrzehnte hinstrecken und letztlich erst 2003 in die Gründung eines sächsischen Staatsbetriebes (seit 2013 gemeinnützige GmbH) münden, der die Bewahrung, Pflege, Vermittlung und Bewirtschaftung der wichtigsten sächsischen Schlösser, Burgen und Gärten zusammenfasst.

Unter den heute in staatlicher Hand verwalteten Schlössern und Burgen betraf diese Zäsur von 1918 allerdings nur zwei Objekte konkret: Pillnitz und Großsedlitz. Alle anderen Denkmale waren schon früher oder sind erst später unter staatliche Verwaltung gelangt, oder sie stehen – wie das Residenzschloss – heute unter anderer Verfügung. Es lag für uns also nahe, ausgerechnet in Pillnitz, etwas abseits vom Dresdner Zentrum und damit vom damaligen Geschehen, an die Revolution von 1918 und an das Ende der Monarchie zu erinnern; zumal diese Sonderausstellung hier gleich drei der für unser Ausstellungsprogramm tragenden inhaltlichen Kriterien erfüllt: sie ist unmittelbar mit der Geschichte des Schlosses verbunden, sie erschließt wissenschaftlich neue Quellen und sie fokussiert die lange vernachlässigte jüngere Geschichte des 20. Jahrhunderts, die doch so prägend für fast alle unsere Objekte gewesen ist.

Angesichts der für die Sonderausstellung beschränkten räumlichen Dimensionen war klar, dass die kleine Pillnitzer Ausstellung nicht zum zentralen Erinnerungsort für die Novemberrevolution in Sachsen werden konnte. Gerade mit Blick auf den Ausstellungsort nahmen wir stattdessen lediglich zwei Aspekte besonders in den Blick: König Friedrich August III. in den letzten Tagen seiner Herrschaft und das weitere Schicksal der ehemals wettinischen Schlösser und Besitzungen.

Diese Schwerpunktsetzung spiegelt sich auch im vorliegenden Begleitband zur Ausstellung wider. Nach einem einführenden Überblick über die zur Revolution hinführenden Ereignisse in Sachsen steht die Person des letzten Königs Friedrich August III. im Mittelpunkt. Das Schicksal eines sächsischen Reserveoffiziers im Krieg und das besondere Verhältnis des sächsischen Adels zu seinem König weiten und ergänzen diese Sicht. Im Lichte neuer Quellen zeichnet Matthias Donath die letzten zwei Wochen Friedrich Augusts III. als König und beleuchtet das wechselvolle Schicksal der ehemals königlichen Besitzungen. Ein Bericht über das feierliche Begräbnis Friedrich Augusts III. und der Blick nach Schloss Sibyllenort, dem schlesischen Alterssitz des ehemaligen Königs, schließen den Reigen der Beiträge.

Unser besonderer Dank gilt den Kuratoren, Dr. Matthias Donath und Dr. Lars-Arne Dannenberg, die gemeinsam mit Iris Kretschmann die Ausstellung vorbereitet haben, sowie den weiteren Autoren des Begleitbandes, aber auch Simone Antonia Deutsch vom Sandstein-Verlag, die das Buch gestaltete. Ganz herzlich danken wir zudem allen Leihgebern der Sonderausstellung, allen Helfern und nicht zuletzt unseren großartigen Ausstellungsgestalterinnen Antje Werner und Anja Maria Eisen.

Dresden, im März 2018
Iris Kretschmann und André Thieme

Was hat uns die Revolution gebracht?

Eine Volksrepublik!
Gleiches Wahlrecht! Frauenwahlrecht!
Wahlrecht vom 20. Jahre an!

Alle Dynastien
und ihr Hof verschwunden! Eine sozialistische Regierung!

Arbeiter- und Soldatenräte überall!
Das privilegierte Herrenhaus beseitigt!
Das Dreiklassen-Abgeordnetenhaus aufgelöst!

Versammlungsfreiheit!
Koalitionsfreiheit! Preßfreiheit! Freie Religionsübung!
Aufhebung der Schulaufsicht!

Zerschmetterung des Militarismus!
Gleiche Kost für Offizier und Mann! Erhöhung der Mannschaftslöhne!
Sofortige Entlassung aller alten Leute und der Berufswichtigen!

Achtstundentag!
Arbeitslosenfürsorge! Arbeitgeber und Arbeiter gleichberechtigt!

Gemeinsame Verwaltung
der Arbeitsnachweise durch Arbeitgeber und Arbeiter!
Alle Arbeiterschutzbestimmungen wieder eingesetzt!

Aufhebung der Gesindeordnung!
Landlieferungsverbände für Siedelungsland!
Aufhebung der Gutsbezirke!

Erhöhung der allgemeinen Brotration!
Öffnung der Grenzen für Lebensmittel!

So viel ist schon errungen — viel mehr muß noch erreicht werden!
Schließt die Reihen! Hütet Euch vor Zersplitterung!
Einigkeit!

André Thieme

Vom Königreich zur Republik

Sachsen und die Revolution von 1918

Am 9. November 1918 floh König Friedrich August III. von Sachsen vor der ausbrechenden Revolution aus Dresden. Wenige Tage später hatte ihn seine Flucht ins benachbarte Preußen, auf Schloss Guteborn (Lausitz) geführt. Dort unterzeichnete er am 13. November seinen Verzicht auf den sächsischen Thron und entband Beamte und Offiziere von den auf ihn beschworenen Pflichten.

Weithin unblutig, weithin sang- und klanglos waren Monarchie und König verschwunden – nur eine kurze, sich schnell überlebende Sensation im eiligen Takt der revolutionären Umbrüche. Tag für Tag drängten sich damals immer neue Ereignisse, immer neue Zäsuren in den Vordergrund und ließen keinen Raum für einen »emotionalen« Abschied von der Monarchie. Der stille Abgang des letzten sächsischen Königs rief deshalb kaum Hass und Wut, kaum Angst und Trauer, öfter vielleicht noch ungläubiges Achselzucken darüber hervor, dass es nun wirklich vorbei war, und hinterließ bei erstaunlich wenigen der ehemals königlich-sächsischen Untertanen einen bleibenden Phantomschmerz. Reichlich 800 Jahre wettinischer Herrschaft in Mitteldeutschland hatten mit der Abdankung Friedrich Augusts III. ihr Ende gefunden – und doch erschien der abrupte Bruch dieser außerordentlichen dynastischen Tradition letztlich nur als wichtigste Nebensache der großen Revolution von 1918 in Sachsen.

Das bürgerliche Sachsen und seine Dynastie im 19. Jahrhundert

Dabei hatte die wettinische Dynastie im 19. Jahrhundert einen ungeahnten Aufschwung genommen, nicht nach Rang und Macht, sondern ausgerechnet als Anker einer bürgerlich-sächsischen Identität – eine der typisch sächsischen Paradoxien. Noch im 18. Jahrhundert fremdelten die lutherischen Sachsen mental mit ihrem frisch katholisch gewordenen Fürstenhaus. Doch als Sachsen seine lutherische Führungsrolle im Reich nach 1815 endgültig an Preußen verlor, verlor auch der konfessionelle Gegensatz zwischen Land und Dynastie an Brisanz. Und ausgerechnet die schwindende Realmacht der Wettiner in Europa, aber auch in Sachsen selbst, machte sie zur perfekten, idealisierenden Projektionsfläche sächsischer Identität.[1]

Politisch war es mit den Wettinern und auch mit Sachsen nach furiosem Auftakt im 19. Jahrhundert schnell bergab gegangen – auch das verband. Wie die Landesherren in Bayern und Württemberg erhielt der sächsische Kurfürst Friedrich August III. 1806 den erblichen Königstitel (als König gezählt als Friedrich August I.); Sachsen wurde auf den Trümmern des alten Heiligen Römischen Reichs deutscher Nation zum eigenen Königreich, wenn auch von Napoleons Gnaden. Für die Wettiner bedeutete das trotz allem eine enorme familiäre Aufwertung. Nach dem insgesamt unglücklichen polnischen Intermezzo des 18. Jahrhunderts waren die Wettiner 1806 endlich dauerhaft in der Spitzengruppe der europäischen Adelshierarchie, den Königshäusern, angekommen.

Doch schon mit dem Wiener Kongress verschwand das neue Königreich Sachsen 1815 endgültig von der Bühne der machtpolitisch maßgeblichen Mächte Europas. Ausgerechnet an den Erzrivalen Preußen verlor man zwei Drittel seines Territoriums mit einem Drittel der sächsischen Untertanen: Aus dem ehedem im Reich führenden Kurfürstentum war ein mindermächtiges Königreich Sachsen geworden. Als König Friedrich August I. wenig später aus preußischer Gefangenschaft zurückkehrte, empfing ihn eine weiß-grün-gefärbte Begeisterung. In Niederlage und Verlust rückten die Sachsen und ihr König auch mental wieder enger zusammen.

Der Frust auf Preußen blieb und wurde zur Konstante einer sächsischen Mentalität, die sich auf den großen nördlichen Nach-

»Was hat uns die Revolution gebracht?« Sozialdemokratisch orientierte Propagandaschrift zu den Ergebnissen der Novemberrevolution. Herausgegeben von der Delegation der gesamten Soldatenräte an der Ostfront, Dezember 1918.

Oben: Einzug des ersten sächsischen Königs Friedrich August I., seiner Gemahlin und seiner Tochter durch die Ehrenpforte am Pirnaischen Schlag nach der Heimkehr aus preußischer Gefangenschaft am 7. Juni 1815 in Dresden, kolorierter Kupferstich eines unbekannten Künstlers, 1815.

Unten: Schlacht von Königgrätz 1866, Gemälde von Emil Hünten, Öl auf Leinwand, um 1885.

barn ausrichtete und an Preußen maß. Für die Wettiner ging es politisch weiter bergab: Nach den gegen das reaktionäre königliche Regime aufgekommenen bürgerlichen Unruhen des Jahres 1830 musste König Anton 1831 den Übergang Sachsens zur konstitutionellen Monarchie hinnehmen, die den König und das Königtum in die Regeln einer Verfassung zwang und künftig die Zustimmung zu den von der königlichen Regierung vorgelegten Gesetzen an die Zustimmung zweier Kammern des neuen Landtags band. Die zweite sächsische Kammer wurde dabei durch Wahlen bestimmt; ein Markstein bürgerlicher Emanzipation und ein vorsichtiges Zulassen kleiner demokratischer Elemente. Dem weiteren Drängen der wirtschaftlich aufsteigenden bürgerlichen Schichten nach politischer Teilhabe, liberaler Reform und gesellschaftlicher Modernisierung tat das allerdings keinen Abbruch.

Den Dresdner Maiaufstand von 1849 überstand König Friedrich August II. nur gestützt auf die Bajonette preußischer Soldaten, die unter den sächsischen Aufständischen ein Blutbad anrichteten. Die sächsische Monarchie hatte sich damit in den Augen vieler bürgerlicher Zeitgenossen

Oben: Der Fürstenzug. Panoramabild am Dresdner Stallhof von Wilhelm Walther, 1872 bis 1874 (Ausschnitt), 2018.

Unten: König Georg, Postkarte zum Huldigungseinzug am 4. November 1902.

delegitimiert, und doch arrangierten sich die neuen bürgerlich-sächsischen Eliten in den kommenden Jahrzehnten ausgerechnet mit ihrer königlichen Dynastie: Erstens weil die revolutionäre Option geschwunden oder, noch gefährlicher, in die Hände der Arbeiterbewegung gefallen war; zweitens weil nach dem Unfalltod König Friedrich Augusts II. seit 1854 mit den Königen Johann und Albert durchaus akzeptable oder sogar populäre Wettiner auf den Thron gelangten; drittens weil man durch politische Schicksalsschläge verbunden blieb; und viertens weil es eben nicht anders ging.

Gemeinsam durchlitten Land und König das letzte Aufbegehren gegen die preußische Dominanz: 1866 zog man an der Seite Österreichs gegen die Preußen zu Felde und in die Niederlage der Schlacht von Königgrätz, bei der gerade die lange standhaltenden sächsischen Truppen einen hohen Blutzoll bezahlten. Sachsen und sein König Johann waren fortan nur noch Juniorpartner im Norddeutschen Bund unter der Kuratel des preußischen Königs Wilhelm I.

1870 nahmen auch die sächsischen Truppen am großen Krieg gegen Frankreich teil und standen diesmal auf Seiten der preußisch-deutschen Sieger. Zum 18. Januar 1871 erklärten die deutschen Territorialfürsten und Könige den preußischen Wilhelm I. zu ihrem Kaiser; das neue Deutsche Reich war unter preußischer Dominanz geboren. Sachsen, das sich immer antipreußisch definiert hatte, musste sich mental neu verorten, im Reich integrieren und einen neuen identifikatorischen Fixpunkt generieren. In dieser mental prekären Situation boten sich nun ausgerechnet die weitgehend entmachteten Wettiner zum Kern einer neujustierten sächsischen Regionalidentität an. Besonders Albert, der »Sieger von Sedan« und seit 1873 sächsischer König, rückte ins Zentrum einer neuen wettinischen Popularität. Als (endlich einmal) erfolgreicher Feldherr und als »deutscher« Held taugte der Wettiner zum sinnträchtigen Vehikel einer mentalen Aussöhnung sächsischer Befindlichkeiten im neuen Reich.

Zwischen 1872 und 1874 entstand das prächtigste und wirkmächtigste Zeugnis dieser mentalen »Wettinerisierung« Sachsens: der Fürstenzug am Dresdner Stallhof. Und 1889 fand die verherrlichende Verklärung der sächsischen Wettiner in dem großen Jubel-

Ganz links: Wilhelm Liebknecht, Foto, o. J.

Links: August Bebel, Foto, um 1890.

Rechts: König Albert, Heliogravüre eines Kupferstiches von L. Lorenz, um 1885.

umzug zur 800-Jahr-Feier wettinischer Herrschaft einen außerordentlichen Höhepunkt. Bürgertum und Dynastie schienen vorbildlich vereint, eine Revolution undenkbar.

Doch in diesen Konsens konnte, wollte und durfte die parallel an Kraft gewinnende Sozialdemokratie in Sachsen nicht eintreten. In deren Aufstieg zur Massenpartei am Ende des 19. Jahrhunderts vermittelt sich deshalb die begrenzte Eindringtiefe des bürgerlichen Sachsen-Konzepts bei der zahlenmäßig wachsenden Arbeiterschaft; Sozialdemokratie war keine sächsische Angelegenheit, sondern ein internationales oder doch wenigstens nationales Projekt! Die Umbenennung etwa von Straßen und Plätzen nach Wettinern stieß folgerichtig auf Widerstände aus dem sozialdemokratischen Umfeld.

Und doch hinterließ die »Wettinerisierung« Spuren bis in die Unterschichten hinein. Nach dem ungeliebten Kurzzeitregiment des Königs Georg von Sachsen 1902 bis 1904 rückte mit Friedrich August III. ein außerordentlich volkstümlicher Mann auf dem Thron nach, ein Mann, der politisch kaum Akzente setzte, ein Mann, der von seiner Frau verlassen worden war und in dieser Allzumenschlichkeit plötzlich nahbar schien. Als Feind, als Hassgegner, als propagandistische Projektionsfläche taugte dieser scheue sächsische König nicht. Der revolutionäre Furor von 1918 galt dann auch folgerichtig dem Amt und der Monarchie, die sich überlebt hatten, nicht aber dem Mann Friedrich August III. selbst.

Die sächsische Sozialdemokratie vor dem Krieg

Der außerordentliche Erfolg der Sozialdemokratie in Sachsen vollzog sich in einem der wirtschaftlich, wissenschaftlich, sozial und bevölkerungsmäßig dynamischsten Länder des Deutschen Reichs. Die Einwohnerzahl Sachsens stieg von 1,9 Millionen um 1850 auf 4,8 Millionen im Jahr 1910, wuchs damit auf mehr als das Zweieinhalbfache und war deutlich stärker als der durchschnittliche Bevölkerungs-Zuwachs im Reich.[2] Vor allem die Einwohnerzahl in den großen Städten Dresden, Leipzig und Chemnitz explodierte geradezu. Unaufhaltsam entwickelte sich Sachsen zu einem Industrieland; zahllose mechanisierte Betriebe und das dichteste europäische Eisenbahnnetz entstanden, und am Vorabend des Ersten Weltkrieges arbeitete nur noch jeder zehnte Sachse in der Landwirtschaft. Die stattdessen überproportional anwachsende Lohnarbeiterschaft der Mittel- und Großstädte wurde zur Hauptklientel einer Sozialdemokratie, die hier den günstigsten Nährboden für ihre Entwicklung fand. Nicht zufällig gründete sich der institutionelle Vorläufer der SPD, der Allgemeine Deutsche Arbeiterverein (ADAV), 1863 in Leipzig. Und nicht zufällig gehörte die radikaldemokratisch-sozialistische Sächsische Volkspartei von Wilhelm Liebknecht und August Bebel zu den entscheidenden Wegbereitern für die Gründung der Sozialdemokratischen Arbeiterpartei 1869, die sich 1875 mit dem ADAV zur Sozialistischen Arbeiterpartei Deutschlands (SPD) zusammenschloss.

Wenigstens drei ganz spezifisch sächsische Aspekte begünstigten über die soziodemografischen Faktoren hinaus den außergewöhnlichen Erfolg der SPD in Sachsen:[3] Sachsen war traditionell ein evangelisch-lutherisches Land gewesen. Weder die katholische Königsfamilie noch die merkliche Arbeitskräfte-Zuwanderung von Katholiken seit 1871 hatten daran etwas ändern können. Dass die lutherische Landeskirche Sachsens als Instrument des Obrigkeitsstaates wahrgenommen wurde und sich erst vergleichsweise spät der existenziellen Notlagen in der Arbeiterschaft annahm,[4] trug entscheidend zur frühen Entkirchlichung weiter Teile der unteren Bevölkerungsschichten bei, die nun in der Sozialdemokratie nicht nur eine politische, sondern auch eine neue geistig-kulturelle Heimat fanden. Im ehedem lutherischen Sachsen erreichte die SPD deshalb einen deutlich höheren Mobilisierungs- und Organisationsgrad als in den katholischen Regionen des Reichs, in denen die Zentrums-Partei als katholische und soziale Opposition breite Teile der Arbeiterschaft absorbierte.

Zur Popularität der sächsischen Sozialdemokratie trug auch die latente Preußenfeindlichkeit der Partei bei, die gerade in Sachsen traditionell auf fruchtbaren Boden fiel. Diese mentale Sachsenspezifik stand freilich im Widerspruch zur im Kern nationalen Programmatik der SPD, für die in

letzter Konsequenz das Reich und nicht die provinzielle sächsische zweite Kammer Ziel einer (mehr oder weniger) revolutionären Umgestaltung war. Viel stärker als alle anderen sächsischen Parteien richtete die SPD ihren Blick und ihr Handeln auf Berlin und nicht auf Dresden.

Schließlich betrieb das politische Establishment in Sachsen eine in dieser Form einzigartige parlamentarische Ausgrenzung der SPD, die zum Spiegel für das Auseinandertriften zwischen der wirtschaftlich-kulturellen Modernität des Landes einerseits und der erstaunlich reaktionären, stark agrarisch dominierten Landespolitik andererseits geriet. Gerade in Sachsen wussten die konservativen königlichen Regierungen im Deal mit dem bürgerlichen Parteienkartell den drohenden Siegeszug der SPD durch eine im Kontext höchst perfide Wahlrechtsänderung erfolgreich zu verhindern. Das ehedem 1868 eingeführte, damals vergleichsweise progressive, sächsische Zensus-Wahlrecht hatte zwar durch die für eine Stimmabgabe verbindliche Mindeststeuerabgabe die sozialdemokratische Kernklientel, die sächsische Arbeiterschaft, zunächst noch weitgehend ausgeschlossen, dennoch verzeichnete die SPD in den Jahren nach 1890, als der gewachsene Wohlstand immer mehr Arbeitern den Zugang zur Wahlurne ermöglichte, größere Achtungserfolge und besetzte schließlich 15 der 80 Sitze in der zweiten sächsischen Kammer. Das daraufhin 1896 von den bürgerlichen Parteien beschlossene und von König Albert in Kraft gesetzte Dreiklassen-Wahlrecht nach preußischem Vorbild führte in den folgenden Jahren zu einer faktischen Verbannung der SPD aus dem sächsischen Parlament – und dürfte in dieser augenscheinlichen Diskriminierung nolens volens der Partei zahlreiche weitere Unterstützer, Mitglieder und Wähler zugetrieben haben.

Fast folgerichtig fuhren die Sozialdemokraten bei den nach allgemeinem Wahlrecht (für Männer) abgehaltenen nationalen Reichstagswahlen in Sachsen fast zeitgleich unglaubliche Siege ein. 1898 erlangten sie fast 50 Prozent der abgegebenen Stimmen, 1903 fast 60 Prozent. Gerade die Reichstagswahlen des Jahres 1903 gerieten zum Triumph. Die SPD-Kandidaten holten sensationelle 22 der 23 Wahlkreise. Der Mythos vom »roten Königreich« war endgültig geboren. Sachsen und die Sozialdemokratie schienen wie in keinem anderen Land des Reichs unauflöslich eng verbunden.

Die Diskrepanz zwischen der sozialdemokratischen Dominanz bei den Reichstagswahlen und ihrer parlamentarischen Ausgrenzung auf Landesebene machte eine Korrektur in Sachsen immer dringlicher – zumal die SPD durch Massenkundgebungen auf der Straße starken Druck entfaltete. König Friedrich August III., seit 1904 auf dem Thron, etablierte nach einer Reihe konservativer Regierungschefs 1906 den liberaleren Wilhelm von Hohenthal als neuen starken Mann im sächsischen Gesamtministerium, das nun eine Wahlrechtsreform in Gang setzte, die 1909 zur Einführung des sogenannten Pluralwahlrechts führte. Obwohl der Zuschnitt des neuen Wahlrechts ein Übergewicht der SPD weiterhin gezielt verhindern sollte,[5] erlangte die sächsische Sozialdemokratie in den Wahlen von 1909 mit beachtlichen 25 von 80 Sitzen endlich wieder (große) parlamentarische Repräsentanz im Königreich Sachsen.

Die Beschwörung einer proletarischen Revolution gehörte von jeher zum festen rhetorischen Arsenal der Sozialdemokratie, und für deren langjährigen Vorsitzenden August Bebel schien eine kommende Revolution zeitlebens noch unausweichlich. Aber

Links: Teilnehmer der Internationalen Konferenz der Sekretäre für Jugendfragen der SPD im Jahr 1909 in Dresden.
Bildmitte: Richard Weimann.

Rechts oben: Angehörige des 1. Königlich-Sächsischen Leibgrenadier-Regiments Nr. 100 in der Bautzener Straße vor Pfunds Molkerei in Dresden, Mobilmachung, 1914.

Rechts unten: König Friedrich August von Sachsen nimmt die anlässlich seines Besuches an der Westfront stattfindende Ehrenparade ab. Pressefoto, Erster Weltkrieg.

als Bebel 1913 starb, war die sächsische SPD längst keine revolutionäre Partei mehr. Auch wenn sich im Sachsen der Jahre vor dem Ersten Weltkrieg erhebliches gesellschaftliches Konfliktpotenzial aufgestaut hatte, von einer Revolution schien das Land im Frühjahr 1914 weit entfernt – obwohl oder besser weil die sozialdemokratische Partei hier zu unglaublicher Stärke angewachsen war. Zwar behielten die führenden sächsischen Sozialdemokraten im Gefolge Bebels eine marxistisch-revolutionäre Attitüde bei, aber in der Praxis hatte sich die SPD in Sachsen eingerichtet. Man zehrte von der Stärke der Organisation, hoffte auf eine bessere Zukunft, hielt die politische Spannung aufrecht, vermied aber jede gewaltsame Konfrontation, um die erreichte Stellung nicht zu gefährden.[6]

Gegen diese bräsige Zuversicht einer politisch etablierten, wenn auch nicht politisch integrierten SPD-Führung machten radikalere linke Strömungen innerhalb der Partei schon vor Kriegsausbruch mobil, die in Chemnitz und vor allem in Leipzig ständig an Stärke gewannen und die eine spürbare Verbitterung über die erlittene Ausgrenzung und Verfolgung durch die bürgerlichen Parteien in Sachsen bis ins unmittelbare Vorfeld der Revolution tradieren und eine antibürgerliche Wut als mentales Kapital in das Aufbegehren vom November 1918 einbringen sollten.

In diesen latenten innerparteilichen Spannungen der Vorkriegszeit offenbart sich, wie brüchig der Mythos vom Roten Königreich war. Denn anstelle des so vorgestellten etablierten, starken und einheitlichen sozialdemokratischen Milieus in Sachsen zeigte sich in den Jahren vor Ausbruch des Krieges eine Partei voller Dynamik und Widersprüche. Allein die Mitgliederzahlen der SPD in Sachsen waren seit der Jahrhundertwende erheblich angewachsen. Um 1900 zählte die sächsische SPD schon ca. 25 000 Mitglieder. Bis 1914 war die Zahl auf 177 500 Mitglieder angewachsen und hatte sich somit versiebenfacht![7] Dieser gewaltige Mitgliederzustrom veränderte die Partei in kurzer Zeit grundlegend, machte die Basis heterogener und förderte Zentrifugalkräfte. Der Keim zur Spaltung der sächsischen (und deutschen) SPD war gelegt.

Sachsen im Krieg
In all diese sächsischen Widersprüche platzte der Kriegsausbruch vom August 1914. Von weiten Teilen des konservativen und liberalen Bürgertums wurde der Waffengang begrüßt und auch viele Sachsen fielen in den patriotischen Taumel ein. Die sächsische SPD hatte lange gegen Krieg und Kriegsgefahr Stellung bezogen, aber die Führung der Partei schwenkte nun schon Anfang August auf die nationale »Burgfriedenspolitik« ein. Für Kriegsgegner gab es zunächst kein Podium mehr.

Innenpolitisch bedeutete der Kriegsausbruch mit der förmlichen Verhängung des Kriegszustandes, dass die exekutive Macht auch in Sachsen von den zivilen königlichen Behörden nominell in die Hände der beiden unmittelbar dem Kaiser unterstehenden und verpflichteten Befehlshaber sächsischer Militärbezirke überging: General Georg Hermann von Broizem (XII. Armeekorps Dresden) und General Georg Hermann von Schweinitz (XIX. Armeekorps Leipzig).[8] Gemeinsam mit dem sächsischen Innenminister Graf Vitzthum bildeten sie das magische Machtdreieck der kommenden Jahre. Obwohl die beiden Generäle vormals auf Empfehlung König Friedrich Augusts III. ernannt worden und dem König als sozialisierte Sachsen eng verbunden waren, erscheint der sächsische König selbst seit August 1914 durch die Militärkommandos de jure weithin entmachtet, und offensichtlich fand sich der Monarch in diese neue Rolle ein und hielt sich aus Politik und Öffentlichkeit noch stärker als bisher zurück.

Die sächsischen Generalkommandos agierten in den folgenden Jahren recht moderat und in enger Abstimmung mit den zivilen sächsischen Behörden. Auch mit der kriegsbejahenden MSPD und ihren führenden Vertretern arrangierte man sich – gerade in der Ausgleichung zahlreicher lokaler Streiks. Härter und mit der ganzen Palette

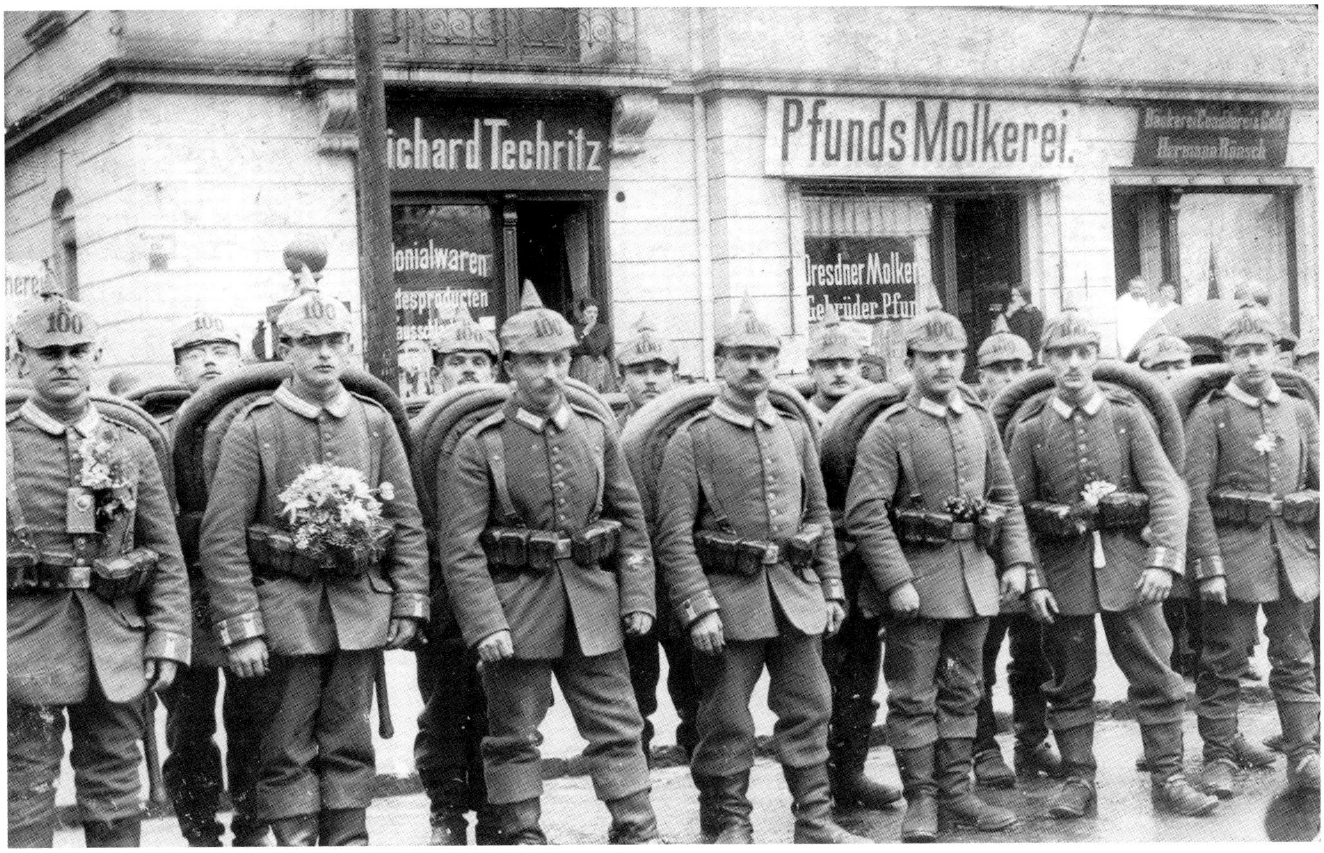
ichard Techritz
Pfunds Molkerei.

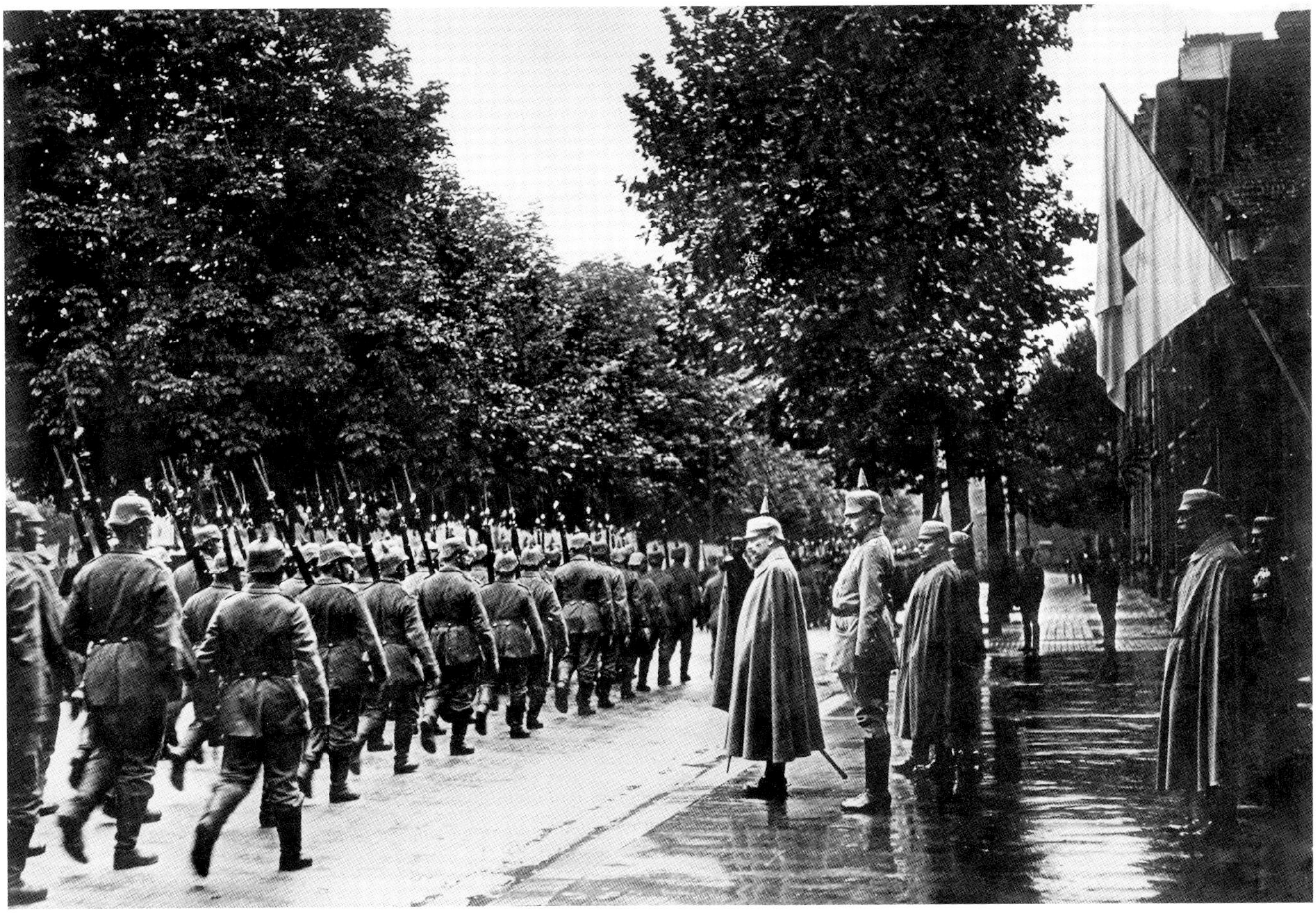

Rechts: Generaloberst Max Freiherr von Hausen, Foto, o. J.

Ganz rechts: Prinz Max von Sachsen als katholischer Feldprediger, Foto, Frühjahr 1916.

Unten: Die Soldaten müssen sich im Schützengraben kleine Höhlen ausgraben, um darin zu schlafen, Somme, 1916.

S. 19 links: Wilhelm Buck, Foto, o. J.

S. 19 rechts: Gustav Noske, Foto, o. J.

repressiver Instrumente gingen die Militärbehörden erst 1917/18 gegen die USPD und die Spartakisten vor.⁹

Seit der Generalmobilmachung am 1. August 1914 zogen Hunderttausende Sachsen in den Krieg; bis 1918 wurden insgesamt 750 000 Sachsen zum Kriegsdienst eingezogen. Die deutschen Streitkräfte waren bundesstaatlich organisiert, unterstanden aber dem Oberbefehl des Kaisers. Sachsen stellte die dritte der neun deutschen Armeen, für die König Friedrich August III. nominell als Chef fungierte, freilich mit seit Kriegsausbruch weiter begrenzten Vollmachten.¹⁰ Während die faktische Befehlsgewalt in den Händen des preußisch dominierten Oberkommandos und letztlich des Kaisers lag, ernannte Friedrich August III. vor allem Offiziere, verlieh Auszeichnungen und besuchte die Truppen an der Front.

Als militärischer Befehlshaber über die 3. Armee agierte in den ersten Kriegswochen der sächsische Generaloberst Max Freiherr von Hausen. Er führte die sächsische Armee beim (völkerrechtswidrigen) Angriff auf Belgien und dann in die verlustreiche Marneschlacht, in welcher der Schlieffenplan zur schnellen Überwindung Frankreichs scheiterte. Für den deutschen Rückzug machte Kaiser Wilhelm II. den »Sachsen« von Hausen wohl auch persönlich verantwortlich. Jedenfalls löste man den sächsischen Befehlshaber schon Mitte September krankheitsbedingt ab und ersetzte ihn durch den preußischen General Karl von Einem. Die sächsischen Truppen wurden auf verschiedene Armeen verteilt; ein geschlossenes sächsisches Gesamtkontingent gab es fortan nicht mehr.

In den kommenden vier Kriegsjahren kämpften sächsische Truppen an allen Fronten. In fast allen der großen verlustreichen Schlachten wurden auch sächsische Kontingente ins Feuer geführt: in beiden Marneschlachten (1914 und 1918), bei Verdun (1916), an der Somme (1916) und bei Cambrai (1917). Entsprechend hoch waren die sächsischen Verluste. Sie summierten sich nach amtlichen Statistiken schließlich auf 212 783 Tote, 334 000 Verwundete und 42 023 Gefangene, einschließlich der 19 000 Vermissten.¹¹ Nach vier Kriegsjahren war demnach mehr als jeder vierte sächsische Soldat gefallen, jeder zweite verwundet und/oder gefangen; eine ganze Generation junger Männer war ausgelöscht oder traumatisiert.

Aber auch in Sachsen selbst litten die Menschen, vor allem in den weniger resilienten Milieus der Arbeiter und gerade in den industrialisierten Großstädten. Die britische Seeblockade führte zu einer drastischen Verschlechterung der Ernährungssituation in der Heimat. Hunger, Mangel und Krankheit, im Winter Kälte hielten das Land in eisernem Griff gefangen; über 50 000 Zivilisten starben an diesen indirekten Folgen des Krieges. Frauen und Kinder übernahmen die Arbeiten in den Fabriken für die eingezogenen Männer. Immer wieder kam es zu schrecklichen Unfällen wie der Explosion im Dresdner Artilleriedepot vom Dezember 1916, bei der elf Arbeiter ihr Leben verloren.¹²

Gegen den Krieg und gegen die sich verschärfenden Lebensbedingungen in der Heimat gab es zunehmenden Widerstand von unten. Auch in den sächsischen Städten fanden schon am 1. Mai 1915 größere Friedensdemonstrationen statt, die sich 1916 wiederholten. Immer häufiger kam es zu Streiks und Hungerunruhen. Die Erbitterung in der Arbeiterschaft über den verlustreichen und jahrelangen Krieg wuchs und steigerte sich im Jahr 1918, als die letzten, vergeblichen deutschen Offensiven noch einmal zu außerordentlich hohen Opferzahlen an der Westfront führten.[13]

Ein Riss ging in der Kriegsfrage auch durch die wettinische Familie selbst. Denn während König Friedrich August III. als »Grüßonkel« die Fassade eines Chefs der sächsischen Kontingente aufrechterhielt, den Durchhaltewillen seiner Truppen zu stärken versuchte, häufige Frontbesuche unternahm, Offiziere beförderte und Orden verlieh, wandte sich sein Bruder Max, der vor dem Krieg eine geistliche Karriere eingeschlagen und zwischenzeitlich als Professor in Fribourg (Schweiz) gelehrt hatte, voller Entsetzen vom Krieg ab. Prinz Max begleitete als katholischer Feld- und Lazarettgeistlicher die sächsische Armee an der Westfront, war in Belgien stationiert und erfuhr die Schrecken des Krieges hautnah. Die Erfahrungen sinnlosen Leidens, Tötens und Getötetwerdens machten den Wettiner zum radikalen Pazifisten – eine Haltung, die Max immer offenkundiger in Widerspruch zur Offizierskamarilla setzte, seine Stellung unhaltbar machte und ihn auch persönlich gefährdete. Als 1916 kritische Bemerkungen des Wettiners über die deutsche Kriegsführung in Belgien und die Behandlung belgischer Zivilisten in die Weltpresse gelangten, musste König Friedrich August seinen Bruder abziehen, um ihn und auch das sächsische Königshaus zu schützen. Auf Antrag des Dresdner Oberlandesgerichts wurde Max durch den König im alten Jagdschloss von Wermsdorf faktisch interniert und sollte den abgelegenen Ort erst eine Woche vor Ausbruch der Revolution wieder verlassen können.[14]

Das Auseinanderbrechen der Sozialdemokratie

Dem patriotischen Aufruf des Kaisers von 1914 zur nationalen Einheit gegen die Feinde Deutschlands folgte letztlich auch die Führung der SPD, im Reich und in Sachsen – alles in allem eine ebenso fatale wie plötzliche Kehrtwende. Noch wenige Wochen vorher hatte die Sozialdemokratie gegen die Kriegsgefahr der »Imperialisten« mobilisiert. Ganz im Sinne des »proletarischen Internationalismus« sollte verhindert werden, dass Arbeiter gegen Arbeiter kämpften. Aber vor allem die von der kaiserlichen Regierung beschworene Gefahr eines russischen Angriffs bewog Gewerkschaften und SPD-Führung zum schnellen Einschwenken auf die nationale Linie. Man schloss, in Berlin ebenso wie in Dresden (und in ganz Europa!), einen sogenannten »Burgfrieden« mit dem »Klassenfeind«. Geschlossen stimmte die mächtige Reichstagsfraktion der SPD am 4. August 1914 für die Bewilligung der Kriegskredite – ein Sündenfall, der vier Jahre später zum politischen Ballast werden sollte.

Die innerparteiliche Diskussion in der SPD über den Burgfrieden ließ sich allerdings nicht dauerhaft unterbinden. Rosa Luxemburg sammelte schon am Abend des verhängnisvollen 4. August einen kleinen Kreis Kriegsgegner um sich. Karl Liebknecht stimmte im Dezember 1914 als erster SPD-Reichstagsabgeordneter gegen weitere Kriegskredite, im März 1915 folgte ihm der sächsische SPD-Abgeordnete Otto Rühle, der in der sächsischen Revolution von 1918 eine bedeutende Rolle spielen sollte, als zweiter Verweigerer, und im Dezember 1915 war die Zahl der Kriegsgegner in der SPD-Fraktion schon auf einige Dutzend angestiegen.

Die Mehrheit der SPD-Reichstagsfraktion beharrte freilich auf dem Burgfrieden und stützte die Fortsetzung des Krieges als »patriotische Vaterlandspflicht«, darunter auch die führenden sächsischen SPD-Abgeordneten und späteren Protagonisten in Revolution und Republik: Wilhelm Buck, Georg Gradnauer und Gustav Noske.

Die Auseinandersetzung über die Kriegskredite wurde innerhalb und außerhalb der Fraktion mit größter Erbitterung ausgetragen. Mit dem Ausschluss der Kriegsgegner aus der Fraktion im Januar 1916 war die Spaltung der SPD vorgezeichnet. Der radikal-linke Kreis um Luxemburg und Liebknecht organisierte sich als Spartakusgruppe. Und im April 1917 gründete ein breites Bündnis der SPD-Kriegsgegner die Unabhängige Sozialdemokratische Partei Deutschlands (USPD), der die Spartakus-

Oben: Karl Liebknecht spricht zu den Spartakusleuten in der Siegesallee in Berlin, Foto.

Unten: Fritz Heckert, Gemälde (Öl auf Pappe) von Erich Hering, 1967.

Rechts oben: Die Eröffnungsrede des neuen Reichskanzlers Prinz Max von Baden im Reichstagsgebäude am 5. Oktober 1918, Pressefoto.

Rechts unten: Arbeiter- und Soldatenrat Großenhain, November 1918.

gruppe geschlossen beitrat. Die in der Novemberrevolution 1918 bestimmenden Kräfte hatten sich damit formiert und differenziert. Die politisch-organisatorische »Einheit der Arbeiterklasse«, wie sie die SPD des Deutschen Kaiserreichs lange repräsentiert hatte, war für immer passé.

Die Entwicklung im Reich schlug unmittelbar auf Sachsen durch. Schon die großen Massenstreiks vom April 1917, die in Sachsen und Mitteldeutschland besonders heftig tobten, zwangen zur Polarisierung. Nur die neue USPD unterstützte die Streikenden vorbehaltlos, während die MSPD im Sinne einer Aufrechterhaltung von Recht und Ordnung lavierte. Auffällig erscheinen die regionalen Unterschiede in Sachsen: In Leipzig erlangte die sich formierende USPD mit ihrem dortigen Vorsitzenden, dem agilen Richard Lipinski, schnell an Kraft; hier ging die SPD fast geschlossen zur USPD über. In Dresden blieb die USPD unter dem gemäßigten Hermann Fleißner dagegen deutlich hinter den etablierten Mehrheitssozialisten zurück. Für den Spartakusbund als linkem Flügel der USPD und Keimzelle der KPD profilierten sich der prominente Alt-Kriegsgegner und Reichstagsabgeordnete Otto Rühle aus Pirna und der Chemnitzer Friedrich (Fritz) Heckert. In dieser gewichtsmäßig noch längst nicht austarierten neuen inneren Frontstellung traten die sächsischen Linken in den revolutionären Herbst des Jahres 1918 ein.

Herbst 1918 – der Weg in die Revolution

Unter dem Druck der sich abzeichnenden militärischen Niederlage und angesichts der zunehmenden Streiks und Verweigerungen im Reich entschied man sich in Berlin, der Friedensbedingung des US-Präsidenten Wilson nach einer Demokratisierung entgegenzukommen. Mit Zustimmung der Dritten Obersten Heeresleitung Hindenburg/Ludendorff berief Kaiser Wilhelm II. Anfang Oktober 1918 den liberalen Max von Baden zum Kanzler des Reichs. Prinz Max holte mit Philipp Scheidemann und Gustav Bauer erstmals zwei Mehrheitssozialdemokraten als Minister an den Kabinettstisch und brachte zügig eine parlamentarische Reform auf den Weg. Die Ende Oktober verabschiedete Änderung der Reichsverfassung stärkte die Rechte des Reichstags und sollte den (weiter vom Kaiser einzusetzenden) Kanzler künftig an das Vertrauen des Parlaments binden. Doch weder den Amerikanern reichte die Korrektur noch den aufbegehrenden Arbeitern und Soldaten, deren Aufstand die Last-minute-Verfassungsänderung schon bald wieder hinfällig machen sollte.

In Sachsen folgte man widerwillig und spät den Berliner Reform-Vorgaben, um der auch hier drohenden Revolution zuvorzukommen; Friedrich August selbst blieb in diesen Wochen weitgehend abgetaucht.[15] Der in den vier Kriegsjahren regierende konservative Vorsitzende des sächsischen Gesamtministeriums Heinrich Gustav Beck trat Ende Oktober 1918 zurück, und der bedrängte König ernannte am 26. Oktober den Nationalliberalen Rudolf Heinze zum neuen Regierungschef, dem die ungeliebte Aufgabe zufallen sollte, die längst fälligen Reformen des sächsischen Wahlrechts und der sächsischen Kammern in Angriff zu nehmen.[16] Auch Heinze holte mit Julius Fräßdorf und Max Heldt am 1. November zwei

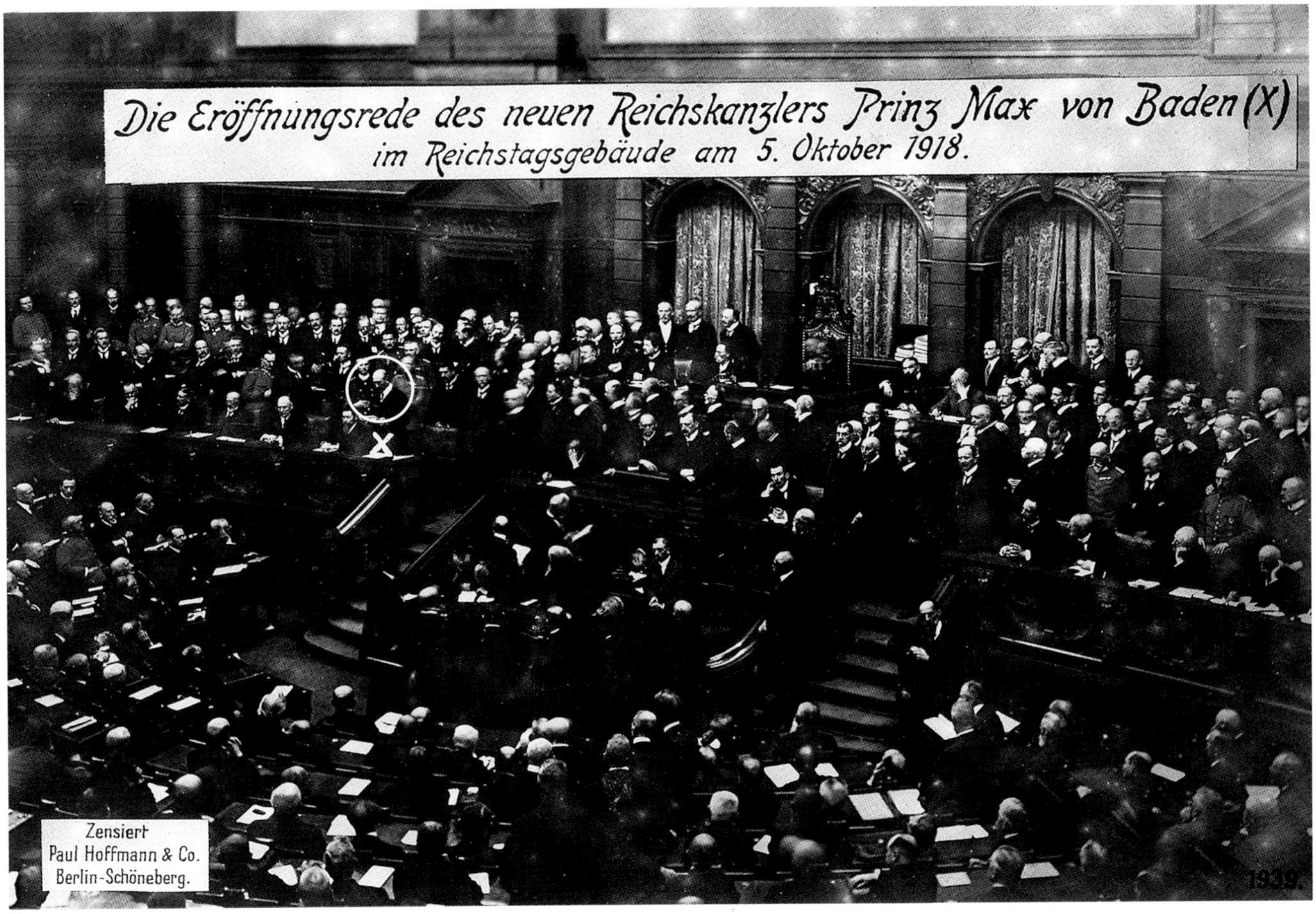
Die Eröffnungsrede des neuen Reichskanzlers Prinz Max von Baden (X)
im Reichstagsgebäude am 5. Oktober 1918.
Zensiert
Paul Hoffmann & Co.
Berlin-Schöneberg.
1939.

Arbeiter- u.
Soldatenrat

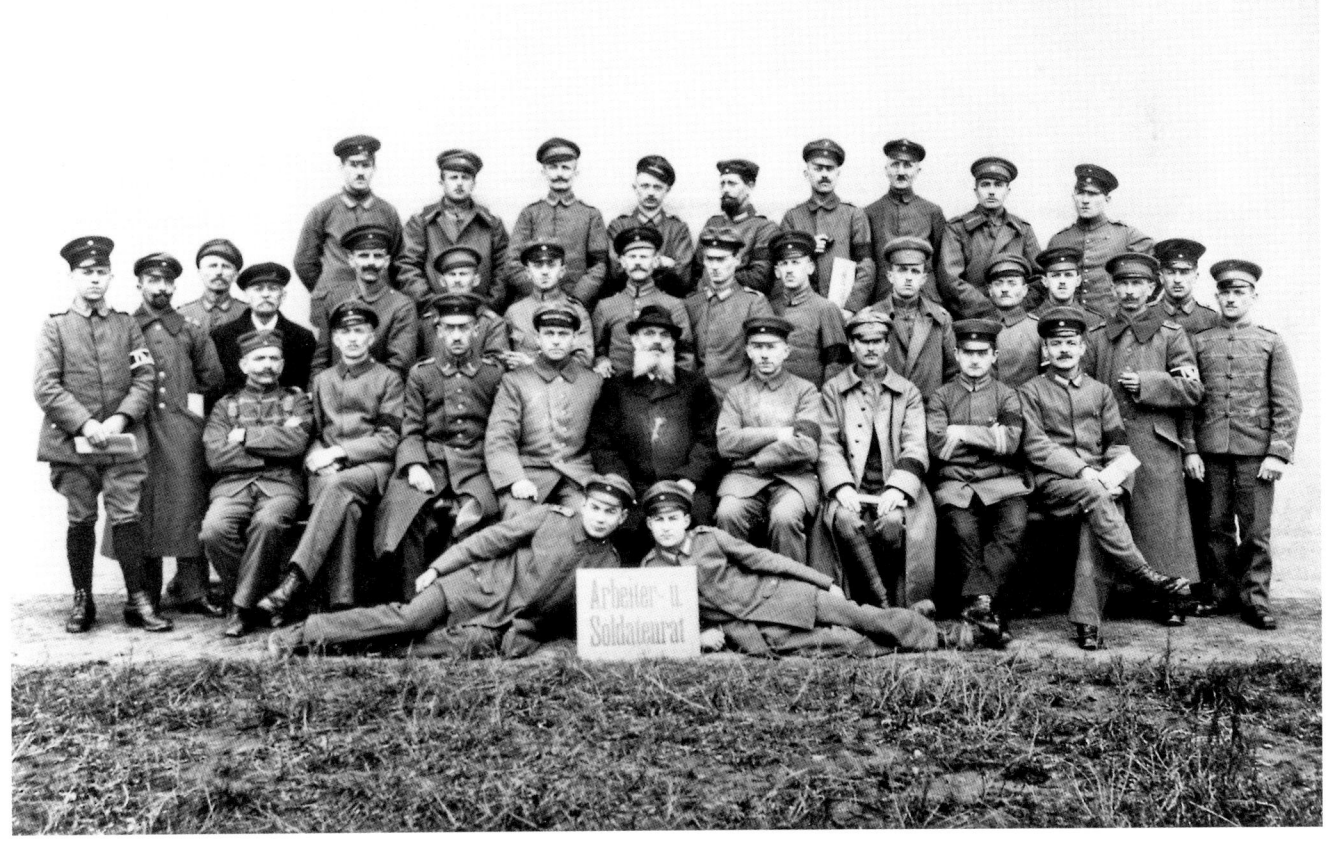

Links: Marionetten von Richard Lipinski, Staatliche Kunstsammlungen Dresden, Puppentheatersammlung.
Die beiden Agitprop-Marionetten »Bourgeoise« und »General des Kaiserlichen Heeres mit Monokel« stammen vom gelernten Puppenmacher Richard Lipinski und sind den revolutionären Ereignissen 1918/19 zuzuordnen. Allerdings sind sie nicht in Schlössern, sondern wohl vor allem in Leipzig genutzt worden.

Unten: Richard Lipinski, Foto, 1927.

Mehrheitssozialdemokraten wenigstens halbherzig in sein Kabinett bzw. den Staatsrat, die König Friedrich August III. zu Staatsministern ohne eigenen Bereich ernannte. Die ausbrechende Revolution konnte durch die hektisch-späte Kursänderung der alten Eliten freilich ebenso wenig verhindert werden wie durch die am Katzentisch der Macht angekommene Mehrheitssozialdemokratie, deren sächsische Führung noch am 2. November alle »Putsche und Gewalttaten« per Moratorium ablehnte.[17]

Zu dieser Zeit war der in die Novemberrevolution mündende Aufstand der Kieler Matrosen bereits losgetreten. Die Matrosen hatten sich Ende Oktober meuternd einer letzten sinnlosen Opferschlacht verweigert und radikalisierten sich gemeinsam mit den Kieler Werftarbeitern zügig. Am 4. November gründeten sie den ersten Arbeiter- und Soldatenrat und trugen von dort die Revolution wie ein Lauffeuer unaufhaltsam durchs Reich. Am 7. November verkündete Kurt Eisner in München die Räterepublik, und in Berlin forderte der SPD-Vorsitzende Friedrich Ebert ultimativ den Thronverzicht des Kaisers. Am 9. November erklärte Prinz Max die Abdankung von Wilhelm II. und legte die Regierungsgewalt in die Hände des Chefs der stärksten Reichstagsfraktion, des Sozialdemokraten Friedrich Ebert. Noch am gleichen Tag riefen kurz hintereinander der Mehrheitssozialist Philipp Scheidemann und der Spartakist Karl Liebknecht die Republik aus und legten dadurch die neue Frontstellung innerhalb der Revolution offen. Am 11. November unterschrieben die deutschen Emissäre im Wald bei Compiègne den Waffenstillstand mit den Alliierten. Der Krieg war zu Ende; der Kampf um die Macht im Reich aber hatte gerade erst begonnen.

Die Revolution in Sachsen

Die Revolution in Sachsen begann am 6. November 1918, als sich in der Großenhainer Fliegergarnison ein erster Soldatenrat gründete.[18] Am 8. November übernahm der gemeinsam mit lokalen Mehrheitssozialisten die Macht in der Stadt, und die Aufständischen warfen noch am selben Tag Flugblätter über dem nahen Dresden ab, in denen sie zur Revolution aufriefen.[19] In Leipzig formierten sich schon seit Mittag des 8. November aufständische Soldaten zusammen mit den lokalen USPD-Führern. Sie zwangen das Leipziger Generalkommando unter General von Schweinitz zur Kapitulation und konstituierten einen provisorischen Arbeiter- und Soldatenrat. Auch in Chemnitz erhoben sich am 8. November Soldaten; dort riefen dann am späten Abend, so wie einen Tag später auch in Berlin, zunächst der junge MSPD-Reichstagsabgeordnete Alfred Fellisch die »deutsche Republik« und danach ein USPD-Spartakist die »sozialistische deutsche Republik« aus. Wie auch immer, für die Monarchie und König Friedrich August III. wurde die Luft dünn.

Die sächsische Regierung unter Rudolf Heinze und der König trafen sich am Nachmittag des 8. November zu einer Krisensitzung.[20] Friedrich August III. lehnte ganz ausdrücklich jede Gewaltanwendung ab, weil sie die Lage nur verschärfen und weil dies wohl auch nicht seiner bisherigen Zurückhaltung entsprochen gehabt hätte: Er wolle den eben beendeten Krieg nicht auf der Schlossstraße fortsetzen, habe Friedrich August III. in der Sitzung deutlich gemacht.[21] Auch sich ihm treu erklärenden Offizieren verbot der König, auf die Revolutionäre zu schießen, und am Abend erhielt der (seit März im Amt befindliche) Chef des Dresdner Militärkommandos General Leo Götz von Olenhusen die (so de jure eigentlich gar nicht benötigte) Ermächtigung Friedrich Augusts III., mit dem Arbeiter- und Soldatenrat zu verhandeln.[22] Diese Haltung Friedrich Augusts war durchaus honorig, aber sie sollte auch nicht überschätzt werden, denn die Initiative lag längst in anderen Händen.

Zu diesem Zeitpunkt hatten die Unruhen am Abend des 8. November schon auf Dresden übergegriffen. Soldaten zogen an der Spitze einer Menschenmenge durch die Stadt. Offiziere wurden entwaffnet; die Situation war aufgeheizt. Den beiden bekannten »Burgfriedenspolitikern« Julius Fräßdorf und Wilhelm Buck wurde ihre politische Vergangenheit fast zum Verhängnis. Als sie am Abend versuchten, die Demonstranten zu beruhigen, fesselten und misshandelten erboste aufständische Soldaten und Matrosen die beiden prominenten MSPD-Politiker, immerhin einen Reichstagsabgeordneten und mit Fräßdorf einen amtierenden Minister des sächsischen Staatsrates.[23]

In den folgenden zwei Tagen ging die Macht in Sachsen endgültig an Arbeiter- und Soldatenräte über. In Leipzig wurde der provisorische Rat vom Abend des 8. November am 9. November nach Wahlen von einem dann durchweg USPD-dominierten »Großen Rat der Arbeiter- und Soldatenräte Leipzigs« ersetzt. In der Stadt herrschte Volksfeststimmung; am 10. November sprachen die neuen Räte um Richard Lipinski vor einer begeisterten Menge von über 100 000 Menschen.[24]

In Chemnitz verständigte sich die MSPD mit der hier spartakistisch-ausgerichteten lokalen USPD trotz der großen Gegensätze auf einen gemeinsamen Arbeiter- und Soldatenrat, der durch jeweils zehn Vertreter der beiden sozialistischen Parteien und zehn Soldaten besetzt wurde.[25] Weder in Leipzig noch in Chemnitz gab es auch nur ansatzweise Überlegungen, die Monarchie beizubehalten!

In Dresden dauerte alles etwas länger, obwohl sich auch hier noch am Abend des 8. November ein spontaner Arbeiter- und Soldatenrat gebildet hatte. Immerhin besetzten die Arbeiter und Soldaten im Verlauf des 9. und 10. November öffentliche Gebäude. Nach den Schrecken vom Abend des 8. November mit der Misshandlung Bucks und Fräßdorfs musste sich die Dresdner MSPD in der Nacht erst einmal besinnen, bevor sich deren Führung dann am 9. November ganz selbstverständlich an die Spitze der revolutionären Bewegung zu setzen versuchte – zumal sie mit der in Dresden schwach gebliebenen USPD keinen wirklichen lokalen Konkurrenten zu haben schien. Mit ihren beiden Reichstagsabgeordneten Wilhelm Buck und Georg Gradnauer sowie lokalen MSPD- und Gewerkschaftsfunktionären an der Spitze installierte sie einen provisorischen Arbeiterrat und versuchte damit, dem immer noch chaotischen Geschehen in der Stadt eine organisatorisch-institutionelle Führung zu oktroyieren. Zügig fusionierten die MSPD-Leute mit dem »wilden« Arbeiter- und Soldatenrat der letzten Nacht und ließen sich am Abend von einer euphorischen Menge auf dem Theaterplatz bestätigen.[26]

Gegen diese Vereinnahmung des Aufstands durch die MSPD trommelten die radikaleren linken Kräfte der USPD und der kommunistische Kreis um den begnadeten Agitator Otto Rühle, die sich als die wahren Revolutionäre verstanden. Auf einer parallelen Großkundgebung am Abend des 9. November konstituierten sie einen »revolutionären Arbeiter- und Soldatenrat«. Rühle forderte die Errichtung einer Räte-Republik nach sowjetischem Vorbild und putschte seine Anhänger zu einem Sturm auf die Zentrale der MSPD auf.[27]

Erst nach langen Verhandlungen rauften sich die beiden konkurrierenden Räte in der Nacht zum 10. November zu einem »vereinigten revolutionären Arbeiter- und Soldatenrat« zusammen. Bei einer anschließenden Großveranstaltung im Zirkus Sarrasani rief der Dresdner USPD-Chef Hermann Fleißner die »Republik Sachsen« aus![28] Vor allem die MSPD musste freilich personell Federn lassen und ihre »verbrannten« Burgfriedenspolitiker Buck, Gradnauer, Fräßdorf u. a. vorerst zurückziehen. An die Spitze trat neben dem einschlägigen Kommunisten Otto Rühle der MSPD-Gewerkschaftsfunktionär Albert Schwarz. Nicht nur die alte MSPD-Garde, sondern auch die lokale USPD-Führung um den vermittelnden Hermann Fleißner war ins Hintertreffen geraten. Inhaltlich gelang es allerdings, den linksradikalen Rühle-Flügel zu zähmen. Die gemeinsame »Proklamation an das sächsische Volk« vom 10. November enthielt natürlich die Abschaffung der Monarchie und der beiden Kammern des Landtages, aber

auch die Einberufung einer sächsischen Nationalversammlung durch gleiche Wahl aller Männer und Frauen – und eben keine Räte-Republik.

König Friedrich August III. hatte Dresden mit seiner Familie in der Nacht zum 9. November noch rechtzeitig verlassen und kam zunächst in Moritzburg unter.[29] Der flüchtige Monarch war den Aufständischen nicht einmal mehr eine ordentliche Verfolgung wert. Am 10. November drangen die Revolutionäre widerstandslos auch ins Dresdner Schloss ein, hissten dort die Rote Fahne und trugen sich mit revolutionärem Pathos im Hofjournal ein.[30]

In den folgenden Tagen herrschte hektische Übergangszeit. So amtierte die alte Reformregierung Rudolf Heinzes neben den Arbeiter- und Soldatenräten immer noch weiter, weil die zerstrittenen Revolutionäre keine neue Regierung zustande brachten. Ein gesamtsächsisches Handeln wurde verzögert, weil nun auch die Abgesandten der anderen Arbeiter- und Soldatenräte nach Dresden strömten und auf das weitere Schicksal Sachsens Einfluss nahmen. Dabei erlangten die radikalen Kräfte um Otto Rühle und Fritz Heckert größeren Einfluss auf die Programmatik, während sich die gemäßigteren MSPD- und USPD-Leute praktisch um eine Regierungsbildung bemühten. Der am 14. November von den Beauftragten der Dresdner, Leipziger und Chemnitzer Arbeiter- und Soldatenräte verabschiedete Aufruf an das sächsische Volk klang entsprechend radikal, forderte eine Diktatur des Proletariats, verzichtete aber bewusst auf eine parlamentarisch-demokratische Perspektive. Der Aufruf blieb freilich ohne Bedeutung, weil sich parallel USPD und MSPD auf eine paritätisch besetzte neue Landesregierung einigten, den sogenannten »Rat der Volksbeauftragen«, der am 15. November die Macht übernahm und mit Georg Gradnauer, Albert Schwarz und Wilhelm Buck bekannte und politisch erfahrene MSPD-Leute reaktivierte, denen die drei USPD-Funktionäre Richard Lipinski, Hermann Fleißner und Friedrich Geyer gegenüberstanden, während die radikale Linke mit Otto Rühle und Fritz Heckert eine Beteiligung an der Regierung ablehnte, Verrat an der Revolution witterte und in die Opposition ging.[31]

Inmitten all dieser Aufregung fiel die Abdankung König Friedrich Augusts III. vom 13. November,[32] die er während seiner fluchtartigen Reise ins schlesische Schloss Sibyllenort auf der Zwischenstation im preußischen Guteborn unterschrieb und mit der sich Friedrich August in das Unvermeidliche fügte. Der monarchistische Abgesang verklang freilich zügig im Orchester der neuen Ereignisse.

Sachsens Weg in die Weimarer Republik

Mit der Regierungserklärung vom 18. November 1918 nahm die Revolution vorsichtig Kurs auf eine parlamentarisch-demokratische Zukunft, aber es sollte kein gerader Weg werden. Zwischen MSPD und USPD lagen tiefe inhaltliche Gräben, vor allem über die Beibehaltung des Rätesystems und der sächsischen Eigenständigkeit. Schon der Aufruf an das sächsische Volk vom 14. November hatte »eine Liquidierung Sachsens zugunsten einer unitaristischen deutschen Volksrepublik« beschworen.[33] Das blieb für die USPD Richard Lipinskis und die starke Leipziger Fraktion auch nach der Regierungsbildung Programm. Deshalb sträubten sich Lipinski und Co. gegen Wahlen zu einer sächsischen Nationalverfassung. Vor allem aber lag der USPD daran, das Rätesystem wenigstens parallel zur parlamentarischen Demokratie dauerhaft im politischen System zu verankern.

In beiden Fragen konnten sich die Mehrheitssozialisten letztlich durchsetzen. Ausgerechnet bei den Wahlen zu den aus ihrer Sicht eigentlich abzuschaffenden Arbeiter- und Soldatenräten in Dresden, Chemnitz und Plauen hatten die MSPD-Leute komfortable Mehrheiten erhalten und damit eine erste demokratische Legitimierung ihres Kurses. Widerwillig stimmte die USPD den für den 19. Januar festgesetzten Nationalratswahlen in Sachsen zu und sanktionierte damit (vorbehaltlich) auch ein eigenstaatliches Fortleben Sachsens. Allerdings verließen die USPD-Minister drei Tage vor den Wahlen den Rat der Volksbeauftragten, und die Partei schwenkte zügig wieder auf ihre ältere linke Linie ein.

In der praktischen Regierungs- und Verwaltungsarbeit fiel der Bruch vom November 1918 weit weniger radikal aus, als die zahllosen schriftlichen Manifeste der Zeit vermuten lassen. Natürlich forderten die beiden sozialistischen Parteien in unterschiedlicher Nuancierung und Radikalität auch eine sozialistische Umgestaltung der Wirtschaft; freilich ohne dass hierzu konkrete Maßnahmen eingeleitet wurden. Für eine effiziente Bürokratie stützten sich auch die neuen Machthaber auf die traditionelle Verwaltung, die neben den Räten zügig an faktischer Durchsetzungskraft gewann. Lediglich die klar auf eine Trennung von Staat und Kirche orientierte Politik des Rates der Volksbeauftragten stieß auf nachhaltigen Widerstand. Die alte obrigkeitsstaatliche, in ihrer Führung rechtslastige evangelische Landeskirche fürchtete um die althergebrachte Stellung im Land und mobilisierte gemeinsam mit der katholischen Kirche ihre Mitglieder. Im Zirkus Sarrasani, wo sich bereits die Arbeiterräte konstituiert hatten, fanden sich am 27. Dezember 1918 über 7 000 Christen ein, um gegen die Regierungsvorhaben zu protestieren. Bis Mitte Februar 1919 sammelten die Kirchen in Sachsen über eine Million Unterschriften (und damit doch nur die der

Links oben: Zirkus Sarrasani, kolorierte Postkarte, 1912.

Links unten: Schloss Moritzburg, Foto, 1908.

Oben: »Vom früheren sächs. Königshofe.« Zwickauer Tageblatt vom 12. Dezember 1918.

Hälfte aller erwachsenen Kirchenmitglieder), um die Entscheidung über die Trennung von Staat und Kirche erst in die Hände einer gesamtdeutschen Nationalversammlung zu legen.³⁴ Ähnlich massiver Widerstand blieb vonseiten der sächsischen Wirtschaft oder der bürgerlichen Altparteien aus.

Schon während der »Weihnachtskrise« um die Kieler Matrosen und vor allem bei der Niederschlagung des Spartakusaufstandes Anfang Januar 1919 hatte es in Berlin Blutvergießen und brutale Übergriffe gegeben. Um sich gegen radikalere linke Kräfte im Amt zu halten, griff die SPD-Führung zuerst auf zurückkehrende Fronttruppen und später auf reaktionäre, im Kern republikfeindliche Freikorps zurück. Am 15. Januar waren die Anführer der Spartakisten, Rosa Luxemburg und Karl Liebknecht, von Freikorpssoldaten grausam misshandelt und dann ermordet worden.

In Dresden blieb es länger friedlich, aber als der Kommunist Otto Rühle seine Anhänger am 10. Januar zu einem Sturm auf die »Dresdner Volkszeitung«, das Organ der MSPD anstachelte, schossen Sicherheitskräfte auch hier rücksichtslos in die Menge. Das alles sollte zur schweren Hypothek für die sozialdemokratischen Regierungen werden und zur verschärften Frontstellung und politischen Differenzierung innerhalb der ehemals gesamtrevolutionären Kräfte beitragen – nicht nur in Berlin, sondern auch in Sachsen.

Die Wahl zur sächsischen Nationalversammlung vom 19. Januar sicherte im ehemaligen »Roten Königreich« eine überwältigende Mehrheit für die sozialistischen Parteien; die MSPD (46 Prozent) konnte dabei die USPD (14 Prozent) deutlich distanzieren. Zweitstärkste Partei wurde die linksliberal-bürgerliche Deutsche Demokratische Partei (DDP; 22 Prozent). Für die

Oben: Spartakusaufstand in Berlin, Regierungstruppen am Potsdamer Platz mit Schild »Halt! Wer weitergeht wird erschossen«, Foto von Willy Römer, Januar 1919.

Rechts oben: Beisetzung der über 30 Opfer der Januarkämpfe auf dem Berliner Friedhof Friedrichsfelde, darunter Karl Liebknecht. Für Rosa Luxemburg, deren Leichnam noch nicht gefunden wurde, wurde ein leerer Sarg herabgelassen. Foto von Willy Römer, 25. Januar 1919.

Rechts unten: Trauerzug zum Begräbnis Rosa Luxemburgs auf dem Berliner Friedhof Friedrichsfelde. Foto von Willy Römer, 13. Juni 1919.

Oben: Georg Gradnauer, Foto, o. J.

Rechts: »Aus dem 8. Kreise«.
Dresdner Volkszeitung vom 27. Mai 1919.

traditionellen bürgerlichen Kräfte brachte das Ergebnis nach vier Kriegsjahren ein erwartetes Debakel. Die rechtsliberale Deutsche Volkspartei (DVP) landete mit 4 Prozent abgeschlagen, und auch die Deutschnationale Volkspartei (DNVP) kam nicht über 13 Prozent hinaus. Es gehört zu den großen Tragödien der frühen Weimarer Republik, dass sich die in Sachsen so starken prorepublikanischen Kräfte von SPD, USPD und DDP nicht auf eine irgendwie geartete Koalition einigen konnten. So kam eine SPD-Minderheitsregierung unter dem neuen Ministerpräsidenten und alten Burgfriedenspolitiker Georg Gradnauer am 14. März nur mit Leihstimmen der bürgerlichen Opposition, also aus DVP und DNVP ins Amt, während USPD und Linksdemokraten geschlossen dagegen stimmten.[35]

Schon am 28. Februar hatte die Nationalversammlung mit den Stimmen der DVP, der DDP und der SPD ein vorläufiges sächsisches Grundgesetz beschlossen, in dem die seit November 1918 sogenannte Republik Sachsen nun als Freistaat Sachsen firmierte. Das Grundgesetz schloss die Parlamentarisierung Sachsens ab und definierte die demokratischen Organe. Die Arbeiter- und Soldatenräte gehörten nicht mehr dazu und wurden abgewickelt. Einem einfachen Parlament stand künftig die Regierung unter dem sächsischen Ministerpräsidenten gegenüber. Doch entgegen Gradnauers Wunsch verzichteten die Abgeordneten im Gesetz auf einen überparlamentarischen sächsischen Staatspräsidenten[36] und tilgten damit die letzte verfassungsrechtliche Reminiszenz an das einstige sächsische Königtum. Die Monarchie in Sachsen war endgültig Geschichte. Doch der Kampf um die Demokratie hatte gerade erst begonnen.

1. Dazu André Thieme, Die Wettiner, in: Sächsische Mythen. Menschen, Orte, Personen, hrsg. von Matthias Donath/André Thieme, Leipzig 2011, S. 56–67.
2. Vgl. Konstantin Hermann/André Thieme, Sächsische Geschichte im Überblick, Leipzig 2013, S. 150.
3. So Karsten Rudolph, Ein »Rotes Königreich« im Wilhelminischen Deutschland, in: Dresdner Hefte 80 (4/2004): Das »Rote Königreich« und sein Monarch, S. 5–12, hierzu S. 6.
4. Dazu instruktiv Sebastian Kranich, Möglichst viele Sozialdemokraten für Christentum und Kirche zurückgewinnen. Die Sächsische Evangelisch-Soziale Vereinigung als kirchenpolitischer, sozialreformerischer und missionarischer Verein von 1903–1914, in: Neues Archiv für sächsische Geschichte 78 (2007), S. 189–212.
5. Dazu James Retallack, Wahlrechtskämpfe in Sachsen nach 1896, in: Dresdner Hefte 80 (4/2004): Das »Rote Königreich« und sein Monarch, S. 13–24, hierzu S. 20–21. Ausführlich zur Gesamtproblematik Simone Lässig, Wahlrechtskampf und Wahlreform in Sachsen (1895–1909), Köln/Weimar/Wien 1996.
6. So urteilt Rudolph, Ein »Rotes Königreich« (wie Anm. 3), S. 9.
7. Die Zahlen nach Rudolph, Ein »Rotes Königreich« (wie Anm. 3), S. 3–6. Vgl. zur Sache auch ausführlich Karsten Rudolph, Die sächsische Sozialdemokratie vom Kaiserreich zur Republik 1871–1923, Weimar/Köln/Wien 1995.
8. Dazu Peter Mertens, Das »Rote Königreich« im Belagerungszustand, in: Dresdner Hefte 80 (4/2004): Das »Rote Königreich« und sein Monarch, S. 74–82, hierzu S. 74–77; und grundlegend Peter Mertens, Zivil-militärische Zusammenarbeit während des Ersten Weltkriegs. Die »Nebenregierungen« der Militärbefehlshaber in Sachsen (Schriften zur sächsischen Geschichte und Volkskunde, Bd. 11), Leipzig 2004.
9. So Mertens, Das »Rote Königreich« (wie Anm. 8), S. 77–80.
10. Hierzu und zum frühen Kriegsgeschehen vgl. Gert Schirok, Die Königlich Sächsische Armee im 1. Weltkrieg und ihre Überlieferung im Sächsischen Staatsarchiv, Hauptstaatsarchiv Dresden, in: Mitteilungen des Vereins für sächsische Landesgeschichte, Neue Folge 6 (2008), S. 4–19.
11. So Schirok, Die Königlich Sächsische Armee (wie Anm. 10); der stützt sich auf: Die Verluste der sächsischen Armee im Weltkriege. Auf Grund der amtlichen Unterlagen des sächsischen Nachweisbüros, in: Sachsen in großer Zeit, hrsg. von Johann Edmund Hottenroth, 3 Bde., hierzu Bd. 3, Leipzig 1921, S. 237–240. – Variierende Zahlenangaben finden sich bei Hermann/Thieme, Sächsische Geschichte (wie Anm. 2), S. 160.
12. Vgl. Schirok, Die Königlich Sächsische Armee (wie Anm. 10).
13. Vgl. Hermann/Thieme, Sächsische Geschichte (wie Anm. 2), S. 160.
14. Zu Prinz Max von Sachsen vgl. überschauend: Iso Baumer, Max, in: Neue Deutsche Biographie (NDB), Bd. 16, Berlin 1990, S. 513–515. – Im Jahr 2019 wird im Schloss Pillnitz eine Sonderausstellung an den außergewöhnlichen und eigenwilligen Prinzen erinnern.
15. Vgl. dazu den Beitrag von Matthias Donath zur Abdankung Friedrich Augusts III. im vorliegenden Band.
16. Vgl. dazu ausführlicher den Beitrag von Matthias Donath zur Abdankung Friedrich Augusts III. im vorliegenden Band.
17. Mike Schmeitzner, 1918 – Revolution und Freistaat. Sachsens Weg in die Republik, in: Zäsuren sächsischer Geschichte, hrsg. von Reinhardt Eigenwill, Beucha/Markkleeberg 2010, S. 182–207, hierzu S. 186.
18. Die Ausführungen zur Revolution stützen sich, soweit nicht anders ausgewiesen, auf Schmeitzner, 1918 (wie Anm. 17), S. 186–196.
19. Vgl. dazu ausführlicher den Beitrag von Matthias Donath zur Abdankung Friedrich Augusts III. im vorliegenden Band.
20. Vgl. dazu ausführlicher den Beitrag von Matthias Donath zur Abdankung Friedrich Augusts III. im vorliegenden Band.
21. So nach dem Zeitzeugen-Bericht von Julius Fräßdorf, hier zitiert nach Walter Fellmann, Der volkstümliche Monarch, in: Dresdner Hefte 80 (4/2004): Das »Rote Königreich« und sein Monarch, S. 92–98, hierzu S. 98.
22. Vgl. Mertens, Das »Rote Königreich« (wie Anm. 8), S. 82.
23. Vgl. Schmeitzner, 1918 (wie Anm. 17), S. 189; ausführlicher bei Mike Schmeitzner, Wilhelm Buck. Der Moderator des linksrepublikanischen Projektes (1920–1923), in: Von Macht und Ohnmacht. Sächsische Ministerpräsidenten im Zeitalter der Extreme 1919–1952, hrsg. von Mike Schmeitzner/Andreas Wagner, Beucha 2006, S. 89–124, hierzu S. 95.
24. Vgl. Schmeitzner, 1918 (wie Anm. 17), S. 187.
25. Vgl. Schmeitzner, 1918 (wie Anm. 17), S. 188.
26. Alles nach Schmeitzner, 1918 (wie Anm. 17), S. 188.
27. Alles nach Schmeitzner, 1918 (wie Anm. 17), S. 189.
28. Vgl. dazu ausführlicher den Beitrag von Matthias Donath zur Abdankung Friedrich Augusts III. im vorliegenden Band.
29. Vgl. dazu ausführlicher den Beitrag von Matthias Donath zur Abdankung Friedrich Augusts III. im vorliegenden Band.
30. Vgl. Schmeitzner, 1918 (wie Anm. 17), S. 189; und ausführlicher den Beitrag von Matthias Donath zur Abdankung Friedrich Augusts III. im vorliegenden Band.
31. Alles nach Schmeitzner, 1918 (wie Anm. 17), S. 189–191.
32. Dazu ausführlicher der Beitrag von Matthias Donath im vorliegenden Band.
33. Mike Schmeitzner, Georg Gradnauer. Der Begründer des Freistaates Sachsen (1918–1920), in: Von Macht und Ohnmacht. Sächsische Ministerpräsidenten im Zeitalter der Extreme 1919–1952, hrsg. von Mike Schmeitzner/Andreas Wagner, Beucha 2006, S. 52–88, hierzu S. 64.
34. Dazu ausführlicher Schmeitzner, Wilhelm Buck (wie Anm. 23), S. 96–100.
35. Vgl. Schmeitzner, 1918 (wie Anm. 17), S. 200–201.
36. Vgl. Schmeitzner, 1918 (wie Anm. 17), S. 199.

Gisela Petrasch

Friedrich August III. – Prinz, König, Privatier

Kurzbiografie

25. Mai 1865 – Himmelfahrt
Maria Anna Infantin von Portugal (1843–1884) wird im Palais der Sekundogenitur um 20.30 Uhr glücklich von ihrem vierten Kind und ersten Sohn entbunden. Der Vater ist Prinz Georg Herzog zu Sachsen (1832–1904). Zwischen 22.30 und 23 Uhr Abschuss von 101 Kanonenkugeln. Die Erziehung erfolgt durch die Mutter und das Kinderfräulein von Elterlein.

26. Mai 1865
König Johann nimmt Glückwünsche zur Geburt seines Enkels entgegen. 18 Uhr Taufe auf den Namen **Friedrich August** Johann Ludwig Carl Gustav Gregor Phillip durch den Bischof Forwerk (1816–1875).

28. Mai 1865
Absingen des Tedeums in der Hofkirche und den Stadtkirchen. Zeremonieller Empfang, Gala-Tafel im großen Speisesaal des Schlosses, festliche Illumination der Stadt Dresden. König Johann erlässt eine Amnestie für die Verurteilten des Maiaufstandes 1849.

Links: Prinz Friedrich August nach bestandener Matura.

Oben: Georg und Maria Anna, die Eltern von Friedrich August.

Unten: Palais des Prinzen Georg, in dem Friedrich August 1865 geboren wurde, Postkarte, 1901.

KÖNIG GEORG ALS PRINZ UND SEINE GEMAHLIN MARIA ANNA.

Palais Sr. Kgl. Hoheit Prinz Johann Georg.

Oben: Friedrich August mit seinen Brüdern und Schwestern, vorn: Albert, hintere Reihe, von links nach rechts: Friedrich August, Johann Georg, Maximilian, Mathilde und Maria Josepha, Foto, um 1885.

Unten: Mathilde als wendische Brautjungfer und Friedrich August als Hochzeitsbitter, Fotos 1872.

Rechts: Taschenbergpalais Dresden (rechts im Bild), Postkarte um 1900.

bis Ende Juni 1865
Depeschen, unter anderem an die Höfe Irland, Spanien, Brasilien, Mexiko, Frankreich, Österreich, Portugal, Russland, Sizilien, Belgien, Griechenland, Preußen, Sachsen-Weimar, Hessen, Oldenburg.

25. Mai 1866
König Johann (1801–1873) ernennt seinen Enkel Friedrich August zum Chef der 2. sächsischen Linien-Infanteriebrigade, die ab sofort dessen Namen trägt.

16. Juni 1866
Die Familie verlässt Dresden auf einem Elbdampfer nach Aussig (heute Ústí nad Labem). Von dort reist sie nach Prag und nach dem Einmarsch der preußischen Truppen und der verlorenen Schlacht von Königgrätz nach Regensburg. Luitpold von Bayern überlässt der Familie seine Regensburger Villa. Nach dem Friedensschluss im Oktober 1866 kehrt sie nach Dresden zurück.

1867
Reorganisation der sächsischen Armee. Das Regiment Nr. 104 trägt von 1867 bis 1902 den Namen »5. Königlich Sächsisches Infanterieregiment Prinz Friedrich August Nr. 104«, ab 1903 bis 1919 »5. Königlich Sächsisches Infanterie-Regiment Kronprinz Nr. 104«.

1. Mai 1872
Ab Mai beginnt die Schulzeit mit den Lehrern Mister Finn und Monsieur Mouton unter Leitung des Oberlehrers Heinrich Schmidt. Die Erziehung übernehmen Premierleutnant Freiherr Sebastian Ernst von Oer und Gouverneur Bechet.

21. November 1872
Die Goldene Hochzeit der Großeltern König Johann (1801–1873) und Amalie Auguste (1801–1877) wird im Familienkreis gefeiert.

ab 1874
Der Gymnasialunterricht wird durch Hofrat Prof. Dr. Jacob (Griechisch und Latein), Prof. Dr. Töpler von der Technischen Hochschule (Physik), Kadettenhauslehrer Major Fischer (Mathematik), Oberlehrer Friedemann (Geografie), Dr. Adolph Fritzen – später Bischof von Straßburg – und Pfarrer Dr. Wahl (Religion, Deutsch und Geschichte) – später Bischof in Dresden – erteilt.

25. Mai 1877
König Albert (1828–1902) überreicht Friedrich August zum 12. Geburtstag das Leutnantspatent im 1. Leib-Grenadier-Regiment Nr. 100.

3. Dezember 1878
Friedrich August erhält die Firmung von Bischof Bernert (1811–1890).

15. September 1882
Kaiser Wilhelm I. (1797–1888) verleiht während der Kaiserparade des XII. Armeekorps in Mergendorf bei Riesa Prinz Friedrich August den Schwarzen Adlerorden.

30. Juni 1883
Als erster wettinischer Prinz schwört Friedrich August vor versammeltem Regiment den Fahneneid nach Artikel IV der preußisch-sächsischen Militärkonvention vom Februar 1867 (Gehorsamspflicht gegenüber dem obersten Bundesfeldheer, dem Kaiser und gegenüber den Kriegsgesetzen).

Ostern 1883
Die Matura mit Auszeichnung bestanden.

1. April 1883
Eintritt in die 1. Kompanie des Leibgrenadier-Regiments Nr. 100 zum aktiven Dienst.

19. September 1883
Ernennung zum Oberleutnant/Premierleutnant.

5. Februar 1884
Friedrich Augusts Mutter Maria Anna stirbt im Alter von 40 Jahren nach kurzer schwerer Krankheit. Sie wird in der Königsgruft der Katholischen Hofkirche beigesetzt.

14. April bis 9. Mai 1884
Ausbildung in der Dresdner Militärreitanstalt.

13. Mai 1884 bis 9. März 1885
Zivilwissenschaftliches und juristisches Studium an der Kaiser-Wilhelm-Universität in Straßburg. Sein Adjutant Major Horst Edler von der Planitz (1859–1941) begleitet Friedrich August. Der Plan, gemeinsam nach Sachsen zurückzureiten, muss wegen des schlechten Wetters und einer damit verbundenen Erkältung des Prinzen aufgegeben werden.

Ostern 1885 bis Ostern 1886
Weiterführendes juristisches Studium an der Universität Leipzig.

16. September 1886
Ernennung zum Hauptmann durch seinen Onkel König Albert.

25. Mai 1886
Volljährigkeit nach dem Hausgesetz mit 21 Jahren. Eigene Hofhaltung ab 1. Juni im Taschenbergpalais. Sanierung der Wohnung für Prinz Friedrich August. Als Adjutant steht ihm jetzt Georg Freiherr von Wagner (1852–1905) zur Seite.

2. Juni bis 31. August 1886
Mehrmonatige Reise nach Wien, Pest, Belgrad, Berlin, London, Schottland, Hamburg, Bremen, Wilhelmshaven.

9. September 1886
Friedrich August begibt sich nach Großenhain, um den Dienst bei der Kavalleriegarnison im 1. Husarenregiment Nr. 18 anzutreten.

2. Oktober 1886
Zur Hochzeit seiner Schwester Maria Josepha (1867–1944) mit Erzherzog Otto Franz Joseph von Österreich (1865–1906) erscheint Friedrich August in einer kornblumenblauen Husarenuniform mit goldenen Schnüren.

2. März 1887
Friedrich August wird als Mitglied der Ersten Kammer der Ständeversammlung verpflichtet. Mit der Volljährigkeit steht dem Prinzen nach der sächsischen Verfassung Sitz und Stimme zu.

Oben: Luise im Ballkleid im Alter von 18 Jahren, Foto.

Unten: Friedrich August mit Luise (mit Blumenstrauß) und Familie auf der Freitreppe der Villa von Luises Eltern in Lindau am Bodensee 1891, in der Mitte Luises Vater, Ferdinand IV.

Rechts oben: Bildentwurf für die Eingravierung der silbernen Tabletts, Zeichnung, 1891.

Rechts unten: Kaiserliches Wappen auf dem Ehevertrag, 1891.

30. Juli 1887
Luise von Toscana (1870–1947) begleitet die Reise ihrer Eltern, Erzherzog Ferdinand IV. (1835–1908) und Alice von Bourbon-Parma (1849–1935), nach Sachsen. Sie begegnet ihrem späteren Ehemann im Schloss Pillnitz und im Schloss Moritzburg. In Moritzburg leeren sie nach altem Brauch den Willkomm und trinken auf die Gesundheit.

25. August 1887
Einrichtung einer »Stadt-Fernsprechstelle mit Induktionsweckbetrieb« (Telefonanschluss) in der Wohnung im Taschenbergpalais.

Herbst 1887
Abschied vom Husarenregiment in Großenhain.

16. September 1887
Beförderung zum Hauptmann.

20. September 1887
Friedrich August wird à la suite des 1. Husarenregiments gestellt.

1. Oktober 1887
Friedrich August tritt wieder in den Dienst des 1. Leib-Grenadier-Regiments 100 in Dresden.

23. Juli 1888
Ernennung zum Major. Friedrich August erhält das 3. Bataillon des 1. Leib-Grenadier-Regiments 100.

12. August 1889
Kaiser Franz Joseph I. von Österreich (1830–1916) besucht die sächsische Königsfamilie in Pillnitz. Er verleiht Prinz Friedrich August den Orden vom Goldenen Vlies.

18. September 1889
Ende der Dienstzeit im 1. Leib-Grenadier-Regiment 100.

1890
Luise von Toscana folgt einer Einladung von Königin Carola (1833–1907) nach Dresden und Sibyllenort.

16. Oktober 1889 bis 22. Mai 1890
Große Reise des Prinzen Friedrich August nach Venedig, Mailand, Stresa, Genua, Barcelona, Madrid, Granada, Cádiz, Tanger, Malta, Syrakus, Catania, Girgenti, Palermo, Messina, Alexandria, Kairo, Beirut, Jerusalem, Smyrna (heute Izmir), Athen und Konstantinopel (heute Istanbul).

29. Mai 1890
Ernennung zum Bataillonskommandeur im Schützenregiment »Prinz Georg« Nr. 108.

22. Juni 1891
Verlobung des Prinzen Friedrich August von Sachsen mit Luise von Toscana, Erzherzogin von Österreich.

14. September 1891
Abhaltung eines allgemeinen Kreistages im Landhaus, Sitzungssaal der 1. Kammer zur Besprechung über eine Hochzeitsgabe für 20 400 Mark. Hofjuwelier Scharffenberg aus Dresden liefert Silberwaren: 12 Armleuchter, sechs Leuchter für Spieltische und vier Teetabletts. Die Gaben werden mit Widmung, die Tabletts zusätzlich mit den Kreiswappen graviert.

12. November 1891
Ratifizierung des Ehevertrages durch Kaiser Franz Joseph I. von Österreich.

14. November 1891
Ratifizierung des Ehevertrages durch Erzherzog von Österreich und Großherzog der Toskana Ferdinand IV.

21. November 1891

Trauung von Luise und Friedrich August in der Hofburgpfarrkirche zu Wien. Abends Abreise des Paars mit dem Zug aus Wien nach Dresden über Prag. In der Katholischen Hofkirche Dresden Abhaltung eines Tedeums. Zur gleichen Zeit Salutschüsse und Infanteriesalven.

22. bis 23. November 1891

Die Frischvermählten verbringen zwei Tage auf dem Hradschin in Prag.
In Dresden beginnen die Einzugsfeierlichkeiten mit Programm und militärischen Maßregeln.

23. November 1891

Festlicher Empfang am Bahnhof in Dresden. Abends Zeremonientafel im Eckparadesaal des Dresdner Schlosses, Glückwunschdeputationen beider Ständekammern, der Armee, der katholischen und evangelischen Geistlichkeit, der Kreisstände, der Ämter Dresden, Leipzig und Chemnitz, der Städte Plauen und Zwickau, einschließlich der vogtländischen Provinzialstädte, der Universität Leipzig und Kultureinrichtungen. Wertvolle Geschenke, zumeist aus Steuergeldern finanziert, werden überreicht – unter anderem eine Marmorbüste des Königs Albert von Sachsen.

24. November 1891

Nach der Familientafel Besuch einer Aufführung im Theater. Luise trägt ein Gewand in den sächsischen Farben Weiß-Grün.

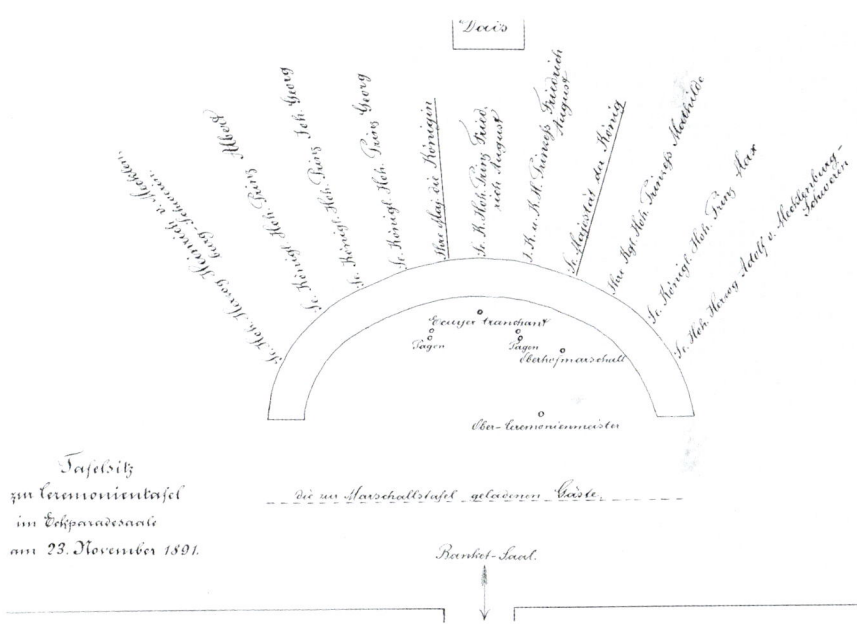

Links: Vermählung von Friedrich August und Luise, Trauungsakt am 21. November 1891 in der Hofburgpfarrkirche zu Wien, Dresdner Anzeiger 1891.

Oben: Festliche Tafel im Residenzschloss Dresden, Foto 1891.

Unten: Tafelsitz, Zeremonientafel 23. November, Skizze 1891.

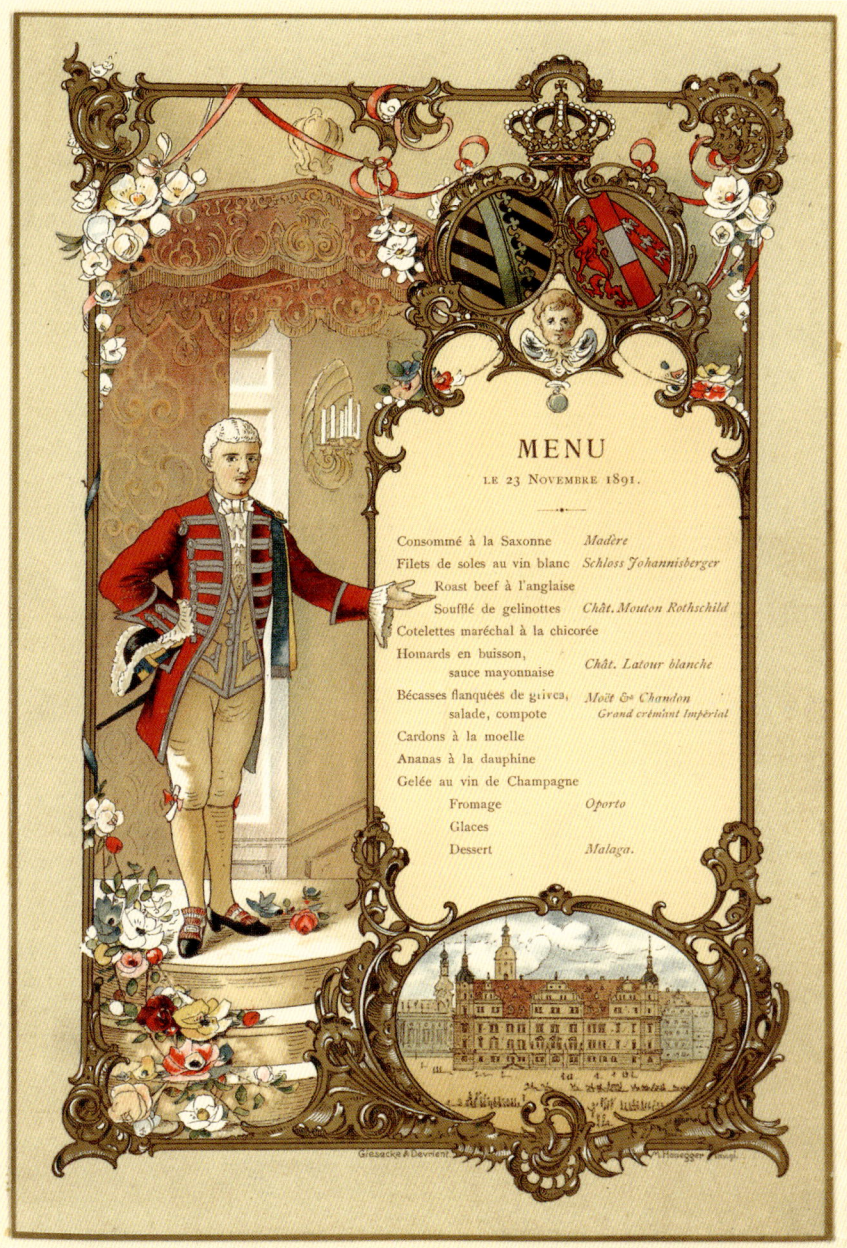

Oben: Menükarte anlässlich der Hochzeit des königlichen Paars im Residenzschloss in Dresden im November 1891.

S. 39 oben links: Kronprinz Georg, Foto 1893.

S. 39 oben rechts: Die Prinzen Georg und Friedrich Christian mit ihrer Mutter Luise von Toscana in Wachwitz, Foto o. J.

S. 39 unten: Die Familie des Prinzen Friedrich August von Sachsen, um 1896.

25. November 1891
Ausklang der Hochzeitsfeierlichkeiten mit einem Hofball in Dresden. 1036 Personen trinken 1167 Flaschen Wein, 412 Flaschen Champagner, 319 Liter Kronenbier, 109 Liter Lagerbier, 53 Liter Klosterbier, 186 Flaschen Mineralwasser, 48 Liter Limonade. Der Hofkonditor rechnet 2 Liter Mandelmilch, 16 Liter Fruchtwasser, 36 Liter Eiskaffee, 16 Liter Eispunsch, 18 Liter warmen Punsch, 9 Pfund Kaffee, 1 Pfund Karamell, 12 Pfund Trockenkonfekt, 3 Pfund Schokoladenkonfekt, 12 Liter Rahm und 18 Knallbonbons ab.

In der Hofküche werden 110 Hummer, 96 Forellen, 44 Rheinlachse, 500 Muscheln, 8 alte Hühner, 22 junge Hühner, 80 Krammetsvögel (Wacholderdrosseln), 9 Fasane, 24 Rebhühner, 36 Stück Gänseleber, 10 Rehrücken, 4 Rehkeulen, 4 Hirschrücken, 11 geräucherte Rheinlachse und 84 Stück Butter verbraucht. Die Rechnung für Getränke, Konditorei und Hofküche beträgt 18 431,05 Mark.

22. September 1892
Ernennung zum Oberst und Kommandeur des Schützenregiments Nr. 108.

15. Januar 1893
Geburt des Kronprinzen Friedrich August Georg (gestorben 14. Mai 1943 in Groß Glienicke).

31. Dezember 1893
Geburt des Prinzen Friedrich Christian (gestorben 9. August 1968 in Samedan).

20. September 1894
Beförderung zum Generalmajor. Damit führt er das Kommando über die Grenadierregimenter 100 und 101.

17. November 1894
Anlässlich des Ablebens des Kaisers Alexander III. (1845 – 1894) begibt sich Friedrich August nach Petersburg, um König Albert bei der Beisetzung zu vertreten. Der junge russische Kaiser Nicolaus II. (1868 – 1918) verleiht dem Prinzen Friedrich August den Andreasorden.

9. Dezember 1896
Geburt des Prinzen Ernst Heinrich (gestorben 14. Juni 1971 in Neckarhausen).

22. Mai 1898
Beförderung zum Generalleutnant und Kommandeur der 1. Division Nr. 23.

· 39 ·

Oben: Villa Wachwitz, Foto: August Kotzsch, o. J.

Unten: Friedrich Augusts Familie, nach 1900.

Rechts: Scheidungsurteil vom 14. Februar 1903, erste und letzte Seite.

22. August 1898
19.30 Uhr Geburt der Prinzessin Maria Alix Carola in der Villa in Wachwitz, die kurz nach der Geburt und Empfang der Taufe verstirbt. Prinz Friedrich August hält sich zu dieser Zeit im Jagdschloss Moritzburg auf. Er bekommt 20.30 Uhr die Nachricht des »betrüblichen Vorfalls«.

24. August 1898
Der Sarg seiner Tochter wird in die Gruft der Katholischen Hofkirche überführt. Friedrich August legt Blumen auf den Sarg, spricht ein Gebet und begibt sich in die Villa Wachwitz.

28. Oktober 1899
Friedrich August erleidet bei einer Jagd in Großenhain durch Sturz vom Pferd einen Schädelbasisbruch, glücklicherweise hinterlässt dieser Unfall keine bleibenden Schäden.

24. Januar 1900
Geburt der Prinzessin Margarete Carola Wilhelmine (gestorben 16. Oktober 1962 in Freiburg).

16. September 1900
Unfalltod des jüngeren Bruders Prinz Albert (geboren 1875 in Dresden).

27. September 1901
Geburt der Prinzessin Maria Alix Luitpolda (gestorben 11. Dezember 1990 in Hechingen).

25. Mai 1902
25-jähriges Militärdienstjubiläum. Nach dem Tod Alberts und der Thronbesteigung durch seinen Vater Georg wird Friedrich August zum kommandierenden General des XII. Armeekorps ernannt.

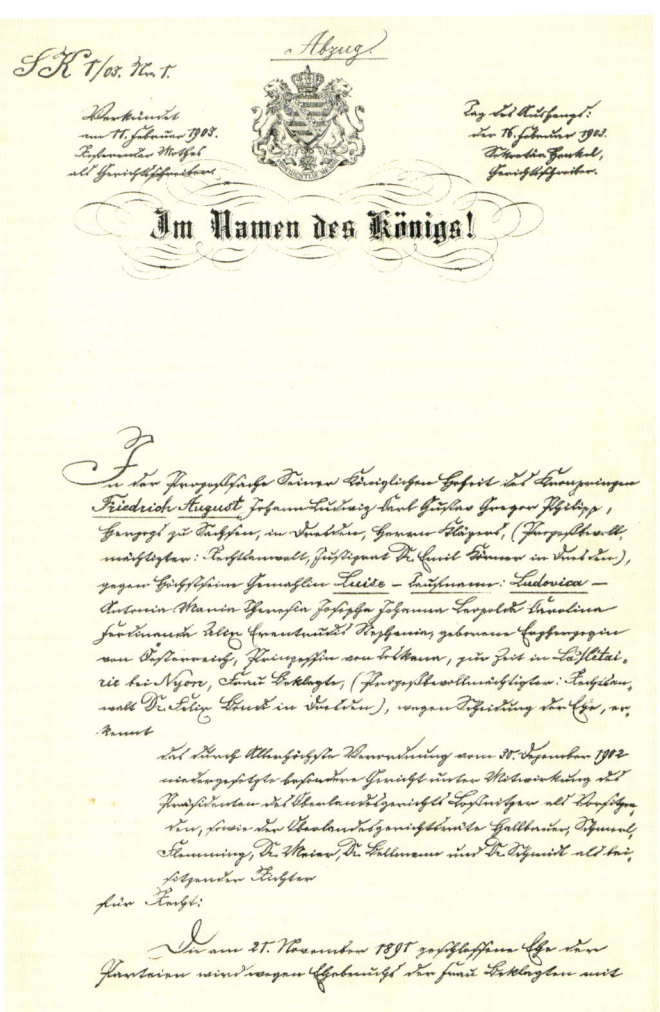
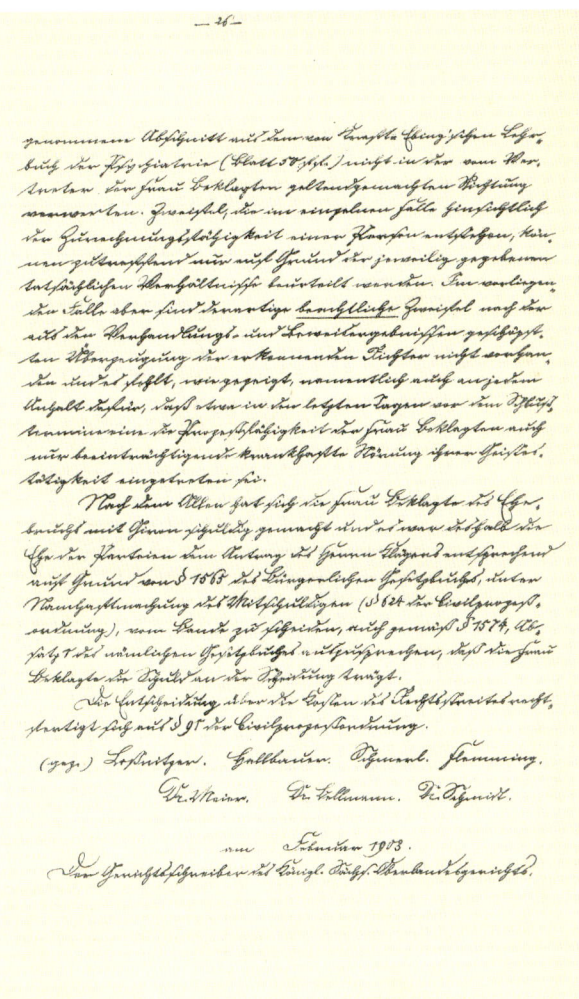

August 1902
Verletzung der ehelichen Treue durch die Kronprinzessin Luise mit dem Lehrer ihrer Söhne André Giron.

24. September 1902
Beförderung zum General der Infanterie.

19. November 1902
Bei einer Gemsjagd in Unterwand bei Salzburg erleidet Friedrich August einen Unterschenkelbruch am linken Bein.

9. Dezember 1902
Kronprinzessin Luise reist zu ihrem erkrankten Vater nach Salzburg und kehrt nicht »in die häusliche Gemeinschaft« nach Dresden zurück. Der bis dahin am Dresdner Hof vermutete Ehebruch der Prinzessin mit dem ehemaligen Hauslehrer der Prinzen, André Giron, wird damit bestätigt.

30. Dezember 1902
Per Gesetz wird durch König Georg von Sachsen ein Sondergericht für den Ehescheidungsprozess berufen.

28. Januar 1903
Erster Verhandlungstermin vor dem Königlich Sächsischen Oberlandesgericht Dresden. Luises Anwalt appelliert an den Gerichtshof »über das Verhalten der Beklagten nichts mehr zu sagen, als die rechtliche Begründung des Urteils unbedingt verlangt«. Die Verhandlung wird auf den 11. Februar 1903 vertagt.

2. Februar 1903
Friedrich August beantragt die Aufhebung der ehelichen Gemeinschaft mit Luise und die Aberkennung aller ihr aus der Zugehörigkeit zum Königlichen Hause begründeten Rechte, Titel und Würden.

9. Februar 1903
Friedrich August erteilt Rechtsanwalt Dr. Emil Körner Vollmacht zur Vertretung in seiner Ehescheidungssache vor dem Oberlandesgericht Dresden.

11. Februar 1903
Zweiter Verhandlungstermin vor dem Königlich Sächsischen Oberlandesgericht Dresden und Verkündung des Urteils. Luises Anwalt plädiert, »den Gemütszustand der Beklagten zu beachten«. Der Zustand der Schwangerschaft habe bei der Beklagten eine krankhafte Seelenstörung hervorgerufen. Ein Gutachten und die vor Gericht geladenen Ärzte bezeugen aber einen »normalen« Schwangerschaftsverlauf und keinerlei Anzeichen einer Depression.
»Die Frau Beklagte trägt die Schuld an der Scheidung.«

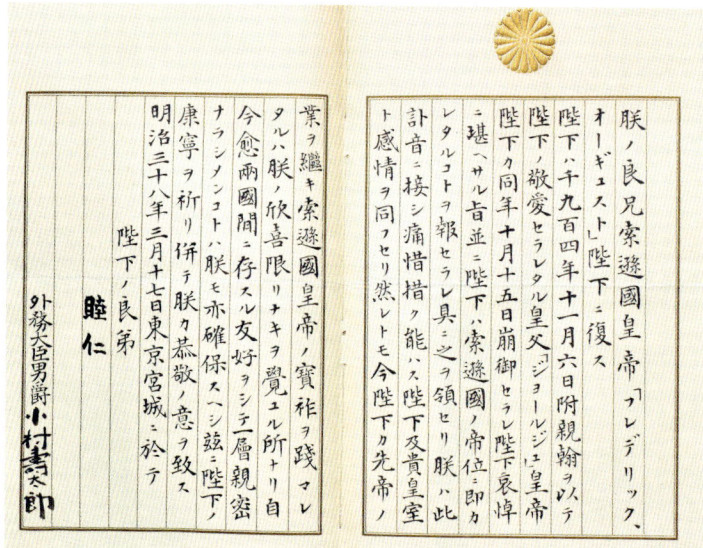

14. Februar 1903
Unterzeichnung des Scheidungsurteils. Ausfertigung auf einer autografischen Presse des Königlich Sächsischen Oberlandesgerichts. Das Urteil umfasst 26 Seiten, 14 Seiten nimmt der »Tatbestand« ein. Rechtsmittel sind nicht zugelassen.

18. Februar 1903
Zustellung der Ausfertigung des Urteils an die Anwälte beider Parteien.

4. Mai 1903
Geburt der Prinzessin Anna Monica Pia, später am sächsischen Hofe nur »Anna« genannt (gestorben 8. Februar 1976 in München).

15. Juni 1903
»Montignoso-Vertrag«: Anna Monica Pia wird als ehelich geboren anerkannt, genießt die Rechte einer Prinzessin des Königlichen Hauses und darf vorerst für ein Jahr bei der Mutter verbleiben. Luise erhält als Mutter einer sächsischen Prinzessin eine angemessene Apanage.

Juli 1903
Luise trägt den Namen »Gräfin von Montignoso«.

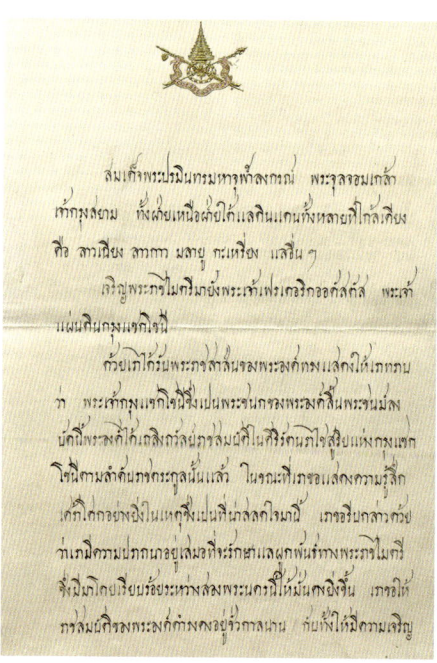

3. Oktober 1903
Friedrich August lässt durch seinen Rechtsanwalt ausrichten, dass im Falle des Ablebens seines Vaters, König Georg von Sachsen, Luise nicht mit einer Rückkehr an den sächsischen Hof rechnen darf.

13. Oktober 1904
Von Carlowitz berichtet der Staatsregierung, dass sich König Georg wegen Schwäche nicht mehr imstande fühlt, »eine Namensunterschrift unter Regierungssachen« zu leisten. Daraufhin verfügt das Ministerium des Innern, dem König nur noch dringende Angelegenheiten zu unterbreiten.

14. Oktober 1904
Mitteilung aus Pillnitz: »Seine Majestät der König haben Seine Königliche Hoheit den Kronprinzen zu Allerhöchst deren Stellvertreter alle kommenden Regierungsgeschäfte bis auf weiteres zu erstellen geruht« (von Metzsch).

15. Oktober 1904
Nachts 2.25 Uhr stirbt König Georg im Schloss Pillnitz. Die Trauer wird auf 24 Wochen festgelegt.

15. Oktober 1904
Thronbesteigung des Prinzen Friedrich August, er wird König Friedrich August III. von Sachsen. Beileids- und Glückwunschschreiben aus aller Welt erreichen den sächsischen Hof.

Ganz links: Anna Monica Pia im Alter von zwei Jahren, Postkarte, 1905.

Links: Schreiben des japanischen Kaisers Mutsuhito (1852–1912), des Präsidenten der Vereinigten Staaten von Amerika Franklin D. Roosevelt (1882–1945) und des Königs von Siam (heute Thailand), Rama V. Chulalongkorn (1853–1910).

Oben: Besuch des Königs Friedrich August III. in der Gussstahlfabrik Döhlen am 9. März 1905, Foto.

zwischen 1905 und 1918
Friedrich August reist durch Sachsen. Er besucht Bürgermeister, Ausstellungen, Vereine, Betriebe und gibt sich volkstümlich. Die ein- bis zweitägigen Reisen sind minutiös geplant und werden zu Pferde, mit dem Auto oder per Sonderzug durchgeführt.

Oben: König Friedrich August von Sachsen mit seinen Kindern (v. l. n. r.) Margarete, Ernst Heinrich, Kronprinz Georg, Maria Alix und Friedrich Christian Postkarte, um 1905.

Unten: Luise von Toscana mit ihrer Tochter Anna Monica Pia, Postkarte 1907.

Rechts: Plakat der Deutschen Kunstausstellung Dresden 1908, mit Gemälde von Alexander Baronowsky, »Mädchen mit Kette«, Farblithografie, Druck von Oswald Enterlein, 1908.

7. April 1908
Friedrich August nimmt seine letzte Tochter Anna Monica Pia nach langen Verhandlungen mit Luise endgültig zu sich an den sächsischen Hof.

1. Mai bis 15. Oktober 1908
Der König übernimmt die Schirmherrschaft zur »Großen Kunstausstellung Dresden 1908«. Friedrich August ist darüber empört, dass Kunstwerke mit »unbekleideten Personen« in der Ausstellung präsentiert werden. Dafür möchte er seinen Namen nicht hergeben und seine Kinder sollen die Ausstellung nicht sehen. Der König betont, »dass er nicht über den künstlerischen Wert der betreffenden Werke urteilt, aber es sei bedenklich, dass derartige Bilder für jedermann zugänglich seien«. Die Prinzen schauen sich dennoch die Ausstellung an.

5. Mai 1909
Neues Wahlgesetz: dieses spricht jedem Mann das Wahlrecht zu, der mindestens 25 Jahre alt ist und in Sachsen Steuern zahlt.

1. September 1911
Ernennung zum Chef des 2. Garde-Ulanen-Regiments.

Oben: Sudanreise des sächsischen Königs, Friedrich August mit seinen Reisebegleitern. Friedrich August mit erlegter Giraffe, 1911.

Rechts: Frontbesuche, Friedrich August im Garten beim Kaffeetrinken und Ansicht seiner Wohnvilla, 13. März 1916.

1911
Jagdexpedition in den Sudan.

10. September 1912
Ernennung zum Generalfeldmarschall durch Kaiser Wilhelm II. Der Kaiser überreicht Friedrich August auf dem Manövergelände bei Großenhain den Marschallstab.

19. bis 21. Mai 1913
Friedrich August reist zum Manöver der Hochseeflotte in der Nordsee. Er geht an Bord des Flottenflaggschiffes »Friedrich der Große«.

28. Juli 1914
Kriegserklärung Österreich-Ungarns an Serbien. Friedrich August erhält diese Nachricht während eines Wanderurlaubs in Tirol. Er fährt nach Dresden zurück.

2. August 1914
Erlass an das sächsische Heer zur Mobilmachung. Friedrich August, der seit seinem ersten Lebensjahr als »Diener der Armee« erzogen wird, übernimmt als einziger deutscher König nicht den Oberbefehl über seine Armee. Diesen überträgt der Kaiser auf Vorschlag Friedrich Augusts dem schon im Ruhestand stehenden Generaloberst Max Clemens Lothar Freiherr von Hausen (1846–1922). Der 68-jährige von Hausen übernimmt den Oberbefehl der 3. Armee vom 2. August bis 12. September 1914. Der 3. Armee sind aus dem sächsischen Truppenkontingent das XII., XIX. Armeekorps und das XII. Reservekorps zugeordnet. Ausgangspunkt der 3. Armee ist die Gegend von Prüm zwischen der 2. Armee (von Bülow) und der 4. Armee (Herzog Albrecht von Württemberg). Am 18. August beginnt die deutsche Offensive. Friedrich August rüstet seine Armee auf, richtet Lazarette ein (auch in der Villa Parkstraße 7 in Dresden), absolviert 16 Frontreisen. Während der Frontreisen verleiht der König von Sachsen Orden, nimmt Beförderungen vor, besucht Verwundete. Durch seine Anwesenheit soll die Kriegsmoral der Truppe

erhöht werden. Nach der Marneschlacht wird die 3. Armee neu formiert und dem preußischen General der Kavallerie Karl von Einem (1853–1934) unterstellt. Sachsen erleidet hohe Verluste. Durch königlichen Erlass vom 5. September 1914 müssen sich alle männlichen Schüler ab dem 16. Lebensjahr einer vormilitärischen Ausbildung unterziehen. Der Hof empfängt regelmäßige Berichterstattungen von der Front. Das wahre Grauen des Krieges bleibt dem König verborgen.

30. Mai 1918

Der Obermilitärbefehlshaber sendet eine geheime Botschaft an das Sächsische Kriegsministerium, »dass bei ausbrechender Unruhe und bei Aufständen mit einer jeden Zweifel ausschließenden Festigkeit, die vor Gewaltmaßnahmen nicht zurückschreckt, gehandelt werden muss. Für die gesamte Bevölkerung steht eine vermehrte Belastungsprobe durch Herabsetzung der Brotportionen bevor. Sie fällt mit innerpolitischen Kämpfen zusammen. Die Spannung wird sich auf irgendeine Weise Luft machen. Wird ihre Äußerung gewaltsam verhindert, so frisst sie im Verborgenen weiter und entzieht sich der Aufsicht. Am meisten wird dies der Fall bei der Arbeiterbevölkerung sein, die willig bei der Arbeit zu halten, eine der wichtigsten Aufgaben ist. Die Organe der aufsichtführenden Polizei handeln aber bisweilen ungeschickt und verständnislos. So sind Versammlungen aufgelöst, als Redner gerade im vaterländischen Sinne reden wollen. Die Auswahl für die Aufsicht muss daher vorsichtig getroffen werden. Die Beobachtung der Stimmung in der Arbeiterschaft und die Kenntnis der Persönlichkeiten, die in den Versammlungen auftreten wollen, lassen ein Urteil bilden, ob die Genehmigung einer Versammlung nicht von größerem Nutzen für die Aufrechterhaltung der Ruhe und Arbeitsfreudigkeit sein wird als ihr Verbot.«

Aber: das stellvertretende Generalkommando glaubt, dass eine hinreichende Veranlassung zu einer besonderen Anweisung an die Polizeibehörden nicht vorliegt und gibt diese Meinung dem König zur Kenntnis.

2. November 1918

Das Vereins- und Versammlungsrecht wird künftig keiner Beschränkung unterliegen, auch nicht für Beamte und Staatsarbeiter. Weder die Bildung von Vereinen noch die Einberufung von öffentlichen Versammlungen sind anzumelden.

9. November 1918

Das Ende der Monarchie und die Ausrufung der Republik in Deutschland.

10. November 1918

Letzter Eintrag im Hofjournal vom Arbeiter- und Soldatenrat: »Am heutigen Tage wurde auf dem bisherigen Schloss das Banner der Freiheit, Gleichheit und Brüderlichkeit gehisst.«

13. November 1918

14 Uhr verzichtet der König in Guteborn für seine Person auf den Thron. Offiziere, Geistliche, Beamte und Lehrer werden von jedem Eid entbunden. Der Thronverzicht wird vom Geheimen Legationsrat Dr. Steinbach an den Gesandten Heinrich Kurt von Leipzig per Telefon übermittelt. Danach begibt sich der König auf einen Spaziergang mit seiner Tochter Margarete. Nach Rückkehr vom Spaziergang beginnt eine längere Unterredung des Königs mit Dr. Steinbach und seinem Adjutanten über die Regelung der Vermögensverhältnisse. 16.45 Uhr: Eintreffen der Gräfin Rex und des Oberhofmarschalls von Metzsch. Es wird der Beschluss gefasst, Guteborn »wegen der pessimistischen Auffassung zur Gesamtlage« zu verlassen und den Aufenthalt des Königs und seiner Töchter nach Sibyllenort zu verlegen. Der König stimmt zu. Am Abend Besprechung der Reise.

23. November 1918

Beschluss des Gesamtministeriums: »Alle Besitztümer des vormaligen Königs von Sachsen, sowie der Prinzen und Prinzessinnen des vormaligen Königlichen Hauses, gleichviel ob sie die Eigenschaft des Privatvermögens, des Krongutes, des Hausfideikommisses oder des Sekundogeniturvermögens besitzen, gelten, soweit sie sich im Bereich der Republik Sachsen befinden, vorbehaltlich einer endgültigen Regelung als beschlagnahmt.« Für die Sicherung der vormals königlichen und prinzlichen Schlösser, Palais, Gebäude Parkanlagen und der darin befindlichen Einrichtungs- und Ausstattungsstücke werden militärische Wachen eingesetzt. Das Hausgesetz vom 30. Dezember 1837 ist aufgehoben.

26. November 1918

Friedrich August schreibt an Kriegsminister und Generaloberst Max Clemens Lothar Freiherr von Hausen (1846–1922): »…ja, das ist namenlos schwer, derartiges zu erleben, wie ich seit dem 8. November. Besonders der schreiende Undank des Volkes und besonders der Armee; meiner Liebe von frühester Jugend an, hat mir bitter wehgetan. 8 Tage auf der Flucht vor meinem Volke und meinen Soldaten zu sein, ist für mich sehr hart. Daß revolutionäre Bewegungen in meinem Lande, das ja eigentlich eine Fabrikstadt ist, Wiederhall finden würde, war mir ganz klar. Ich vertraute aber fest auf den gesunden Sinn meines Volkes und auf die Zuverlässigkeit der Armee. Gott hat es anders gewollt, sein heiliger Wille geschehe [ ] Ich glaube, daß die rote Sippe sich das viel einfacher gedacht hat.«

23. November 1919

In einem zweiten Brief an Generaloberst Max Clemens Lothar Freiherr von Hausen äußert Friedrich August, dass die Jagden in Sibyllenort besser seien als in Dresden, er hofft aber, bald in Moritzburg wohnen zu dürfen.

Kriegsminister und Generaloberst
Max Clemens Lothar Freiherr von Hausen,
Foto von Otto Mayer, um 1900.

2. Februar 1919
Wahlen zur Sächsischen Volkskammer.

28. Februar 1919
Verabschiedung des vorläufigen Grundgesetzes für den Freistaat Sachsen.

20. März 1919
Rechtsanwalt Dr. Bernhard Eibes vertritt mit Generalvollmacht die Interessen der Mitglieder des ehemaligen Königshauses. Nach den §§ 547, 683, 684 und 812 BGB erhebt er in einer 88-seitigen »Denkschrift« Anspruch auf das Privatvermögen. Dazu zählen drei Häuser in Dresden, zwei Villen in Strehlen und Hosterwitz, die Rittergüter Helfenberg, Jahnishausen und Gönnsdorf, Geld und Wertpapiere in Höhe von über 12 Millionen Mark sowie Mobiliar und Kunstgegenstände aus dem Residenzschloss, dem Grünen Gewölbe, der Gemäldegalerie, des Historischen Museums, der Porzellansammlung und der Skulpturensammlung in Höhe von über 17 Millionen Mark.

31. März 1919
Endgültige Auflösung des Hofstaates. Bis zu diesem Zeitpunkt werden alle Hofangestellten, soweit sie nicht selbst ihre Pensionierung beantragt haben, weiter beschäftigt. Volle Pension und Wohngeld erhalten ehemalige Hofbedienstete nach 25 Jahren Dienstzeit. Bedienstete, die weniger als zehn, aber mindestens fünf Jahre am Hof beschäftigt waren, erhalten die Mindestpension.

26. Oktober 1920
Verfassung des Freistaates Sachsen.

25. Juni 1924
Auseinandersetzungsvertrag mit dem Verein Haus Wettin. Nach fünfeinhalbjährigen Verhandlungen kommt es zum Abschluss eines Vertrages »Zum Zwecke der Vermögensauseinandersetzung zwischen dem Staat und dem vormaligen Königshause unter gleichzeitiger Aufhebung der Verträge vom 23. August 1922 und 19. Oktober 1923, vorbehaltlich der Genehmigung des Landtages«. Neben Geldzahlungen und Wertpapieren erhalten die Wettiner unter anderem Schloss Moritzburg, Schloss und Villa Wachwitz, privaten Haus- und Grundbesitz (Hausfideikommiss), die Kupferstichsammlung von König Friedrich August II., die Sekundogeniturbibliothek, die Rittergüter Helfenberg, Jahnishausen und Gönnsdorf. Friedrich August erhält lebenslang das Jagdrecht in sieben sächsischen Forstrevieren. Aus der gesamten Barabfindung erhalten Kronprinz Georg, die Prinzen Friedrich Christian und Ernst Heinrich unterschiedliche Anteile. Die Söhne sollen ihr Geld in zinsertragenden Wertpapieren anlegen. Die Zinserträge stehen zur freien Verfügung. Prinzessin Mathilde bekommt eine Geldzahlung und die königliche Villa in Hosterwitz für den lebenslangen Nießbrauch. Der Freistaat Sachsen übernimmt die Besoldung und Pensionszahlungen der ehemaligen Hofbeamten und die Kosten der Auseinandersetzung.

11. Juli 1925
Schlussprotokoll über die Durchführung der Auseinandersetzung zwischen dem Freistaat Sachsen und dem vormaligen Königshaus.

1925
Nordlandreise.

11. Juni 1926
Friedrich August schreibt sein Testament. Auszug aus § 20 des Testaments: »Betreffs meines Begräbnisses bestimme ich, dass es mein sehnlichster Wunsch ist, in unserer Dresdner Familiengruft beigesetzt zu werden. Ich verlange, dass die Sächsische Regierung mir dieselben Ehren erweist, wie die preußische der verstorbenen Kaiserin, namentlich Transport von der Landesgrenze mit Sonderzug auf Kosten der Regierung. Kein feierlicher Umzug durch die Stadt, wie beim König von Bayern, Ausstellung meiner Leiche, wenn möglich. Mindestens wünsche ich aber mit den Ehren eines Feldmarschalls beerdigt zu werden. Die Kommandeure des Militär St. Heinrichsordens, sowie die Offiziersvereinigungen meiner ehemaligen Chefregimenter in und außerhalb Sachsens, sowie eine Abordnung der Inhaber der goldenen und silbernen Heinrichsmedaille sollen einen besonderen Ehrenplatz erhalten. Ich bitte den Bischof von Meißen den Gottesdienst und meinen Beichtvater die Rede zu halten aber nicht länger wie 10 Minuten und ohne besondere Lobhudelei.«

1927
Reise auf die Kanarischen Inseln.

Mai und Juni 1928
Reise nach Südbrasilien.

1930
Reise nach Ceylon (seit 1972 Sri Lanka).

1931
Reise nach Italien, Rapallo.

17. Februar 1932

Nach der morgendlichen Heiligen Messe Ausritt und Spaziergang. Mittagessen, anschließend Billardspiel. 16 Uhr Sitzung der Jagdinteressengemeinschaft mit 22 Teilnehmern unter Vorsitz von Friedrich August. 19 Uhr Kreuzwegandacht, nach dem Abendessen Skat mit Oberst Kurt Max Theodor von Dambrowski und Prälat Müller. 22.10 Uhr Bettruhe. Friedrich August gibt dem Kämmerer Schlegel den Befehl, am nächsten Morgen 6.45 Uhr geweckt zu werden.

18. Februar 1932

Kammerdiener Schlegel betritt 6.45 Uhr das Schlafzimmer. Friedrich August reagiert nicht auf seinen Weckruf, deshalb will der Kammerdiener den König bis 7 Uhr schlafen lassen. Um 7 Uhr tritt Schlegel an das Bett und stellt fest, dass der linke Arm und der Kopf schlaff am Körper hängen. Schlegel ruft sofort den im Ort ansässigen Arzt Dr. Tepfer und telefonisch Prof. Ercklentz aus Breslau. Letzterer erscheint in Begleitung mit seinem Assistenzarzt Dr. Steinbringk. Die Ärzte diagnostizieren einen Schlaganfall. Der Zustand ist hoffnungslos und menschliche Hilfe unmöglich. Seine Schwester Mathilde und sein Sohn Ernst Heinrich sind anwesend, als der letzte sächsische König um 22.10 Uhr im Alter von 66 Jahren seine Augen für immer schließt.

22. Februar 1932

10.08 Uhr trifft der Sonderzug mit der Leiche Friedrich Augusts in Dresden ein. Der gesamte Fahrzeug- und Straßenbahn- einschließlich Kraftomnibusverkehr wird in verschiedenen Zeitabschnitten auf dem Wiener Platz, der Lüttichaustraße, Bürgerwiese, zwischen Georgplatz und Maximilianring, Georgplatz und Moritzstraße verboten. Ebenfalls gesperrt sind Augustusstraße, Moritzstraße, Schlossplatz, Theaterplatz und Augustusbrücke.

Sterbeurkunde Friedrich Augusts, 1932.

Gleiches gilt für Fahrräder, die weder gefahren, geschoben noch abgestellt werden dürfen. Fußgänger haben Fahrbahnen freizuhalten. Bereits 9.10 Uhr beginnt die Aufstellung der Trauerparade der Reichswehr gegenüber dem Fürstenpavillon. Der Anmarsch erfolgt ab 8.15 Uhr ohne Musik über Radeberger Straße, Bautzner Straße, Kurfürstenstraße, Sachsenplatz, Eliasstraße, Lennéstraße und Wiener Straße. Nach Ankunft der »hohen Leiche« marschiert die Reichswehr von der Hofkirche ohne Musik über den Theaterplatz und die Große Packhofstraße in die Kasernen zurück. Eine Ehrenkompanie der Reichswehr marschiert mit Musik über die Hauptstraße und Augustusbrücke zur Hofkirche. Friedrich August wird von 13 Uhr bis 18 Uhr in der Hofkirche aufgebahrt. Tausende Sachsen, vor allem Dresdner, kondolieren.

23. Februar 1932
11 Uhr Beisetzung in der Hofkirche. Die Sächsische Staatskapelle, der Staatsopernchor und die Kapellknaben begleiten die Messe. Die von Bischof Dr. Gröber zelebrierte Seelenmesse dauert zwei Stunden. Öffentliche Gebäude setzen die Beflaggung auf halbmast. Die sächsische Regierung nimmt an den Beisetzungsfeierlichkeiten teil. Anwesend sind neben den Mitgliedern des ehemaligen Königlichen Hauses auch Vertreter des Sächsischen Landtages, des Rates und der Stadtverordneten von Dresden, Offiziere der alten Armee und der Reichswehr. Die Spalierbildung auf den Straßen erfolgt ausschließlich durch Vereine. Nur Inhaber von gestempelten Zutrittskarten (ausgestellt vom Verein Haus Wettin oder dem Polizeipräsidenten) können die Absperrlinien passieren. Offiziere in Uniform sind überall durchzulassen. Fotografen dürfen ihren Aufstellungsplatz nicht verlassen. Genehmigungen für Filmaufnahmen werden an zehn Firmen erteilt, darunter die Ufa-Wochenschau. Berichten darf der Mitteldeutsche Rundfunk. Die Bildberichterstatter des Internationalen Illustrationverlages Berlin Curt Müller und der Firma The Associated Press GmbH New York/London Willi Jacobson erhalten eine Sondergenehmigung. Im Nachhinein gibt es Beschwerden wegen der hohen Gebührenerhebung, zum Teil über 100 Reichsmark. Anzugsordnung für die Polizei: »Guter Mantel, Hosen lang (III. Garnitur), Röcke (III. Garnitur), Bewaffnung am 22., 23. Februar 1932 – Pistole und Gummischläger, berittene Polizei nur Pistole.«

Nachtrag
Friedrich August, ein Enkel König Johanns, Neffe von König Albert und Sohn von König Georg hinterlässt 105 nachweisbare Kinder, Enkel, Urenkel und Ururenkel (Stand 2017). Auf Wunsch von Friedrich August sollte sein letzter Wohnsitz Schloss Sibyllenort für mindestens 30 Jahre im Besitz der Familie bleiben.

1935
Kunstgegenstände und sonstiges Inventar des Schlosses Sibyllenort werden vom Auktionator Hermann Nestle, Breslau (Mitglied des Bundes Deutscher Kunst- und Antiquitätenhändler e. V.) versteigert. Auftraggeber sind Friedrich Christian, Herzog zu Sachsen, Markgraf von Meißen und Dr.-Ing. Carl Weichen.

Archivalische Quellen:
Sächsisches Staatsarchiv, Hauptstaatsarchiv Dresden:
- 10006 Oberhofmarschallamt A Nr. 40; B Nr. 52, C Nr. 85, O 04 Nr. 272, O 04 Nr. 320, O 04 Nr. 324, O 05 Nr. 137, N 05 Nr. 6.
- 10697 Gesamtministerium Nr. 448 und Nr. 465.
- 10701 Staatskanzlei, Nr. 85, Nr. 104.
- 10714 Hofbauamt, Nr. 106.
- 10716 Verein Haus Wettin, Albertinischer Linie e.V. Nr. 266, 348, 603, 607, 610, 694.
- 10717 Ministerium der Äußeren Angelegenheiten, Nr. 4509, 4712, 9295; 9270, 9317, 9319.
- 10019 Stände des Meißner Kreises Nr. 1498.
- 10736 Ministerium des Innern, Nr. 11137, Nr. 17465.
- 10747 Kreishauptmannschaft Dresden, Nr. 304, 305, 309.
- 10851 Ministerium der Finanzen, Nr. 1181, 11226.
- 10693 Volkskammer/Landtag des Freistaates Sachsen 1919 – 1933, Nr. 2936.
- 10789 Polizeipräsidium Dresden, Nr. 919.
- 11025 Oberlandesgericht Dresden, Nr. 175, 3794, 3795.
- 12567 Fürstennachlass König Friedrich August III.
- 12693 Personennachlass Max Clemens Lothar Freiherr von Hausen, Nr. 25.
- 13893 Personennachlass Bernhard Eibes, Nr. 1.

Literatur:
- Max Dittrich, Prinz Friedrich August, Herzog zu Sachsen, Rathenow 1894.
- ohne Verfasser, König Friedrich August III. von Sachsen. Ein Lebensbild, zusammengestellt nach dem »Kamerad«, Dresden 1905.
- Georg von Metzsch, Friedrich August III. König von Sachsen. Ein Lebensbild, Berlin, 1906.
- Friedrich August III. König von Sachsen, Erinnerungen an meine Reise nach dem Sudan und Ägypten Februar bis März 1911 (Bildmaterial).
- Paul Bang, König Friedrich August III. von Sachsen. Ein Lebens- und Charakterbild, Verlag L. Ehlermann, Dresden 1915.
- Hermann Schindler, König Friedrich August III. Ein Lebens- und Charakterbild, Verlagsanstalt Apollo, Dresden 1916.
- Prälat Müller, Hofprediger, Bericht über die Zeit vom 17. bis 21. Februar 1932, in: Berichte über die Tage vom 17. bis 23. Februar 1932.
- Versteigerung auf Sibyllenort, Auktionskatalog, 1935.
- Friedrich Kracke, Friedrich August III., Sachsens volkstümlichster König. Ein Bild seines Lebens und seiner Zeit, München 1964.
- Walter Fellmann, Sachsens letzter König Friedrich August III., Leipzig, Berlin 1992.
- Susann Jordan, An uns hat es nicht gelegen, Max Clemens Lothar Freiherr von Hausen (1846 – 1922). Ein Leben und ausgewählte Dokumente, Potsdam 2009.

Iris Kretschmann

Friedrich August – privat und als Familienvater

Möchte man Friedrich Augusts Privatleben beleuchten, versuchen, ein wenig in seine Seele zu blicken, muss man auf die Flucht seiner Frau Luise von Toscana nach elfjähriger Ehe im Dezember 1902 näher eingehen.

Eine neue Liebe verleitet Luise zur Flucht

Luise von Toscana war von dem musisch begabten, sprachgewandten, neun Jahre jüngeren Belgier André Giron, dem Lehrer ihrer Söhne, fasziniert, und beide verliebten sich im Sommer 1902. Das Verhältnis wurde entdeckt und der Liebhaber des Hofes verwiesen. Luise sprach mit ihrem Schwiegervater König Georg, der ihr mit der Einweisung in eine Nervenklinik drohte, was ihr verständlicherweise große Angst machte. Ihr Mann hatte von ihrer Affäre nichts bemerkt, er hatte viele Verpflichtungen und war zu oft mit sich selbst beschäftigt.

Die 32-jährige Luise verließ am 9. Dezember 1902 mit offizieller Genehmigung des sächsischen Hofes Dresden und reiste zu ihren Eltern nach Salzburg. In der Nacht zum 12. Dezember floh sie mit ihrem Bruder Leopold nach Zürich. Dort trafen sie Giron und Leopolds Geliebte und begaben sich nach Genf. Luises Lieblingsbruder hatte sich

Links: Friedrich August mit Jägerhut und Lodenanzug, Aquarell von F. Geibler, 1917.

Kronprinzessin Luise, um 1900.

Links: Luise von Toscanas Liebhaber André Giron.

Unten: Luises Bruder Leopold, mit dem sie gemeinsam floh.

Rechts: Friedrich August mit seiner Tochter Margarete, Postkarte 1901.

Ganz rechts: Luises Mutter Alice, Friedrich August und Luise, o. J.

den bürgerlichen Namen Leopold Wölfling zugelegt. Der Vater Ferdinand IV. schrieb am 11. Februar 1903 an Luises Arzt, Professor August Forrel: »Ich glaube, es ist meine Pflicht Sie darauf aufmerksam zu machen, dass der Einfluss ihres Bruders Leopold Wölfling fatal für sie ist, weil er es ist, der sie mit Leichtigkeit zur Flucht vor dem väterlichen Einfluss direkt in die Beziehung mit Giron getrieben hat. Es ist meine tiefe Überzeugung, dass dies alles ohne Leopold niemals so gekommen wäre.«[1] Der »Besuch bei ihren Eltern« war nun zur »Flucht« geworden. Die Geschwister hatten den sächsischen Hof an der Nase herumgeführt, indem sie zunächst eine falsche Fährte gelegt und in einem Telegramm mitgeteilt hatten, Freifrau von Fritsch solle Luise in Brüssel in Empfang nehmen. In Sachsen wusste zunächst weder Friedrich August noch sonst irgendjemand Bescheid, wo sich die Kronprinzessin von Sachsen aufhielt.

Man muss sich einmal in die Situation hineinversetzen, in der sich der 37-jährige Friedrich August befand: Das jüngste von fünf Kindern war gerade ein Jahr und das älteste knapp zehn Jahre alt, und Luise war im vierten Monat schwanger. Er hatte nur durch ein Telegramm seines Schwiegervaters Ferdinand IV. an seinen Vater Georg am 12. Dezember 1902 erfahren, dass Luise mit ihrem Bruder von Salzburg aus »unter dem Vorwande eines Ausflugs in die Schweiz gereist ist ohne Angabe eines Aufenthaltsortes«.[2]

Die zwei schlimmsten Tage in Friedrich Augusts Leben

Zwei Tage nach Luises Flucht aus Salzburg schüttete der verzweifelte, besorgte, aber noch hoffnungsvolle Friedrich August in einem Brief seiner Schwiegermutter Alice sein Herz aus: »Liebe Mama! Das waren die zwei schlimmsten Tage meines Lebens. Mein ganzes Innere hat einen Stoß erlitten wie noch niemals. Selig bin ich, daß ich jetzt wenigstens weiß, wo Luise ist. Und da sie darum gebeten hat, daß Frau von Fritsch zu ihr kommen möchte, so habe ich auch die Garantie, daß sie dort bleibt. Frau von Fritsch reist morgen Abend hin und wird sie in ein paar Tagen hierher zurückbringen, so Gott will. Ich bin noch ganz geknigt. Ich habe ihr noch mehr wie mir selber vertrauet und hänge an ihr trotz allem, was passiert ist, mit jeder Faser meines Herzens. Sie ist leichtsinnig, sie ist unklug, sie nimmt es mit der Wahrheit nicht immer genau aber sie ist nicht schlecht von Natur. Ich muß sie jetzt ganz anders behandeln, denn mein Vertrauen zu ihr ist auf Jahre hinaus zerstört. Wenn sie jetzt zurück kommt, muß sie mir eine vollständige, rückhaltlose Beichte ablegen über alles und jedes, mag es auch noch so schlimm sein. Denn schlimmer, als das was ich von Frau von Fritsch weiß kann es nicht sein. Dann verzeihe ich ihr. Denn die Liebe ist größer in mir. Ich sehe für die nächsten Jahre meine schönste Aufgabe darin mein Weibchen wieder an meiner Hand aufzurichten und es zu erreichen, daß sie in mir nicht blos ihren Lebensgefährten und den Vater

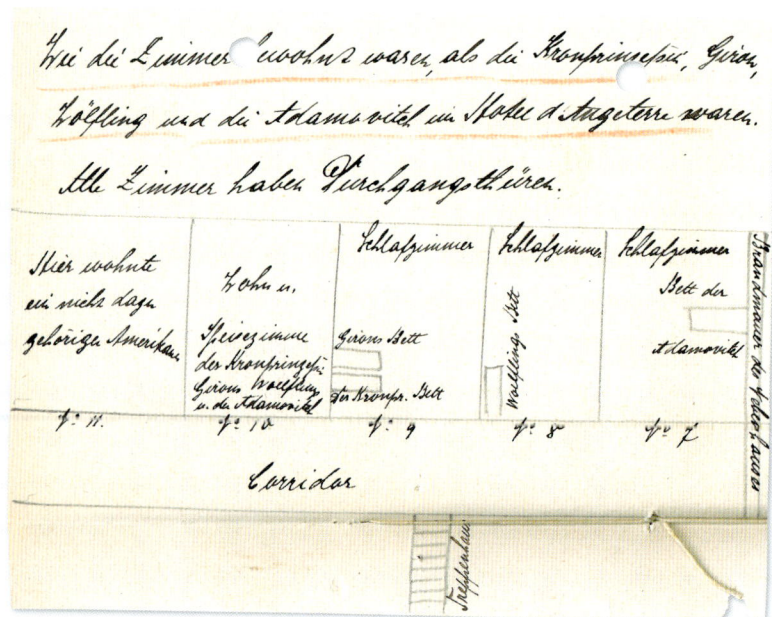

Oben: Luise verließ ihren Ehemann und ihre fünf Kinder. Postkarte 1903.

Unten: Die »Bettskizze«.
Die von Luise, André Giron, Leopold Wölfling und seiner Geliebten Wilhelmine Adamovich bewohnten Zimmer Nr. 7, 8, 9 und 10 im Hotel d'Angleterre in Genf, Dezember 1902.

Rechts: Die Familie des wettinischen Königshauses, v. l. n. r. untere Reihe: Friedrich August, Königin Carola, König Albert, Luise, Friedrich Augusts Bruder Johann Georg, Friedrich Augusts Schwester Mathilde, Friedrich Augusts Schwägerin Maria Isabella, obere Reihe: Friedrich Augusts drei Söhne (Georg, Ernst Heinrich, Friedrich Christian), Friedrich Augusts Bruder Albert, Friedrich Augusts Vater Georg, Friedrich Augusts Bruder Max, Postkarte, 1898.

ihrer Kinder, sondern auch ihren besten Freund erkennt, vor dem sie kein Geheimniß hat. Wenn das der Erfolg dieser entsetzlichen Geschichte ist so kann ich dem lieben Gott endlich nur danken. Bitte erflehe mir von unserem allgütigen Gott die Gnade dazu. Hoffentlich schadet ihr die Sache körperlich nicht. Denn das wäre doch furchtbar traurig. Zunächst wird sich nun manches aendern ich werde den Maaz als Beichtvater für sie beseitigen. Er ist für eine so schwierig zu behandelnde Seele wie die von Luise nicht der geeignete Mann. Ich denke mir den Pfarrer von Leipzig als ihren geeigneten Seelenführer. Dann wird sie in eine Nervenheilanstalt gebracht werden müssen. Ich denke mir das so daß sie hier bleibt, bis ich wieder ganz reisefähig[3] bin. Dann will ich sie selber hinbringen und einrichten und sie

dann einige Monate dortlassen. Zu Ostern will ich dann mit der ganzen Familie wenn es möglich ist hinfahren und dann gleich nach Wachwitz ziehen. Dann wird mir 1902 so unendlich schwergeprüften Manne endlich wieder das volle Glück leuchten. Doch ich sehe ich bin wieder egoistisch. Ich habe es ja noch mit keiner Stelle erwähnt, wie unendlich schwer Dein armes Mutterherz jetzt gelitten haben muß. Und zwar hast Du ein doppeltes Weh gehabt. Auch der arme Papa wird namenlos gelitten haben. Mit inniger Liebe umarme ich dich als Dein gehorsamer Sohn Friedrich August.«[4]

Mit diesem Brief ist alles gesagt. Er zeigt ganz deutlich den Seelenzustand Friedrich Augusts, wie er sich fühlte und wie er dachte, wie sehr er Luise liebte. Er hatte immer noch nicht bemerkt, dass es bei seiner Frau nicht (mehr) so war. Eine großmütige Geste, dass Friedrich August Luise verziehen hätte. Verständlich ist, dass das Grundvertrauen, das eine Beziehung ausmacht, aufgrund von Luises Untreue extrem erschüttert war. Man kann ihre Flucht nicht unter dem Aspekt von heute betrachten, denn es war Anfang des 20. Jahrhunderts unmöglich, dass eine Frau ihres Standes die Grenzen dermaßen überschritt.

Beweise für die Scheidung

Luise und ihre Begleiter wurden schließlich einige Tage nach der Flucht von der sächsischen Kriminalpolizei aufgespürt und dauerhaft beschattet. Täglich erreichte den Polizeipräsidenten von Dresden ein Telegramm. Ausführlich berichtete der Kriminalkommissar Arthur Schwarz in Briefen vom Tagesablauf der Kronprinzessin. Für die Scheidung wurden Beweise gesammelt: Skizzen von der Aufstellung der Betten in den von Giron und Luise bewohnten Hotelzimmern und Fotos des Liebespaares.

Die Flucht wird öffentlich

Im Dresdner Journal war noch nicht sofort von der Flucht Luises die Rede. Die Öffentlichkeit war zunächst informiert worden, dass Luise nach Salzburg gereist und wegen einer Erkrankung vorerst nicht zurückkommen konnte. Der erste Presseartikel erschien am 22. Dezember 1902, und die Flucht wurde offiziell bekannt gegeben. Der Polizeipräsident von Dresden, Albin le Maistre, sah bereits am 23. Dezember 1902 eine große Gefahr in der Presse und schrieb an seinen Kriminalkommissar Schwarz, der Luise in Genf überwachte: »Die Presse wird die Wiederaufnahme Luisa's in Sachsen vollends noch unmöglich machen.«[5] Und wie recht er behalten sollte!

Luise liebt Giron – das Aus für Friedrich August und die Kinder?

Luise dachte zu diesem Zeitpunkt keineswegs an eine Rückkehr nach Dresden. Sie schrieb ihrer Mutter am 26. Dezember 1902 aus dem Genfer Hotel d'Angleterre einen Brief, dass sie unsagbar leide, aber Giron über alles liebe und sich von ihm nicht losreißen könne – trotz der grenzenlosen Qual der Sehnsucht nach ihren »5 Schatzerln«, also nach ihren fünf Kindern – nicht nach Friedrich August: »Geliebtes, armes Mammerl, Nie hätte ich es nur gewagt, dir zu schreiben, deine heutigen Zeilen haben mich tiefer getroffen, da sie mir unerwartet kamen u. ich kann vor Leid u. Schmerz kaum

Friedrich Augusts Vater König Georg mit Marschallstab, Gemälde von Carl Bantzer, 1903.

denken, seitdem ich weiss, daß du dein armes Kind weder verdammst noch hassen kannst. Ich leide unsagbar u. kann nicht zurück ich liebe ihn über alles u. kann mich von ihm nicht losreissen, wenn auch die grenzenlose Qual der Sehnsucht nach meinen 5 Schatzerln mich oft fast den Verstand verlieren lässt. Ich sehe mein furchtbares Unrecht vollständig klar ein, den namenlosen Kummer den ich dir u. dem armen Papa bereitet, […] ich bin betäubt u. noch unklar, es kommt mir Alles wie ein grässlicher Krankheitszustand vor, ich bin unfähig zu klarem Empfinden. Ich kann nur zu deiner Mutterliebe flehen ›Verlass dein armes unglückliches Kind nicht!‹ Ich getraue mich nicht deine liebe Hand zu küssen, noch dich zu bitten dem armen Papa es für mich zu thun. Ich kann den Schrei der aus meinem Herzen kommt nicht unterdrücken o Mamma o Papa, o meine Kinderlein dein armes Kind.«[6]

Die Trennung »vom Bande« wurde einige Wochen später durch König Georg bekannt gegeben. Luise hätte wissen müssen, dass die Liebe einer Kronprinzessin und eines Lehrers von Anfang an zum Scheitern verurteilt war. Geboren als Erzherzogin, verheiratet mit einem zukünftigen König, war ihre Rolle als künftige Königin von Sachsen klar definiert. Von ihr wurde verlangt, ihrem Mann Nachkommen zu schenken und den Weiterbestand der Dynastie zu sichern. Eine angehende Königin konnte nicht einfach mit ihrem Geliebten durchbrennen und später wieder reumütig zurückkehren. Das wäre unmöglich gewesen. Die Trennung von Giron erfolgte im Februar 1903.

Morddrohungen gegen das Königshaus

Luise war nach ihrer Flucht eine Gefahr für die Politik, sie war sehr beliebt beim Volk und hatte so manchem Mitglied des Königshauses die Show gestohlen, so z. B. Schwiegervater König Georg und Friedrich Augusts Schwester Prinzessin Mathilde, die sich beide keiner großen Beliebtheit erfreuten. Dazu kamen ihre ausgesprochene Schönheit und ihr Engagement für soziale Projekte. Man sah in ihr die gebildete, freie, modern denkende Frau, die der Bevormundung und dem bigotten reaktionären Hofdunst entflohen war. Sie galt als Opfer der Tyrannei (durch den Schwiegervater), ihre Flucht war unausweichlich, sonst hätte sie nicht mehr atmen können. Viele standen auf ihrer Seite und taten dies auch kund.

Es gab Morddrohungen gegen das Königshaus, aber auch gegen die Ehebrecherin Luise, die als Femme fatale der Nation galt, die aus ihrem Umfeld, dem höfischen Zeremoniell, ausgebrochen war. Ein Drohbrief erreichte Luise zu Weihnachten 1902 im Hotel d'Angleterre in Genf: »Die Schande, die Sie dem sächsischen Königshause sowie dem Vaterland bereitet haben, kann gar nicht in Worten ausgedrückt werden und ruft die allgemeine Erbitterung aller edeldenkenden Menschen hervor. Eine derartige Besudelung der Ehe eines gekrönten Hauptes, wobei Sie ein Vorbild aller deutschen Frauen an der Spitze eines Regenten stehen, kann nur als ein Verbrechen angesehen werden, deren irdische Strafe Sie, nebst Ihrem Galan nicht entgehen können. Das Loos eines Attentates ist für Sie gezogen, und bestimmt. […] Weder Fürst noch Edelmann bin ich, doch hatte ich öfters Gelegenheit, Sie in aller Nähe zu beobachten, und werden Sie erstaunt sein, daß es unter dem Volke Leute und edle Männer giebt, die nur aus reiner Vernunft, ohne jede Mitschuldigen, das Gerechtigkeitsgefühl allein bewegt, unsaubere Elemente auszurotten! Es lebe die Anarchie! Bruxelles, Genf, Paris, London, Berlin, Zürich, Milano, Monaco, Lyon, Hamburg, New York. Artami. Das Blut Ihres Galans Giron wird zuerst fließen.«[7] Glücklicherweise ist es nicht zu dem Attentat gekommen. Eine Verwandte Luises, Königin Elisabeth »Sissy«, hatte nicht so viel Glück und ist 1898 in Genf ermordet worden. Das Leben war verwundbar und auslöschbar.

Kontaktversuch Luises zu Friedrich August

Über eine Deckadresse in Monaco sandten Luises Eltern einen Brief ihrer hochschwangeren Tochter vom 23. April 1903 aus Lindau an Friedrich August. Bisher war nicht bekannt, dass nach Luises Flucht überhaupt noch Kontakt zwischen den beiden bestand. Allerdings wurde er durch König Georg sofort unterbunden. Luise äußerte in dem Brief ihre Angst vor der bevorstehenden Geburt: »Jeden Tag erwarte ich die schweren Stunden, deren Todesangst u. Sorgen du bisher so liebevoll mit mir getheilt, die ich nun allein tragen muss ohne zu klagen. Du weisst, daß dieses furchtbare Ringen zwischen Leben u. Tod der Mutter Das Erstere kosten kann, unmöglich kann ich Sterben ohne mit diesen wenigen Zeilen Abschied von dir genommen zu haben. Keinen anderen Zweck verfolgt dieser kurze Brief, eine Bitte soll er Aussprechen eine Einzige: gieb jedem meiner geliebten Kleinen einen Kuss von ihrer Mama, die wenn der liebe Gott es wollte, daß Sie sterben soll, ein Herz voll unsagbarer Liebe, die alles durchgekostet, was Mutterliebe an tiefstem Schmerz an qualvoller Sehnsucht durchkosten konnte mit hinüber nimmt, ein Herz das nur mehr für Sie u. für dich lebt, in grenzenloser Sehnsucht betet, hofft u. weint. Luisa.«[8]

Ewige Sehnsucht nach Wachwitz

Die Flucht Luises war der größte Fehler ihres Lebens, sie war heimatlos geworden und rastlos auf der Suche nach sich selbst. Sie hatte schon kurze Zeit später ihre Flucht bereut, und ein Leben lang sehnte sie sich nach Sachsen, insbesondere Wachwitz, zurück, wo sie mit Friedrich August und ihren Kindern so glückliche Jahre verbracht hatte. Sie hätte einfach noch etwas Geduld haben und ausharren müssen, denn weniger als

Links oben: Die Schwestern Margarete, Maria Alix und Anna Monica Pia beim Spielen, Postkarte, 1909.

Links unten: Villa in Wachwitz, Postkarte, um 1900.

Oben: Blühender Flieder erinnert Margarete an den Ort ihrer Kindheit, die Villa Wachwitz.

Rechts: Die drei Töchter Margarete (Ethe), Maria Alix (Lalli) und Anna Monica Pia (Anni), um 1918.

zwei Jahre nach ihrer Flucht war ihr Hauptfeind, der bigotte Schwiegervater Georg, verstorben, und sie wäre an der Seite ihres Mannes Friedrich August Königin von Sachsen geworden. Aber Geduld gehörte nicht zu Luises Stärken. Sie schrieb sich jahrzehntelang mit ihrer Bügelfrau Clara Herrmann,[9] wo sie immer wieder ihr Sehnen nach Wachwitz betonte.

Auch Luises und Friedrich Augusts Tochter Margarete sehnte sich an den Ort ihrer Kindheit zurück. In Sibyllenort hatte sie einen Traum: »Heute nacht träumte mir, ich wandelte weinend mit den Schwestern durch den blühenden Park von Wachwitz. Besonders zum schon etwas verblühten Flieder zog es mich hin und zu Papas Margeriten. Es war ein fremdes, düsteres Gefühl im Herzen und ums Haus, aus dem fremde Lieder klangen. Ich habe beschlossen, Erinnerungen aus meiner Kindheit aufzuschreiben. Der Gedanke macht mich selig, so nach Herzenslust in den süßen Erinnerungen zu schwelgen.«[10]

Warum verlässt Luise Mann und Kinder?

Als Luise ihren Ehemann und ihre Kinder für immer verlassen hatte, stand Friedrich August die äußerst schwierige Aufgabe bevor: »Wie sag ich's meinen Kindern? Warum ist sie fortgegangen und warum hat sie uns verlassen?« Er liebte Luise immer aus ganzem Herzen, doch er fand keine Antwort, warum sie die Familie überhaupt verlassen hat – und warum sie ohne Worte gegangen ist. Diese Frage beschäftigte ihn ein ganzes Leben lang. Auch der jüngste Sohn Prinz Ernst Heinrich konnte sich das nicht erklären: »Über den Ehekonflikt ist viel geschrieben worden. Man hätte das Verhalten meiner Mutter begreifen können, wäre die Ehe unerträglich gewesen. Das war aber in keiner Weise der Fall. Jedoch liegt es mir nicht, mich über dieses traurige Kapitel zu

äußern oder ein Urteil zu fällen, und ich habe auch niemals aus dem Munde meines Vaters ein Wort der Kritik über meine Mutter gehört.«[11] Friedrich August duldete nicht, dass in seiner Gegenwart über sie gesprochen wurde, jedes Mal blockte er ab. Er duldete auch keine Fragen seiner Kinder nach Luise. Diesem Thema war er einfach nicht gewachsen. Erst 17 Jahre nach Luises Flucht gab Friedrich August dem Drängen seiner ältesten Tochter Margarete nach und sprach mit ihr erstmalig über ihre Mutter. Das Kind war knapp drei Jahre alt, als Luise ihre Familie im Dezember 1902 verlassen hatte.

Das Tabuthema »Luise« wird endlich angesprochen

Eine Freundin Luises war noch im Jahr 1919 bemüht, sie und Friedrich August wieder als Paar zusammenzuführen, was ihn emotional sehr berührte, ihn traurig stimmte, aber auch nervte – er wollte nicht an seine Frau erinnert werden. Dazu äußerte sich seine älteste Tochter Margarete in ihren Tagebuchaufzeichnungen: »Papa bekam einen […] Brief einer überspannten Frau von Putkamer, die in taktloser Weise von Mama schrieb und sich freut, die Anni [Anna Monica Pia] nächstens zu sehen! Papa war heute nachmittag traurig und in sich gekehrt. Ich litt furchtbar darunter, daß es mir nicht möglich war, ihn zu trösten. Wir sprachen ja nie über Mama miteinander. Papa zerriß gleich den Brief in tausend Stücke und besprach sich dann mit Tante Tita [Mathilde]. Onkel Max kennt die Dame, sie ist oft mit Mama in Florenz zusammen gewesen. Ich kann bei meinem armen Vater nie mit diesem Thema anfangen, er spricht nie davon. Das ist so schön und treu von ihm. Gott sei Dank weiß ich alles und doch drückt es. Tante Tita war reizend mit mir, ein großes, weiches Herz offenbarte sich mir gegenüber, sie küßte mich zärtlich und hörte sich mit liebevollem Interesse meine Sorgen mit Papa an.«[12]

Am nächsten Tag – es war der 4. April 1919 – war es soweit. Endlich stellte sich Friedrich August zum allerersten Mal den Fragen seiner 19-jährigen Tochter Margarete zu Luise, dem Tabuthema schlechthin. Herzzerreißend und erschütternd sind die Schilderungen der jungen Frau, wie verständnisvoll und glücklich sie letztendlich war, als sie seine Worte hörte. Margarete vertraute ihrem Tagebuch an: »Worüber ich gestern noch klagte, das ist heute zur Wahrheit geworden. Nach dem Frühstück hat mir Papa das mir schon längst bekannte, tragische Geheimnis unserer Familie

ENRICO TOSELLI UND FRAU LUISE TOSELLI (GRÄFIN MONTIGNOSO)

enthüllt und zum ersten Mal in meinem Leben offen über das Wichtigste betreffs Mama mit mir gesprochen. Mir wurde heiß, diese herzzerreißenden Geschehnisse aus dem Munde meines Vaters zu hören. In wenigen schlichten Sätzen wurde mir die Summe von Leiden klar, die Papa hat durchmachen müssen. Schon jahrelang sammelte ich hungrig alles, was ich über Mama hören konnte. Das absolute Nichtbestehen eines

Links: Hochzeitsfoto von Luise und Enrico Toselli, London, 27. September 1907.

Rechts: Das Pastell von Carl Fröschl zeigt die junge Luise von Toscana im Alter von etwa 22 bis 23 Jahren.

Ganz rechts: Prinzessin Anna Monica Pia, Herzogin zu Sachsen, Postkarte, 1905.

Bildes, das Ausschalten ihres Namens aus jedem Gespräch wunderte das Kind, marterte das junge Mädchen. Mademoiselle [Dallery, das Kindermädchen] erzählte verschiedene rührende Züge aus ihrem Leben, so ihre Liebe zur Muttergottes und noch lange zu Papa. Sie deckte auch einiges aus den dunklen Tagen auf. Tia, der noch jetzt mit leidenschaftlichem Interesse an der Erinnerung unserer schönen, geistvollen Mutter hänge, beschrieb sie, erzählte mehr, (besonderen Eindruck machte mir alles mit Toselli).«[13] Wie ihre Mutter war Margarete musisch sehr begabt, sie musizierte gern und liebte Konzertbesuche, vielleicht war sie deshalb von der Beziehung ihrer Mutter zu einem Komponisten – Enrico Toselli – beeindruckt.

Luises Bilder werden abhängt

Sämtliche Bilder von Luise wurden nach der Trennung aus den Wohnräumen der Familie entfernt. So sah Margarete eines Tages zufällig auf dem Dachboden des Dresdner Residenzschlosses ein Gemälde von Luise als junge Frau, »wie scheu sah ich hinauf«, schrieb Margarete, »Gräfin Rex vollendete […] das mir schon klare Bild ihres Wesens und ich entdeckte deutlich in der Heiterkeit, dem Nachmachenkönnen, dem musikalischen Sinn, ähnliche Züge bei mir. Auch im Leichtsinn. Ich mußte so oft an sie denken. Da kommt dieses Briefbombardement der Frau von Putkamer, die die Mama kennt und ihr Ideal darin sieht, die Eltern wieder zu vereinen. Keine Bitterkeit oder Schärfe klang aus den Worten Papas: ›Ich hatte sie sehr lieb – aber es ist so gut für Euch‹, rührte mich. Die Differenz zwischen ihr und Großpapa muß tief gewesen sein, daher die Härte, mit der Tante Tita stets von Mama spricht.«[14] Diese Worte der 19-jährigen Margarete berühren tief.

Wie schon an anderer Stelle erwähnt, hatte König Georg keine gute Meinung von Luise und kritisierte sie oft, was Friedrich August duldete. Er stellte sich nicht auf Luises Seite. Aus den Berichten Margaretes ist auch zu erkennen, dass Friedrich August noch immer um Luise trauerte, manchmal aber auch im Selbstmitleid zerfloss. Die Ehe war nur »dem Bande nach« aufgelöst, nicht aber durch das Oberhaupt der Katholischen Kirche geschieden, das bedeutet, dass Friedrich August und auch Luise eine neue Heirat normalerweise nicht möglich war. Er war sehr stark seinem Glauben verbunden, sodass er tatsächlich nicht wieder heiratete – im Gegensatz zu Luise, die Enrico Toselli im Jahr 1907 standesamtlich geehelicht hatte.

Anna Monica Pia – ein »Kuckuckskind«?

Anna Monica Pia wurde drei Monate nach der Scheidung am 4. Mai 1903 in Lindau am Bodensee geboren. Friedrich August erkannte das Mädchen nach wettinischem Hausgesetz und weil die Geburt bis Mitte Mai stattfand, offiziell als seine Tochter an. Doch gibt es bis heute Zweifel an der biologischen Vaterschaft, auch deshalb weil Giron das Mädchen gegenüber der Presse als sein Kind bezeichnet hatte. Margarete sprach an dem oben geschilderten Offenbarungstag mit ihrem Vater auch über das heikle Thema der Vaterschaft: »Am meisten mit zerwühlte es mich, daß man zweifelte, ob Anni ein Kind aus der Ehe mit Papa sei. Aber er sagte mir, es sei erwiesen.«[15]

Die jüngste Tochter durfte noch bis zum 26. Oktober 1907 bei ihrer Mutter bleiben. Nachdem Luise im September 1907 erneut geheiratet hatte, war für das sächsische Königshaus und für Luises Eltern, die streng katholisch waren, das Maß voll. Es war untragbar, dass das königliche Kind von Luise und ihrem zweiten Ehemann Enrico Toselli, einem Pianisten und Komponisten, erzogen wurde. Es musste ganz schnell gehen. Das viereinhalbjährige Kind wurde Vertretern des sächsischen Hofes übergeben. Friedrich August zögerte zunächst, das Mädchen sofort zu sehen. Es dauerte einige Monate nach der Übergabe, bis er es regulär in Empfang nahm. Das war für die kleine Anna Monica Pia, die plötzlich von ihrer Mutter getrennt wurde, von Luise »Monerl« genannt und am sächsischen Hofe plötzlich zu »Prinzessin Anna« wurde (Anni genannt), sicherlich nicht einfach zu bewältigen. Sie fragte Luise beim Abschied: »Wann sehe ich

dich denn wieder, Mama?« Luise konnte ihr diese Frage nur ausweichend beantworten: »Da mußt du Herrn Mattaroli fragen!«[16], der das Kind neben einer Erzieherin begleitete. Friedrich August hatte auf einer zeitnahen Annahme des Kindes durch sächsische Hofbedienstete bestanden, was auch vertraglich vereinbart worden war. Die Mutter hatte immer wieder versucht, das Kind behalten zu dürfen. Aber letztendlich saß sie am kürzeren Hebel, denn sie war auf ihre Apanage angewiesen und musste letztendlich auch dieses Kind dem König von Sachsen überlassen, ihr blieb nichts anderes übrig. In ihrer Biografie schrieb Luise allerdings, sie wolle einer Erziehung ihrer Tochter als Prinzessin nicht im Wege stehen. Dennoch hat Margarete mit ihrer Aussage in gewisser Weise recht, Anna Monica Pia sei ihrer Mutter »mit Gewalt genommen worden«.[17]

Den Kindern fehlt die Mutter

Erschüttert schrieb Margarete am 25. Oktober 1919, sie sei heute unglücklich und ihr fehle »etwas Unbeschreibbares. Es ist die Mutterlosigkeit.«[18] So konnte selbstverständlich der Vater die Mutter nicht ersetzen. Margaretes Bruder Friedrich Christian berichtete, dass ab 1906 Maria Immaculata, die zweite Ehefrau von Friedrich Augusts Bruder Johann Georg, bei den Kindern die Mutterstelle einnahm. Sie nannten sie »Mutter« oder »Mamita«.[19] Auch die Mädchen hatten großes Vertrauen zu ihr und liebten sie sehr. Margarete hatte Sehnsucht nach Dresden und schrieb am 19. November 1918 von Sibyllenort aus: »Heute gab's wieder Tränen im Bett, Heimwehtränen nach Hause, Qualen der Einsamkeit. Beim Frühstück kamen einige Briefe, u. a. einer vom Onkel Hans [Johann Georg]. Der schrieb, sie kämen morgen her, um hier einige Zeit zu bleiben. Ich wußte nicht vor Seeligkeit, was ich tun sollte. Meine Mamita! Alles trägt sich federleicht, wenn man jemand hat, mit dem man sich rückhaltlos aussprechen kann.«[20]

Die Kinder müssen Luises »arme Seele« retten

Margarete konnte die Flucht ihrer Mutter sicherlich nicht nachvollziehen, verurteilte sie aber nicht. Im Gegenteil: die mittlerweile 19-Jährige machte sich Gedanken über ihre Mutter und sprach mit ihrem Vater. »»Sie ist unglücklich‹, sagte mir Papa, hätte die Putkamer geschrieben. Wie traurig ist es doch um Menschen bestellt, die den Glauben und damit den sittlichen Halt verlieren. Jetzt lebt sie als Gräfin Disette in Brüssel. Darum bin ich so streng erzogen worden. Wir Kinder müssen ihre arme Seele retten. Ich bin erleichtert, daß kein Geheimnis mehr zwischen Papa und mir ist.«[21] Als Erwachsene besuchte Margarete ihre Mutter regelmäßig in Brüssel. Sie sorgte schließlich auch dafür, dass Luises Leichnam 1953 aus Ixelles in die Hohenzollerische Grablege Sigmaringen/Kloster Hedingen überführt wurde.

Wohlfahrts-Karte zu Gunsten des Albertvereins, Dresden.

Die Prinzessinnen von Sachsen.

Alice   Johann Georg   Margarete   Anna

Ganz links: Anna Monica Pia und ihre Mutter Luise von Toscana, 1905.

Links: Enrico Toselli mit Luises Tochter Anna Monica Pia kurz vor der Auslieferung an den sächsischen Hof, 1907.

Oben: Die drei Schwestern Prinzessin Maria Alix (1. v. l.), Prinzessin Margarete (3. v. l.) und Prinzessin Anna Monica Pia (4. v. l.) mit Prinzessin Johann Georg (Maria Immaculata, »Mamita« genannt, 2. v. l.), Postkarte um 1918.

Rechts: Brüssel, Grand Place, Postkarte um 1910. Margaretes Mutter Luise von Toscana lebt seit 1911 in Brüssel und nennt sich nun Gräfin d'Ysette.

Schon das kurz nach der Hochzeit 1891 in Dresden aufgenommene Foto lässt erahnen, dass es sich um zwei grundverschiedene Menschen handelt. Während Luise mit dem Hauch eines Lächelns beinahe ins Leere blickt, lächelt ihr Friedrich August liebevoll zu und ist sichtlich stolz auf seine schöne, junge, elegante Frau.

Rechts: Friedrich August III., Gemälde von K. J. Böhringer, 1906.

Unterschiedliche Charaktere und Interessen

Kronprinz Friedrich August war seinem Vater Georg streng verpflichtet, gehorsam und treu ergeben. Dabei hatte er leider nicht bemerkt, wie unwohl sich Luise am Dresdner Hof gefühlt hatte. Freifrau von Fritsch hatte sie unter ständiger Beobachtung. Der Bruder Friedrich Augusts, Johann Georg von Sachsen, schrieb an seine Frau Isabella am 8. September 1902 über König Georg: »Papa sprach sehr offen über Luise, die er aber oft zu streng beurteilt.«[22]

Friedrich August war vom Wesen her ruhig, freundlich, ehrlich und eher zurückhaltend. Er liebte die Natur, ging unglaublich gern spazieren und mochte es, jagen zu gehen. Durch seine Erziehung erhielt er in frühester Jugend eine militärische Ausbildung und war dem Militär sehr zugeneigt. Er hatte hierbei zahlreiche Verpflichtungen. Für musische Dinge interessierte er sich überhaupt nicht.

Luise war eher von impulsiver Natur und leichtsinnig. Sie hatte eine sehr künstlerische Ader, sie fotografierte, liebte die Musik, spielte Klavier, schrieb selbst Gedichte und vertonte Texte. Beispielsweise vertonte sie bereits im Jahr 1900 (!) das Gedicht von Karl Stieler »Flucht«.[23]

Sie kleidete sich sehr elegant, trug edlen Schmuck und hatte einen ausgezeichneten Geschmack, was Mode betrifft. Bei Friedrich August war das anders. Er sah zwar schmuck in seiner Uniform aus, aber er lief privat gern leger mit Gummisandalen und Gamaschen herum und war eher salopp gekleidet. Gern trug er auch seinen bayerischen Lodenanzug.

Maria Emanuel, ältester Sohn von Friedrich Christian und ein Enkel von Friedrich August, erinnerte sich an eine Situation im Sommer 1928 im Schloss Sibyllenort, dass beim 17-Uhr-Tee Kammerdiener Schlegel den ehemaligen König daran erinnerte, dass er sich zum Dinner einen Smoking anziehen müsse: »Großpapa [...] hasste es, sich umzuziehen. Mit zunehmender Lautstärke entwickelte sich ein Disput, bei dem die Worte fielen: ›Schon wieder soll ich mich in diesen dummen Frack stürzen‹ oder ›Es ist ja gar nicht notwendig, wir sind doch auf dem

Oben: Friedrich August mit seinen Söhnen Georg und Friedrich Christian bei einer Rast im Wald nach der Wanderung durch das Zittauer Gebirge am 23. Juli 1903 – ein halbes Jahr, nachdem Luise die Familie verlassen hatte, Postkarte.

Unten: König Friedrich August und die Kinder, Postkarte, 1904.

Rechts oben: Friedrich August mit seinen Kindern am Frühstücksplatz im Schlosspark Pillnitz beim Wasserpalais, Postkarte, um 1909.

Rechts unten: Frühstücksplatz im Schlosspark Pillnitz beim Wasserpalais, Postkarte, 1911.

Land‹. Schließlich siegte Schlegel, und mit hochrotem Gesicht ging Großpapa auf sein Zimmer. Mein Vater sagte: ›Papa liebt nur Uniform. Hätte Schlegel ihm gesagt, er solle die Uniform seiner Großenhainer Husaren anlegen, wäre er sofort gegangen.‹ Nach einer Stunde trafen wir uns wieder, und Großpapa erschien in einem Smoking, in dem er sich höchst unwohl fühlte.«[24]

Harmonisches Familienleben

Der jüngste Sohn Ernst Heinrich schilderte in seiner Biografie, dass sich sein Vater um ein harmonisches Familienleben bemühte, was ihm auch weitestgehend gelang. Wenn es irgendwie möglich war, nahmen alle gemeinsam das Mittag- und Abendessen ein. Am Nachmittag unternahmen Vater und Kinder regelmäßig Spaziergänge. Die Abende wurden gemütlich gestaltet. Sonntags nahm die Familie am Gottesdienst teil. Die Ferien verbrachten die Kinder stets mit ihrem Vater. »So waren wir ihm in Liebe und Vertrauen zugetan, und die Geschwister waren untereinander eng verbunden«,[25] schrieb Ernst Heinrich. Während der Tochter

Margarete die Mutter schon immer gefehlt hatte, sah ihr Bruder das etwas anders: »Wir, die wir klein waren, als unsere Mutter fortging, entbehrten sie nicht, weil wir es einfach nicht anders kannten.«[26]

Wenn sich die Familie im Sommer im Schlosspark Pillnitz aufhielt, frühstückten alle am Frühstücksplatz neben dem Wasserpalais. Der jüngste Sohn des Königs beschrieb das Leben der Familie: »Unser tägliches Leben zeichnete sich mit Ausnahme von festlichen Anlässen und Besuch von Gästen durch ausgesprochene Einfachheit aus. Der Mittagstisch unterschied sich kaum von dem eines jeden Bürgers. Der König schätzte die deutsche Küche und wünschte keine komplizierten Gerichte. Nach seiner Auffassung dienten die Mahlzeiten in erster Linie der Ernährung und nicht den Gaumenfreuden. Mittags gab es eine Suppe, ein Gericht und eine Nachspeise, abends ein Gericht und Obst. Bei den Mahlzeiten trank er ein oder zwei Gläser leichten Weißwein; Süßwein oder Schnäpse gab es nur, wenn Gäste anwesend waren. Außerhalb der Pflichten als Herrscher bewegte er sich

überall wie jeder seiner Untertanen; das war für ihn Selbstverständlichkeit und auch Erholung. Er war ein passionierter Spaziergänger. Die sonntäglichen Ausflüge machte er mit uns ganz allein, keine Polizeibehörde wurde verständigt, und niemand machte sich Sorgen um den wandernden König. [...] Für die Sonntagsausflügler war es keineswegs eine Sensation, ihren König in Zivil mitten unter sich Kaffee trinken zu sehen.«[27]

Friedrich August – ein Leben ohne Sex?

Der 38-jährige Friedrich August informierte am 17. März 1904 seine Schwiegermutter Alice, zu der er eine sehr vertrauensvolle Mutter-Sohn-Beziehung hatte, über anstehende Prüfungen, Fortschritte und den Gesundheitszustand seiner fünf bei ihm lebenden Kinder Georg (Jury, elf Jahre), Friedrich Christian (Tia, zehn Jahre), Ernst Heinrich (Erny, sieben Jahre), Margarete (Ethe, vier Jahre) und Maria Alix (zwei Jahre): »Liebe Mama! [...] Uns geht es hier sehr gut. Die Kinder gedeihen alle zu meiner vollsten Zufriedenheit. Morgen macht der Tia sein Schlußexamen von den Elementarstudien. Auch der Jury wird morgen in die Quinta durch ein Examen kommen. Für den Erni wird eine kleine Prüfung von 20 Minuten gemacht. Sie lernen alle drei so gut, daß ich diesem Tage voller Ruhe entgegensehe. Die beiden Mädchen sind zu nett. Namentlich ist die Ethe schon sehr weit für ihr Alter. Das ganz kleine ist ein zu liebes Kindchen, das alle Tage netter wird. Sie hat in diesem Augenblicke einen tüchtigen Schnupfen, ein zwar sehr unangenehmes aber durchaus ungefährliches Leiden.«[28] Im gleichen Brief teilte er seiner Schwiegermutter sehr offen mit, dass er an der Trennung von Luise leide und noch immer keinen Sex habe – dank seiner Gottergebenheit –, dass er jedoch nicht wisse, wie lange er das noch aushalten könne: »Mir geht es so gut, wie es mir nach den trüben Schicksalsschlägen überhaupt gehen kann. Noch habe ich mit Gottes Hülfe meine Unschuld bewahrt. Es wird aber immer schwerer. Manchmal glaube ich nicht mehr bestehen zu können. Adieu liebe Mama mit aller Liebe dein Sohn Friedrich August.«[29]

Das besondere Weihnachtsgeschenk

Luise von Toscana erinnerte sich wehmütig noch Jahre nach ihrer Flucht daran, dass immer im Residenzschloss in Dresden um 17.00 Uhr die Bescherung stattfand. Sie schrieb an ihre Bügelfrau Clara Herrmann in Wachwitz: »Weihnachtsabend 5 Uhr! Nun ist Bescherung im Schloss u. bei Ihnen.«[30]

Am dritten Weihnachtsabend ohne ihre Mutter erhielten die Prinzen Georg, Friedrich Christian und Ernst Heinrich von ihrem Vater ein ganz besonderes Geschenk: ein Ruderboot. »Das Ruderboot hatte aber [...] einen ganz kapitalen Fehler, es war zu lang, um durch die Türen und Korridore des Schlosses befördert zu werden, und als man dies dem König mitteilte, erklärte er sehr entschieden, das Ruderboot müsse herein und dürfe bei der Bescherung nicht fehlen, sie würde ihm sonst gar keine Freude machen. Und das Ruderboot kam herein, der König soll selbst mit Hand angelegt haben, als es schließlich auf dem nicht gewöhnlichen Wege durch ein Fenster befördert wurde.«[31] Sie freuten sich sehr über das Boot, denn die Jungs liebten das Rudern und hatten sich schon lange ein solches gewünscht. Sie wollten natürlich am liebsten sofort auf der Elbe rudern. Das Wetter war mild, sodass der Wunsch am ersten Weihnachtsfeiertag erfüllt wurde, allerdings machte die Familie die Fahrt nicht mit dem neuen, sondern mit Booten des Dresdner Rudervereins von Blasewitz nach Wachwitz. Der König unternahm auch gern Fahrten mit dem Ruderboot. Allerdings ist Friedrich August als Kind einmal mit einem Boot auf der Elbe umgekippt und musste sich schwimmend zum Ufer retten.[32]

Versuch Luises, die Kinder zu sehen

Luise reiste am 21. Dezember 1904, also genau drei Tage vor dem Weihnachtsfest, als die Prinzen vom Vater das Ruderboot geschenkt bekamen, von Florenz aus mit ihrem Anwalt Zehme inkognito nach Dresden, um »Manni« (Friedrich August) und ihre Kinder wiederzusehen. Sie beschrieb ihrer Mutter Alice ihre Reise: »Mein liebstes Mammerl, [...] Der Plan, nach Dresden unerwartet und ganz allein einzutreffen, war seit einem Jahr in mir gereift u. ich benutzte den Augenblick dazu der mir als der Bestgewählte erschien. Ich weihte niemanden ein [...]. Ich [...] stieg in den Schnellzug ein u. kam unerkannt nach 38 stündiger Fahrt nach Leipzig. Was für Gefühle mich bewegt haben Als ich auf Säch. Boden stand kann Niemand ahnen! Ich fuhr zu Zehme, der mich in seiner [...] Villa aufnahm! Ich war von Schlaflosen Nächten u. wenig Essen erschöpft, Aber nur physisch, moralisch ruhig u. vollkommen sicher, ich blickte dem Kommenden mit Mutvollem Warten entgegen. Zehme wollte mich umstimmen, ich blieb bei meinem Entschluss u. reiste am 22. Nachts mit Zehme nach Dresden. [...] Der Gedanke an ein Wiedersehen mit Manni u. den geliebten Kleinen gab mir übermenschliche Kräfte der Aufregung Herr zu werden. Ich fuhr mit einem Taxameter am Taschenberg vorbei durch die Pragerstraße [...] u. fuhr dann auf den Neumarkt wo ich Ausstieg und ruhig nach dem Palais gieng. An der Thüre des Mittelpalais fasste mich eine Hand beim Arm, ein Mann grüsste mich ehrerbietig u. sagte ›Kaiserliche Hoheit ich habe Befehl Sie aufzuhalten ich bin der Cri-

Links: Luise von Toscana, um 1900.

Oben: Postkarte Luise von Toscanas vom 12. Dezember 1918 an ihre Bügelfrau Clara Herrmann.

Unten: Friedrich August beim Rudern auf dem Bodensee, 1891.

Die Zurückweisung Luises vor dem Taschenbergpalais Weihnachten 1904.

Rechts: Die königliche Hofküche im Schloss Pillnitz, Gemälde der Prinzessin Mathilde, 1908.

minalcomissar Unger‹! Ich war weder erstaunt noch erschrocken, sagte sofort ›ich habe meinen Advocaten D. Z(ehme). im Hotel Bellevue gehen wir dorthin.‹ – 4 Polizisten begleiteten mich in's Hotel, ich hatte meinen Schleier zurückgeschlagen u. fühlte mich sicher u. ruhig. Im Hotel wurde ich in ein Zimmer gebracht, der Criminal-Comisar blieb bei mir, Auch als Zehme kam. Nach kurzem kam Criegern u. Dr. Körner u. ich hatte eine lange Besprechung mit ihnen. Sowohl Criegern als Körner sassen sprachlos mir gegenüber, als ich mit meinen Vorschlägen kam. Ich schrieb an Fritz, bat die Kinder sehen zu dürfen, es wurde mir als Antwort mitgetheilt dass ich auf Befehl S. M. sofort das Land zu verlassen hätte. Trotzdem wurden die 3 Punkte meiner Vorschläge vom Ministerium angenommen: 1. Wiedersehen mit den Kindern bei meinen Eltern im Sommer spätestens, 2. Monica soll mir gelassen werden, 3. Ständiger Wohnort von S. M. dem König mir angewiesen. Ich habe einen mir zur Verfügung gestellten Extrazug mit Salonwagen abgelehnt indem ich sagte: das ein gewöhnlicher Personenzug u. ein Coupe II. Cl.[asse] für mich gut genug wäre. Das Publikum hat mich beim Wegfahren fast weggetragen, Frauen hielten mich an den Kleidern küssten meine Hände meinen Schleier, Männer schluchzten u. weinten laut, die Polizei wurde niedergerissen u. Rufe ›unsere Luise muss bleiben, unsere Königin werden die Sachsen zurückholen – Luise komm wieder ja du musst wieder kommen‹ wurden mit lautem Rufen vernommen! In Leipzig ebenfalls fanatischen Empfang die Männer drängten mich u. riefen ›Luise komm mit uns nach Dresden, wir wollen dich bis Dresden tragen.‹ Bis zum 23. Abend bin ich bei Zehme geblieben, dann um 11.20 abgereist, ohne Ovation es war Niemand am Bahnhof. Eine Mittheilung des Ministeriums zu Folge, wurde mir versichert, dass alle meine Wünsche berücksichtigt würden. Nach einer Reise von 44 Stunden kam ich hier vorgestern Abend an, ich bin ruhig u. glücklich, denn ich werde bald meine Kinderlein sehen. Innig küsse ich deine lieben Hände, Mammerl u. dir liebster Papa, Segne deine dankbare Tochter Luisa«.³³

Bedingungen für ein Treffen mit den Kindern

Es dauerte noch zwei Jahre, bis Luise lediglich ihre beiden ältesten Söhne Georg und Friedrich Christian wiedersehen durfte – und das nur für ein paar Stunden. Der Mutter wurde vom Vater nicht erlaubt, die drei jüngeren Kinder zu sehen. In dieser Beziehung blieb Friedrich August eisern. Dem Treffen gingen lange Verhandlungen über die Rückgabe der jüngsten Tochter Anna Monica Pia voraus. Für das daran geknüpfte Wiedersehen Luises mit ihren Kindern für einen halben Tag in München teilte Friedrich August seinem Schwiegervater am 9. März 1906 zehn knallharte Verhaltensmaßregeln mit, welche Luise übermittelt werden sollten: »Lieber Papa! [...] Bezüglich der jetzt notwendig werdenden Verhandlung wegen der Herausgabe der kleinen Anna und der zu bestimmenden Art und Weise des Wiedersehens mit den anderen Kindern wird möglichst bald Minister Otto nach Florenz fahren und mit ihr persönlich verhandeln. Unter der Voraussicht, daß sie überhaupt das Kind heraus gibt, beabsichtige ich die Dallery für die letzten 4 Wochen nach Florenz zu schicken. Die Mutter muß die Verpflichtung übernehmen die D. gut zu behandeln. Sie wird auch unter den Schutz des deutschen Konsulates gestellt. Ich denke dann, daß die Dallery Anfang Mai zu Euch nach Salzburg kommt, von dort aus würde mein Gesandter in München, Freiherr

von Friesen die Anna abholen und nach München bringen wo sie dann Frau von Gabelentz übernimmt. Auf diese Weise bleibe ich ganz aus dem Spiele was dringend nötig ist. Das Wiedersehen mit den Kindern denke ich mir ungefähr so, daß diese auf dem Wege nach Seis wo ich im Sommer wieder hingehen will, einen halben Tag in München bleiben, dabei ihre Mutter natürlich nur in Gegenwart von O'Byrn und Frau von Gabelentz sehen und mich dann irgendwo wieder treffen. Es hängt ganz davon ab, wie sie sich beim ersten Wiedersehen benimmt, ob ich überhaupt eine Wiederholung so bald zulasse. Sie muß unbedingt folgendes vermeiden: 1. Jede auch die geringste Aeußerung, geeignet das Vertrauen zu mir zu erschüttern; 2. Jede Anspielung an ein etwaiges zurückkehren; 3. Jedes auch noch so geringes Geschenk; 4. Jedes Bedauern, daß sie nicht mehr bei uns ist; 5. Jede Anfeindung des seligen Papas oder irgend einer den Kindern bekannten Persönlichkeit; 6. Jede Aeußerung des Aergers und der Unzufriedenheit über die von den beiden Herrschaften geübte Kontrolle; 7. Die Begrüßung auf dem Bahnhofe; 8. Das Wohnen im selben Hause; 9. Alle zu weit gehende Zärtlichkeit; 10. Irgend welche Erzählung über das Zusammentreffen mit den Kindern, gegen wen es auch sei. Ich würde Dir sehr dankbar sein wenn Du ihr die Punkte mitteilen könntest, wenn auch Otto sie mündlich berichten wird. Uns geht es allen gut. In aller Liebe Dein Sohn Friedrich August«.[34] Das Treffen fand statt und sollte für viele Jahre die einzige Begegnung mit den Kindern bleiben.

Ein Tag in Wachwitz

Margarete schilderte einen ganz normalen Tag in Wachwitz im Jahr 1913. Aufstehen 6.45 Uhr, Ernst Heinrich fuhr zur Schule nach Dresden. Frühstück nach der Morgenmesse in der Kapelle, 8.00 bis 9.30 Uhr Unterricht, 9.30 bis 9.45 Uhr Frühstückspause, 9.45 bis 11.00 Uhr Unterricht, 11.00 bis 11.30 Uhr Pause. Wenn es nicht regnete, ging Margarete mit Fräulein von der Decken in den Garten. 11.30 bis 13.00 Uhr Unterricht, Ausruhen, Umziehen für das Dinner, 15 Minuten Andacht, 14.00 Uhr Dinner. »Nach dem Essen sitzen wir gewöhnlich noch eine halbe Stunde beisammen. Dann arbeiten wir (Erni war vor Tisch mit dem Auto wieder zurückgekehrt) und dann gehen wir spazieren. Nicht selten habe ich Fahrstunde. Dann fährt Papa zur Pirsch. Um sieben Uhr ist Abendessen. Nach demselben gehen wir bis zu unserer Zubettgehstunde entweder im Garten spazieren oder sitzen im Zimmer.«[35]

Papas Geburtstag

Der sächsische König Friedrich August feierte am 25. Mai 1914 seinen 49. Geburtstag. Margarete und ihre Geschwister hatten für ihren Vater eine Überraschung vorbereitet

Links: Friedrich August als Waidmann, Postkarte, 1913.

Helm eines Musikers vom Leibgrenadierregiment des Königs mit Paradebusch, um 1910/1914.

Gewitter mit wolkenbruchartigem Regen ließ uns Erbarmen haben mit den musizierenden Soldaten. Wir baten sie in das Häuschen und sie spielten in der Oberstube weiter. Zum Schluß sangen Jury und Tia sächsische Volkslieder (erzgebirgische und wendische) mit und wurden von einem Wachsoldaten auf der Mundharmonika begleitet.«[36]

Die Jagdleidenschaft Friedrich Augusts

Friedrich August war sehr naturverbunden und naturliebend, also nicht unbedingt ein »Stadtmensch«. Wenn es möglich war, war er als Spaziergänger, Bergsteiger oder Jäger unterwegs. Dank Kaiser Franz Joseph, der selbst ein begeisterter Jäger war, konnte Friedrich August ein berühmtes Gamsgebiet in Kärnten, Tarvis, pachten. Dort konnte er seiner Bergsteiger- und Jagdpassion frönen.

Er zog sich schon immer gern zurück, denn mit Begeisterung für Natur und Jagd ist er aufgewachsen, und sie waren auch später sein Ausgleich gegenüber seinen täglichen dienstlichen Verpflichtungen. Das Jagen war und ist noch heute in allen Herrscherhäusern ein ganz üblicher Bestandteil des Hoflebens. Wenn sich heutzutage jemand über die Jagd echauffiert, der selbst gern in ein Steak oder in einen Braten beißt, kann man sich nur wundern.

Friedrich August trieb seine Jagdleidenschaft oft frühzeitig, noch in der Morgendämmerung aus dem Bett, und abends ging er wieder auf die Pirsch. Obwohl er ein ausgezeichneter Schütze war, kam es gelegentlich vor, dass er daneben schoss und sein Ziel verfehlte und sich darüber sehr ärgerte. Dann war er betrübt. Margarete schrieb dazu: »Rehefeld, 7. Oktober [1913]. Der arme Papa hat ein seltenes Pech. Gesten morgen und abend, heute morgen und abend hat er nichts geschossen. ›Ich […] glaube, es ist nichts mehr mit den Hirschen‹ – rief er

und ihm sein Lieblingsessen serviert. Sie schrieb in ihr Tagebuch: »Ich saß daheim auf der Chaiselongue […] und beendete mein Menü für Papas Geburtstagsessen. […] Ein Bauernhaus aus Papier mit grünen Fenstern, brauner Türe und rotem Dach. Fenster und Türe schnitt ich aus und schrieb auf das dahinterstehende weiße Papier das Menü. […] Ein Koch, der in zwei Kesseln rührt, im größeren die warmen Speisen, im kleineren die Süßspeisen. […] Das Essen fand in dem alten, baufälligen, von uns ganz hergerichteten Friedrich-August-Häuschen statt. Nach der Hl. Messe pilgerten wir alle durch die Schlucht zu dem Häuschen. Papa ahnte natürlich nichts und war sehr erfreut. Am Eingang prangte: ›Tritt froh hier ein – bring Glück herein‹, von mir mit Buntstift gezeichnet und von den anderen mit Reisig umstellt. Zwei Maienbäumchen standen nach sächsischer Sitte am Eingang. Wir traten ein und die Speisenfolge, Lieblingsgerichte von Papa, war folgende: 1. Krebse. – 2. Schnitzel paniert mit Stangenspargel. – 3. Kirschröster. – 4. Erdbeeren. – 5. Erdbeerbowle. Alles schmeckte herrlich und die Brüder bedienten uns. – Plötzlich erschallte aus dem Walde der Hornklang von Hornisten des Leibregiments. Sie waren schön versteckt und begleiteten die Tafel mit lustigen und ernsten Weisen. Bei Tisch tranken wir ein Hoch auf Papa und dankten ihm für alle Güte und baten ihn, für alles, was wir ihm zugefügt haben, um Verzeihung. Er stieß fröhlich an und war von hinreißender Liebenswürdigkeit und Dankbarkeit gegen uns und schien sich herzlich über den kleinen Liebesbeweis zu freuen. Ein schweres

Oben: Friedrich August von Sachsen mit seiner Schwiegertochter Sophie von Luxemburg, Ehefrau seines jüngsten Sohnes Ernst Heinrich, um 1925/30.

Unten: Innenaufnahme des Jagdschlosses Rehefeld, o. J.

Rechts oben: Treppe am Wasserpalais von Schloss Pillnitz, Gemälde von Prinzessin Mathilde, 1908.

Rechts unten: Gondel in Pillnitz, Gemälde von Prinzessin Mathilde, o. J.

traurig aus. Armer Papa! […] Er hatte auch seine Jäger verloren, deshalb trug er selbst seine Gewehre heim.«[37] Das Jagdschlösschen Rehefeld hatte Königin Carola für ihren Mann König Albert in Anlehnung an skandinavische Holzhäuser erbauen lassen und machte es ihm zum Geschenk. Die Kinder Friedrich Augusts liebten es sehr. Der Wald begann schon fünfzig Meter vom Haus entfernt. Von Dresden aus war es nicht weit. Damals fuhren Friedrich August und seine Familie mit ihrem Mercedes rund 1 ½ Stunden. Das Schloss war unter anderem mit Geweihen ausgestattet.

Auf Friedrich Augusts jüngsten Sohn Ernst Heinrich hat die Jagdleidenschaft abgefärbt. Eines Tages beschloss er, die Insel, die sich gegenüber dem Wasserpalais von Schloss Pillnitz befindet, zu seinem kleinen Jagdrevier zu erklären. Während der Hausaufgaben, die unter der Aufsicht des Erziehers General Baron O'Byrn standen, durfte er selbstverständlich nicht jagen. Einmal schlich er sich heimlich unter dem Vorwand davon, er habe Durchfall, und ließ sich vom Pillnitzer Gondoliere auf die Insel hinüberfahren und schoss. Der Vater hörte die Schüsse und glaubte, ein Wilderer sei auf der Insel. Alle stürmten zur Freitreppe. »Wir sahen, wie die Gondel von der Insel ablegte« – so berichtete sein älterer Bruder Friedrich Christian. »Noch während des Anlegemanövers entdeckte Papa meinen Bruder, der mit beinahe noch rauchender Flinte am Bug des Schiffes stand und sagte zu ihm: ›Was fällt dir eigentlich ein, ohne meine Erlaubnis auf der Insel zu jagen?‹ ›Ach, Papa, mich hatte das Jagdfieber gepackt‹, antwortete mein Bruder. Als echter Waidmann hatte mein Vater Verständnis

und sein Ärger begann zu verrauchen. Halb barsch halb besänftigt sagte mein Vater: ›Hast du wenigstens Waidmannsheil gehabt? Darauf zog Erni stolz zwei Fasanen aus dem Boot und hielt sie in die Höhe. Er strahlte dabei übers ganze Gesicht. Nun war der Unmut vollends verflogen und Papa fragte meinen Bruder eingehend aus. Unser Erzieher paßte sich zu unserem Glück der veränderten Lage an und wir kehrten, ohne für unser Verhalten getadelt zu werden, an unsere Pulte zurück.«[38]

Ein eisiger Winterausflug nach Moritzburg

Friedrich August tat sehr viel für seine Fitness. Für ihn war es selbstverständlich, sich viel an der frischen Luft zu bewegen, war es auch noch so kalt. Seine Kinder mussten da mitziehen. An einem eisigen Wintertag hatte er von der Eisfläche des Moritzburger Schlossteiches den Schnee wegfegen lassen. Die Kinder und ihre Tante Prinzessin Mathilde fuhren im Pferdeschlitten vom Residenzschloss aus, eingepackt in warme Lammfellfußsäcke, die man bis zum Gesicht hinaufziehen konnte, nach Moritzburg. Prinz Friedrich Christian schrieb in seinen Kindheitserinnerungen: »Tiefer sanken wir in unsere Pelzdecken und schoben unsere Hände im Muff übereinander. Auch auf dem Schloßteich pfiff es dermaßen, dass die Schneeschleier in Wellen über das Eis zogen. Papa, mit seiner hohen schwarzen Pelzmütze, die Hände im Muff, fuhr, mit der ihm eigenen Beharrlichkeit, recht schöne Bögen, während die Tante mit gewohnter Wucht voranstürmte, wobei kleine Eisblöcke um sie herumflogen, die sie mit ihren Kufen aus der Seedecke lossprengte. Sie war über die von ihr erzielte beachtliche Geschwindigkeit von Herzen erfreut.«[39] Der König hatte ein Zimmer im Schlossparterre heizen lassen, wo die Familie Streuselkuchen und Punsch genoss und anschließend die Heimfahrt nach Dresden antrat. Diesmal hatten sie den Wind im Rücken. Da war die Schlittenfahrt viel angenehmer.

Einsam, verlassen – den Weg der Entsagung gegangen

Als Ernst Heinrich seinen Vater charakterisierte, war er selbst schon ein Greis: »Es gibt von meinem Vater viele konventionelle Bilder: der König in verschiedenen Uniformen, zu Pferde, bei Paraden und Manövern, bei Staatsbesuchen und Landesreisen oder auch umrahmt von seinen sechs Kindern. Sie alle zeigen nicht das von mir gesuchte Bild seiner wahren rein menschlichen Persönlichkeit. Ich blätterte kürzlich in einem Buch, das 1906 über den König geschrieben wurde, und fand darin eine Abbildung, die mich ganz gefangennahm. Es ist dies mehr ein Schnappschuß: ganz privat steht er in Zivil da, gerade im Begriff, selbst eine Aufnahme zu machen: Er ist zu dieser Zeit 41 Jahre alt, seit einem Jahr König und seit

Links: Neujahrskarte von Luise von Toscana an die Tochter ihrer Bügelfrau und Namensvetterin Luise Herrmann in Wachwitz vom 4. Januar 1913.

Oben: Friedrich August im Alter von 41 Jahren. Auf dieses Foto bezieht sich Ernst Heinrich, als er seinen Vater charakterisierte.

Rechts: Das letzte Gemälde Friedrich Augusts III. stammt von dem Maler Max Friese aus Breslau und ist vermutlich um 1930 auf Schloss Sibyllenort entstanden.

zwei Jahren von seiner Frau getrennt. Beim Anblick dieses Bildes war es mir, als stünde ich ihm wieder gegenüber, wie vor langer Zeit, als Sohn zum Vater, ihn fragend: ›Wie konntest du dem entgehen, daß dein Schicksal dich nicht verbittert hat? Mit 38 Jahren ging ein Schnitt durch dein Leben, von da an warst du einsam und fast nur noch auf dich gestellt. Die Gebote deiner Kirche, die du überzeugt befolgtest, versagten es dir, wieder einen von dir geliebten Menschen an dich zu binden. Welche Mühe mag es dich oft gekostet haben, uns Kindern der unbefangene Vater zu sein, denn, wir waren ja anfangs noch zu klein, um dir etwas zu geben? Woher nahmst du die Kraft, zu ertragen, daß die jahrhundertelange Verbindung zwischen dem Herrscherhaus und deinem Volk zerbrach und dir deine königliche Lebensaufgabe genommen wurde? Wenn ich dieses stumme Gespräch mit dir halte, denke ich, daß du in aller

Brief Luise von Toscanas an Paul Herrmann vom 22. Januar 1942. Auch in diesem Brief kommt wieder die ihr ganzes Leben andauernde Sehnsucht Luises nach Wachwitz zur Sprache.

Stille den steilen, harten Weg der Entsagung gegangen bist. Er führte dich nach oben, zur Vollendung, die du nun erreicht hast. Jetzt selber über siebzig Jahre, sehe ich dieses verzichtvolle Bild deines Lebens, das sich anderen verbarg, als deine Größe.«[40]

Resümee

Wenn man sich in die menschliche Tragödie hineinversetzt – eine schwangere künftige Königin von Sachsen verließ ihren Gemahl, den künftigen König von Sachsen, und ihre fünf Kinder – für Friedrich August konnte es nicht schlimmer kommen. Er stand kurz davor, den sächsischen Thron zu besteigen, und er hatte urplötzlich keine Ehefrau mehr. Nur die Kinder waren ihm geblieben. Friedrich August ging in sich, als er von Luises Flucht hörte. Er räumte ein, Fehler im Umgang mit ihr gemacht zu haben, und er ging in sich und wollte in Zukunft alles besser machen, aber es war viel, viel zu spät. Zunächst sollte der unpassende Beichtvater ausgetauscht werden und durch einen verständnisvolleren ersetzt werden. In diesem Moment glaubte Friedrich August keinesfalls an das Ende der Ehe mit Luise von Toscana. Nein, er dachte nicht einmal daran, sie könne nicht wieder kommen, ihn für immer verlassen. Luise hatte Angst, in die Psychiatrie eingewiesen zu werden wie einige Jahre zuvor ihre Namensvetterin Louise von Coburg.

Friedrich August war von dem Moment an – und blieb es – ein unglücklicher Mensch. Er war streng und vor allem dazu erzogen worden, nicht zu viel an sich heranzulassen und vieles mit sich selbst auszumachen. Gehorsam gegenüber seinen Eltern, zuletzt seinem Vater, war ihm Pflicht. Eine standesamtliche Trennung von Luise wurde ultraschnell vollzogen. Doch für ihn – katholisch erzogen – kam eine Wiederverheiratung keinesfalls infrage. Das bekamen die Kinder zu spüren, denn sie vermissten ihre Mutter. Luise fehlte ihm auch und er versuchte, Gefühle zu verdrängen. Dabei half ihm der Glaube an Gott, doch die Gebete lösten diese Probleme nicht. Er gab sein Bestes und versuchte, den Kindern eine unbeschwerte Kindheit zu ermöglichen. Er erzog die Kinder in bestem Glauben streng und konsequent im Sinne der Dynastie, aber er gab ihnen alle Liebe, die er ihnen als Vater geben konnte. Ihm fehlte die Frau und den Kindern die Mutter. Obwohl seine Schwägerin Maria Immaculata versuchte, die Mutter zu ersetzen, konnte es ihr nur teilweise gelingen. Zumindest war sie ihnen eine mütterliche Freundin. Vielleicht wäre es besser für ihn und die Kinder gewesen, wenn er wieder geheiratet und Sachsen eine Königin gehabt hätte. Wer weiß …

Luise geht der Tod von Friedrich August sehr nahe

Friedrich August III. verstarb am 18. Februar 1932 im Alter von 66 Jahren auf Schloss Sibyllenort. Einen Monat später, am 20. März 1932, schrieb Luise an ihre Bügelfrau Clara Herrmann nach Wachwitz und deren Mann einen Brief aus Brüssel. Sie hatte viel Post bekommen, doch zuerst schrieb sie an Familie Herrmann, die ihr tiefes Mitgefühl bezeugt hatte. Der Tod von Friedrich August hat sie tief berührt. Sie könne noch nicht über den Gedanken hinwegkommen, dass der Tod ihr den lieben Mann genommen hat. Luise hatte immer die Hoffnung, dass bessere, friedvollere Tage kommen würden. Viele Erinnerungen würden wieder wach, sie würden »an ihrer Seele ziehen«. Sie könne sich absolut nicht trösten.[41]

Zwei Tote und 1270 Verletzte bei der Trauerfeier in Dresden

Die Leiche Friedrich Augusts von Sachsen wurde von Sibyllenort nach Dresden überführt.[42] In den Dresdner Neuesten Nachrichten wurde unter der Überschrift »Über 200 000 Besucher der Hofkirche« unter anderem über Zwischenfälle bei der Trauerfeier berichtet. Die Beisetzung des Königs von Sachsen erfolgte am 23. Februar 1932 in Dresden: »Lange vor 1 Uhr mittags stauten sich […] die Menschen auf den Plätzen vor der Katholischen Hofkirche. In der ersten Stunde nach Freigabe der Besichtigung der Aufbahrung des toten Königs wurden 21 000 Besucher gezählt. […] Von 2 Uhr an wurde das Tempo des Durchlasses auf Anregung der Polizei beschleunigt. Insgesamt zogen weit über 200 000 Menschen an dem Katafalk vorbei. In den Nachmittagsstunden wurde der Andrang immer stärker. Es bildeten sich lange Schlangen von Menschen, die den Einlaß in die Kirche begehrten. Die größte Schlange reichte über den Theaterplatz hinweg durch die Devrientstraße fast bis zur Marienbrücke. Es war geplant, die Besichtigungszeit um eine Stunde, bis 10 Uhr abends, zu verlängern. Aus Gründen der Sicherheit des Publikums mußte die Kirche aber 8.50 Uhr geschlossen werden, da bereits ernste Verletzungen von Wartenden zu verzeichnen gewesen waren. Und damit gerechnet werden mußte, daß einzelne Menschen zu Schaden kamen. Die Mannschaften der verschiedenen Sanitätskolonnen leisteten geradezu übermenschliche Arbeit. Oft konnten sie, wenn sie zu einer Hilfeleistung angefordert wurden, einfach nicht mehr durch die Menschenmauern hindurch kommen. Bis abends 8 Uhr wurden in den schnell eingerichteten Hilfsstellen im Italienischen Dörfchen 430, im Schloß 840 Ohnmächtige eingeliefert. Der größte Teil der Ohnmachtsanfälle war schwer. Auch waren mehrfach Verletzte und Gequetschte unter den Eingelieferten, besonders viele Frauen. Weit über 100 000 Menschen warteten abends um 9 Uhr noch darauf, Eintritt in die Kirche zu erhalten. Viele Tausende verließen den Theaterplatz wieder, nachdem sie des stundenlangen Wartens überdrüssig geworden waren. Allgemein bedauert wird der Tod zweier Frauen, die […] im Gedränge am Neumarkt beim Passieren des Leichenkonduktus vom Herzschlag getroffen wurden. Es handelt sich um eine 54- und 55-jährige Frau.«[43] So viel Anteilnahme für den toten König nach der Revolution von 1918 ist bemerkenswert. Vielleicht haben die Menschen gespürt, dass keine besseren Zeiten kommen würden, dass es durch die baldige Machtergreifung durch die Nazis viel, viel grauenhafter werden würde, als es jemals in Deutschland war.

1 Nationalarchiv Prag (NA), Familienarchiv der toskanischen Habsburger (RAT), Ferdinand IV., Nr. 90, Fasc. 575.
2 Ebd., sign. 61, Kart. 189.
3 Friedrich August hatte sich im November 1902 bei einem Jagdaufenthalt bei seinen Schwiegereltern ein Bein gebrochen, deshalb war er nicht »reisefähig«. So war er in der Zeit von Luises Flucht nicht nur seelisch gehandicapt, sondern auch körperlich.
4 Nationalarchiv Prag (NA), Familienarchiv der toskanischen Habsburger (RAT), Ferdinand IV., sign. 61, Kart. 189. Erster Brief von Friedrich August an seine Schwiegermutter nach Luises Flucht vom 14.12.1902.
5 Sächsisches Staatsarchiv (SächsStA), Hauptstaatsarchiv Dresden (HStA DD), 10789 Polizeipräsidium Dresden, Nr. 23. Geheimpolizeiliche Überwachung der vormaligen Prinzessin Luise. Band 1 (1902–1904). Nicht foliiert.
6 Nationalarchiv Prag (NA), Familienarchiv der toskanischen Habsburger (RAT), Ferdinand IV., sign. 61, Kart. 189.
7 SächsStA, HStA DD, 10789 Polizeipräsidium Dresden, Nr. 23. Geheimpolizeiliche Überwachung der vormaligen Kronprinzessin Luise. Band 1 (1902–1904).
8 Nationalarchiv Prag (NA), Familienarchiv der toskanischen Habsburger (RAT), Ferdinand IV., sign. 61, Kart. 190.
9 Vgl. Beitrag von Iris Kretschmann: Mit Sachsen in Verbindung bleiben – Luises Korrespondenz mit Clara und Paul Herrmann, S. 71 ff. In: Iris Kretschmann/Mike Huth: Skandal bei Hofe! Die Flucht der Luise von Toscana, Kronprinzessin von Sachsen. Dresden 2017.
10 Margarete Fürstin von Hohenzollern Herzogin zu Sachsen 1900–1962, Tagebücher, Briefe, Schriften. Briefe von Verwandten, Würdigungen. Herausgegeben von Johann Georg Prinz von Hohenzollern, München 2000, S. 138, 31. März 1919.
11 Prinz Ernst Heinrich von Sachsen, Mein Lebensweg vom Königsschloß zum Bauernhof, Frankfurt am Main, 1979, S. 12.
12 Margarete Fürstin von Hohenzollern Herzogin zu Sachsen 1900–1962, Tagebücher, Briefe, Schriften. Briefe von Verwandten und Freunden, Würdigungen. Herausgegeben von Johann Georg Prinz von Hohenzollern, München 2000, S. 140 f., 3. April 1919.
13 Ebd., S. 141, 4. April 1919.
14 Ebd.
15 Ebd.
16 Enrico Toselli, Meine Ehe mit Louise von Toscana; Basel/St. Ludwig, o. J. (1911); S. 134.
17 Margarete Fürstin von Hohenzollern, S. 141, 4. April 1919.
18 Ebd., S. 223, 3. April 1919.
19 M. Frank-Michael Bäsig, Friedrich Christian Markgraf von Meißen, Dresden, 1995, S. 16.
20 Margarete Fürstin von Hohenzollern, S. 136, 19. November 1918.
21 Ebd., S. 142, 4. April 1919.
22 SächsStA, HStA DD, 13627 Fürstennachlass Isabella Prinzessin von Sachsen, 008. Brief Johann Georgs an seine Frau Isabella vom 8. September 1902.
23 Musik am sächsischen Hofe, Band 3, Verlag Breitkopf & Härtel, Leipzig, Brüssel, London, New York 1900.
24 M. Frank-Michael Bäsig: Maria Emanuel Markgraf von Meißen Herzog zu Sachsen, Festgabe zum 75. Geburtstag, Limburg an der Lahn, 2001, S. 14.
25 Prinz Ernst Heinrich von Sachsen, 1979, S. 12.
26 Ebd.
27 Ebd., S. 12 f.
28 Nationalarchiv Prag (NA), Familienarchiv der toskanischen Habsburger (RAT), Ferdinand IV., Nr. 90, Fasc. 576.
29 Ebd. Für den Hinweis auf diesen Brief sei Mike Huth recht herzlich gedankt.
30 Postkarte Luise von Toscanas vom 24. Dezember 1913 an ihre Bügelfrau Clara Herrmann, Sammlung Reinhold Herrmann, Inv.-Nr. 128.
31 M. Frank-Michael Bäsig, 1995, S. 43.
32 Ebd., S. 44.
33 Nationalarchiv Prag (NA), Familienarchiv der toskanischen Habsburger (RAT), Ferdinand IV., sign. 61, Kart. 192.
34 Ebd.
35 Margarete Fürstin von Hohenzollern, S. 13, 1913.
36 Ebd., S. 20 f., 25. Mai 1914.
37 Ebd., S. 13 f.
38 M. Frank-Michael Bäsig, 1995, S. 29.
39 Ebd., S. 25.
40 Ernst Heinrich, S. 11 f.
41 SächsStA, HStA DD, 12568 Fürstennachlass Ludovica (Luise von Toscana, Luise von Sachsen), Nr. 103.
42 Vgl. dazu die Edition in diesem Band von Jan Bergmann-Ahlswede.
43 Dresdner Neueste Nachrichten vom 24. Februar 1932.

GÖTZ KRÜGER

Das Schicksal eines Reserveoffiziers im Ersten Weltkrieg

Ein König und seine Armee

König Friedrich August III. ist Chef der Sächsischen Armee. Das war ein Titel, keine echte Funktion. Seit dem verlorenen Krieg von 1866 kann ein König von Sachsen nicht mehr an der Spitze seiner Armee einen Feldzug führen. Er kann auch keinen Krieg erklären.

Das Königreich Sachsen ist eingebunden in von Preußen dominierte Gebilde. Zuerst den Norddeutschen Bund, ab 1871 das Deutsche Reich. Wichtige Entscheidungen militärischer Art werden in Berlin getroffen. Entweder vom Kaiser, der auch nur unterschreibt, was ihm seine Generäle und hohen Beamten vorlegen, außer, es handelte sich um seine Lieblingsthemen Flotte und Kavallerie. Oder vom Reichstag. Dieser entscheidet über das Geld, auch das für die Armee. Wird er dabei zu rebellisch, kann es zu seiner Auflösung kommen. Deshalb beschränkt man sich meist auf kleinere Streichungen und ärgert damit auch die Sachsen, wenn man von denen beantragte »unwichtige« Militärbauten, wie Archiv, Kirche und Friedhof, zu Gunsten von Kasernen ein, zwei Jahre zurückstellt.

Arthur Kaden in Uniform, um 1918.

Die Sächsische Armee ist in zwei Armeekorps eingeteilt, deren Verwendung im Kriegsfall zentral vom preußischen Generalstab geplant wird. Etatrechtlich nennt sie sich: »Königlich Sächsisches Reichs-Militär-Kontingent«. Sie wächst mit der Bevölkerungszahl im Laufe der Jahre in mehreren Stufen, besteht aus Zehntausenden wehrpflichtiger Männer, länger dienenden Unteroffizieren, den Berufsoffizieren, unter denen der bürgerliche Anteil immer mehr steigt, und der Generalität. Ein Korps von Militärbeamten kümmert sich um alltägliche, aber nicht ganz so militärische Dinge. Nicht jeder junge Mann wird einberufen. Um 1910 dient in Sachsen weniger als die Hälfte eines Jahrganges aktiv. Es gibt immer auch einen bedeutenden Anteil von Freiwilligen. Wer sich freiwillig als Soldat meldet, ohne abzuwarten, ob er überhaupt eingezogen wird, kann sich aussuchen, wo er dienen wird. Oder er strebt eine längere Dienstzeit als Unteroffizier an.

Außerdem gibt es noch eine besondere Kategorie junger Männer, die freiwillig zur Armee gehen: Die Einjährigfreiwilligen. Sie müssen eine höhere Schulbildung haben und sich während des Wehrdienstes selbst verpflegen und kleiden. Dafür dienen sie nur ein Jahr und haben die Aussicht auf Karriere im Kriegsfall. Und das Tragen einer Uniform an hohen Feiertagen.

Nach preußischem Vorbild ist für den Kriegsfall eine große Mobilmachung vorgesehen. Die aktiven Formationen sollen schnell mit Reservisten vergrößert werden, die bis vor Kurzem in ihnen dienten. Aus weiteren Reservisten sollen Reserveeinheiten aufgestellt werden. Ältere gediente Leute bilden Landwehrregimenter, die auch in den Krieg zu ziehen haben. Und in der Heimat würde sofort die Ausbildung ungedienter Leute beginnen, die die Verluste ersetzen sollen.

Dafür braucht man die gebildeten Einjährigfreiwilligen als Führungspersonal. Sie werden meist als Unteroffiziere in die Reserve entlassen. Geeignete Leute, die das wollen, können auch Reserveoffiziere werden, aber nur, wenn das Offizierskorps des Regiments zustimmt. Für eine Ablehnung braucht man keine militärischen Gründe, es reicht zum Beispiel, Jude zu sein. So erlebt es Dr. Friedrich Salzburg, ab 1902 Rechtsanwalt in Dresden, 1897 in Pirna bei der Artillerie.[1]

Friedrich August III. hat am 25. Mai Geburtstag. Das ist immer ein besonderer Tag in seiner Residenzstadt Dresden. Sie ist mit Fahnen und Blumen geschmückt. In Schulen und Behörden finden Huldigungsveranstaltungen statt. Doch viele Leute warten auf den Höhepunkt, die Königsparade auf dem Alaunplatz. Für sie ist das ein großes Schauspiel.

Die gesamte Garnison Dresdens nimmt an der Parade teil. Die ist ein buntes Ereignis, denn die einzelnen Formationen haben unterschiedliche Uniformen. Verschiedene Blautöne und Grün kommen vor. Die Soldaten tragen weiße Hosen, viel Silber und Gold

glänzt. Auf den Pickelhauben ist statt der Spitzen ein besonderer Schmuck angebracht: Haarbüsche, für Offiziere aus Büffelhaar, für Mannschaften aus Pferdehaar. In der Masse sind die Büsche schwarz, bei Musikern aber rot. Die Generalität hebt sich durch weiße Straußenfedern auf dem Kopf ab. Und die Gardereiter haben sogar einen silbernen Löwen auf ihrem Helm. Diese Verzierung verlieh ihnen Friedrich August III. 1907. Eine der militärischen Entscheidungen, die er treffen darf.

Auch die königliche Familie muss mitwirken. Die Prinzen werden an ihrem 12. Geburtstag Leutnant im Leib-Grenadier-Regiment. Das ist symbolisch zu verstehen, am Dienst und den Trinkereien im Casino müssen sie noch nicht teilnehmen. Aber an der Parade. Prinz Friedrich Christian berichtet darüber: »Wir konnten uns nicht ganz unbeschwert freuen, denn wir dachten an den baldigen Vorbeimarsch, der für unsere damals noch kurzen Beine stets eine peinliche Angelegenheit war. [...] Wir hatten uns nach der Meldung bei unserem Regimentskommandeur zu der Regimentsfahne begeben, an deren Seite wir traten. [...] Als wir im gleichen Schritt mit unserem Fahnenträger an unserem König vorbeimarschiert waren und alles gut gegangen war, fiel uns ein Stein vom Herzen.«[2]

Ein Junge, der etwa sechs Jahre jünger war als die beiden 1893 geborenen Prinzen, sah die Parade öfter. Er hieß Erich Kästner und schreibt: »[...] dann war die Begeisterung groß und alles schrie Hurra. Die Trompeten schmetterten. Die Schellenbäume klingelten. Und die Pauker schlugen auf ihre Kesselpauken, dass es nur so dröhnte. Diese Paraden waren die prächtigsten und teuersten Revuen und Operetten, die ich in meinem Leben gesehen habe.«[3] In den vielen Jahren nach 1871 hat man dabei eines immer mehr vergessen: Eine Armee ist für den Krieg da.

1914 fällt der Geburtstag des Königs auf einen Montag. Wieder ist eine große Parade vorbereitet worden. Gedruckte Programme werden angeboten, Tribünen wurden am Rand des Alaunplatzes errichtet und für diese Eintrittskarten verkauft. Die Polizeidirektion weist noch einmal darauf hin, dass das Betreten der Dächer, die nicht für den Aufenthalt von Personen vorgesehen sind, auch während der Parade verboten ist. Sie erlässt detaillierte Verkehrsregelungen für den Anlass.[4]

Am Vormittag des 25. Mai 1914 regnet es stark. Daraufhin entscheidet der König die Absage der Parade, die 13 Uhr beginnen sollte.[5] Es wäre unangenehm gewesen, in strömendem Regen die Fronten der angetretenen Truppen abzureiten und danach, fast regungslos auf dem Pferd sitzend, den zweimaligen Vorbeimarsch von etwa 8 000 Soldaten zu Fuß, auf Pferden, Geschützen und Wagen anzusehen. Sicher hätten auch die prächtigen Uniformen des Königs und seiner Umgebung gelitten.

Links: Die Königsparade auf dem Alaunplatz um 1910.

Oben: Aufruf König Friedrich Augusts III. »An Mein Volk«.

Unten: Soldaten des Schützenregiments Nr. 108 auf dem Weg in den Krieg.

Auf Extrablättern wird die Nachricht in der Stadt verbreitet. Niemand weiß damals, dass es die letzte Königsparade in Dresden gewesen wäre. So kann auch niemand ihren Ausfall als böses Omen betrachten.

Das Publikum kommt um sein Schauspiel. Doch die Soldaten werden mit der Entscheidung des Königs davor bewahrt, im Regen von ihren Kasernen heranzumarschieren, lange herumzustehen, vorbeizudefilieren und nass wieder in die Quartiere zurückzukehren. Hunderte hätten sich in diesen Stunden eine Erkältung geholt.

Zehn Wochen später rollen die ersten Züge voller sächsischer Soldaten in den Krieg. Vor dem bis dahin unvorstellbaren Grauen, das auf sie zukommen würde, hat sie Friedrich August III. nicht bewahrt. Er kann es nicht. Er ist der König und Chef der Armee, eingebunden in ein Geflecht aus Verträgen, Konventionen und Traditionen.

Am Tag der Mobilmachung erlässt der König zwei Aufrufe. Einen »An Mein Volk«. Der andere ist nur mit »Soldaten!« überschrieben. Darin heißt es: »Seien Sie überzeugt, daß Ich jeden einzelnen von Ihnen in Mein Herz geschlossen habe und sein Schicksal verfolgen werde.«[6] Auch wenn man nicht weiß, ob Friedrich August III. diesen Satz selbst formuliert hat, er entspricht seinem Selbstverständnis. Doch der Satz ist ein Versprechen, das niemals gehalten werden kann. Schon der riesigen Zahl der Soldaten wegen. Später wird man auch dafür sorgen, dass der König nicht zu viele Schicksale erfährt.

Zu diesem Zeitpunkt ist bereits eine seit Jahrzehnten vorbereitete, jedes Jahr angepasste und verfeinerte Maschinerie angelaufen. Am 31. Juli wird im ganzen Reich der Kriegszustand verhängt. Von nun an hat das Militär das Sagen, auch in vielen zivilen Bereichen.

Einmal etwas Ordentliches erleben

Nach einem Tag voller Spannung wird die Mobilmachung verkündet. Erster Mobilmachungstag ist der 2. August 1914. Die Männer, auf deren Kriegsbeorderungen der erste Mobilmachungstag steht, begeben sich am 2. August zum befohlenen Ort. Einer von ihnen ist Arthur Nikolaus Ernst Kaden, Jahrgang 1882. Er hat ab 1901 in Berlin Jura studiert und die Staatsexamen abgelegt. Nun kann er sich Assessor nennen. Juristen gibt es reichlich, nicht jeder kann eine Stelle im Staatsapparat bekommen. Arthur Kaden arbeitet als Privatsekretär bei Geheimrat Bienert, dem Mitbesitzer der bekannten Mühlenwerke. Und er ist Reserveoffizier im Ulanenregiment 17, das in Oschatz stationiert ist. Von Oktober 1905 bis September 1906 diente er dort als Einjährigfreiwilliger. Im November 1908 wurde er Leutnant der Reserve in seinem Regiment.

Ulanen sind Kavalleristen und sollen zu Pferde kämpfen. Die Unterscheidung in verschiedene Arten der Kavallerie ist für den Krieg in dieser Zeit schon bedeutungslos. Sie hat nur noch Auswirkung auf das Aussehen der Uniformen. Die Ulanen heben sich durch ihren aus Polen stammenden Helm mit dem viereckigen Oberteil ab. Eigentlich ist auch die Zeit großer Kavallerieattacken vorbei, aber der Kaiser liebt die Kavallerie. Und so werden bis kurz vor dem Krieg noch neue Regimenter aufgestellt.

Arthur Kaden bereitet gerade seinen Umzug in ein soeben fertiggestelltes Haus auf der Bamberger Straße vor, damit er näher bei seinem Arbeitgeber wohnt. Mit Kriegsbeginn sind Arbeit und Umzug nicht mehr relevant. Jetzt gibt es nur noch den Leutnant der Reserve Kaden, 1. Königlich Sächsisches Ulanenregiment Nr. 17 »Kaiser Franz Joseph, König von Ungarn«.

Leutnant Kaden hat ein Notizbuch. Dort macht er dienstliche Eintragungen. Er ist für die Bagage des Regiments zuständig, und so ist die erste Notiz eine Auflistung, welche Wagen mit wie vielen Pferden es gibt. Aber er führt in diesem Notizbuch auch Tagebuch.

Bereits bei Ausrufung der Kriegsgefahr verabschiedet sich Arthur Kaden von der Familie Bienert. Am 2. August fährt er früh nach Oschatz zu seinem Regiment. Die Maßnahmen der Mobilmachung verlaufen ruhig und sicher. Pferde für die Bagage treffen ein. Genauso wie Menschen werden sie im Kriegsfall eingezogen.

Am Abend des 3. August treten der Stab des Regiments und die 1. Eskadron auf der Reitbahn an. Ein Geistlicher predigt, man singt das Deutschlandlied, das damals noch nicht Nationalhymne ist, und dann wird verladen. Leutnant Kaden hat im Offizierswagen ein Abteil zusammen mit dem Grafen von Hohenthal, wie er Leutnant der Reserve und Jurist. Der Zug fährt über Riesa, dort biegt er auf die Strecke nach Chemnitz ab. In Waldheim bemerkt Kaden um 2 Uhr, dass der Bahnhof verdunkelt ist, angeblich wegen Fliegergefahr. Dabei liegt Sachsen weit von allen feindlichen Ländern entfernt.

Am Mittag des 4. August ist der Zug in Hof. Absolutes Alkoholverbot ist befohlen. Später in Kulmbach bringt man Bier an den Zug. Über Bamberg geht es weiter. »Überall Leute an der Bahn, die uns begeistert begrüßen.«[7] Aschaffenburg wird am frühen Morgen des nächsten Tages erreicht. Bald darauf überquert der Zug den Rhein am Rand von Worms. In Kaiserslautern hält der Zug mittags. Es gibt die Gelegenheit, Feldpostkarten in die Heimat zu schicken. Die an Arthur Kadens Großmutter ist erhalten geblieben.

»L. Großmutter! Alles geht gut. Stimmung in Truppe glänzend. Um mich hab keine Sorgen, da ich Bagage führe. In Bayern die Leute wie toll gegen die Feinde. Ich bin selig, einmal etwas ordentliches zu erleben. Lasst Euch nicht durch die Zeitungen ängstigen, das Meiste ist unwahr. Herzl. Grüße Dein Arthur«.[8]

In diesen wenigen Zeilen kommt viel über die damalige Situation zum Ausdruck. Die große Kriegsbegeisterung in Volk und Armee. Und auch ein Grund dafür: Einmal etwas Außergewöhnliches erleben! Gleichzeitig macht man sich Ängste um die Sorgen der Daheimgebliebenen. An denen können nur die Zeitungen schuld sein. Diese haben bis zu diesem Zeitpunkt jedoch noch nicht viel geschrieben. Für Berichte über militärische Themen gelten strenge Regeln.

Am Abend werden Saarbrücken und die nahen Spicherer Höhen passiert. Dort wurde 1870 unmittelbar an der Grenze der erste Sieg über angreifende französische Truppen errungen. Jetzt gehört dieses Gebiet zum Deutschen Reich und man kann ungehindert weiterfahren. In Falkenberg (heute Faulquemont) wird der Zug entladen.

Während die Masse der sächsischen Truppen durch das zu Kriegsbeginn neutrale, sich aber nun heftig gegen die fremden Soldaten wehrende Belgien marschieren soll, um die französischen Armeen von Norden her zu umfassen, wurde mit sächsischen Kavallerieregimentern planmäßig die

Links: König Friedrich August III. und Kaiser Wilhelm II. in Ulanenuniform zu Pferde.

Oben: Seiten aus einem der Notizbücher von Arthur Kaden.

Unten: Karte Kadens an seine Großmutter, 4. August 1914.

Marschskizze, mit der Kaden die Kolonne führen sollte.

Rechts: Offizieller Bericht Kadens über die Erfahrungen mit der großen Bagage 1914/15.

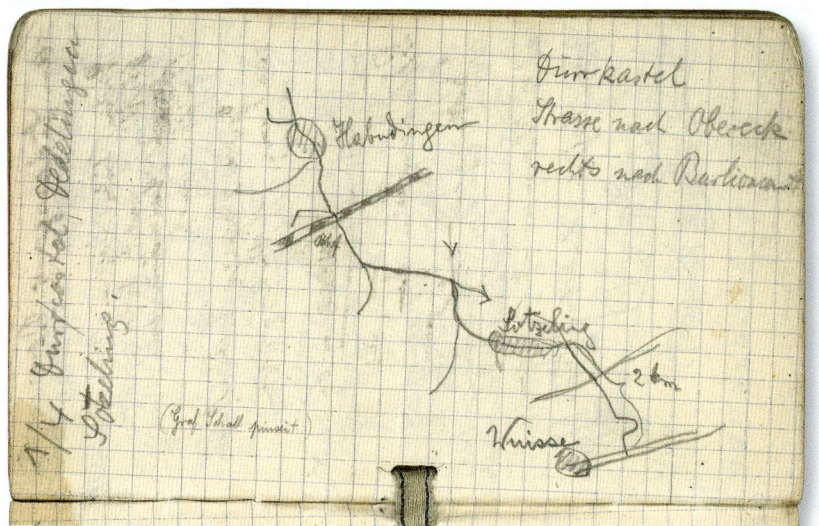

8. Kavalleriedivision gebildet. Sie soll südlich von Metz zur Grenzsicherung in den sogenannten Reichslanden Elsaß-Lothringen eingesetzt werden.

Arthur Kaden erlebt jetzt das für die Anfangsphase dieses Krieges Typische: Märsche, von denen der einfache Soldat, auch der Offizier in untergeordneter Stellung nicht weiß, welchen Zweck sie erfüllen. Zuerst geht es ein paar Kilometer zurück nach Steinbiedersdorf (Pontpierre). Hier ist das Nachtquartier vorgesehen. Für den nächsten Tag ist ein Marsch nach dem keine 15 Kilometer entfernten Niederum (Many) vorgesehen. Dabei wäre der Krieg für Leutnant Kaden beinahe zu Ende gewesen. Fast hätte ihn ein Auto überfahren. Kaum ist man am Ziel, ergeht der Befehl nach Baronweiler (Baronville) zu marschieren. Das sind wieder nur etwa 15 Kilometer. Aber Arthur Kaden bewegt sich hier mit einer schwerfälligen Kolonne von Wagen. Ein erstes französisches Flugzeug wird gesehen.

Am 7. August hat sich Leutnant Kaden mit seiner Kolonne nach Mörchingen (Morhange) zu begeben. Da befinden sich die Divisionsbagage und ein Proviantamt. Von dort erfolgt ein Vormarsch auf Marthil (Marthille). Plötzlich ein langer Halt und wieder zurück.

Für den nächsten Tag hält Arthur Kaden einen Kontakt mit dem Proviantamt fest. Lebensmittel- und Futterwagen werden aufgefüllt. Und dann die Bemerkung: »Unter Graf Sch. vor und zurück.«[9] Generalmajor Graf von der Schulenburg ist der Brigadekommandeur. Wagen bleiben liegen. Es gibt erste tote Pferde.

Der 9. August ist ein Rasttag. Kaden schreibt in die Heimat: »Bis jetzt noch nichts erlebt, als kleine Unannehmlichkeiten, etwa wie im Manöver. Wir sitzen hier ohne jede Nachricht, was los ist.« Er macht sich wieder Sorgen, dass man zu Hause um ihn Angst hat: »Hoffentlich werdet Ihr nicht durch umschwirrende Lügennachrichten geängstigt. Alle Nachrichten sind einstweilen mit dicken Fragezeichen zu versehen.«[10] Mit Nachrichten sind hier offensichtlich Gerüchte gemeint, denn die Zeitungen bringen keine schlechten Meldungen und ausländische Propaganda kann nicht in das Hinterland vordringen. Es gibt noch keinen Rundfunk, kein Satellitenfernsehen und kein Internet.

Am folgenden Morgen geht es um 6 Uhr los. Kaden hat keine Karten, nur eine abgezeichnete Marschskizze. Irgendwann verfährt sich die Kolonne. Man begegnet bayrischen Kolonnen. Mit Verspätung trifft er am ersten Zwischenziel ein. Es herrscht eine große Hitze, und Kaden macht fast schlapp. Er trinkt viel Wasser. Dann rückt man in Thimonville ein.

Früh geht es am 11. August weiter, aber es besteht große Ungewissheit über den Weg. Man trifft auf sächsische Artillerie. Deren Unteroffiziere haben Karten und helfen. Nun ist man direkt im Bereich der französischen Grenze. Hier kämpfen die Bayern gegen Franzosen, die nach Deutschland vorstoßen wollten. In großer Hitze steht die Kolonne lange Zeit bei Silly-en-Saulnois, bis sie endlich in Richtung Goin weiterzieht. Leutnant Kaden verbringt die Nacht in einem Quartier in Pagny.

Sehr zeitig setzt man sich am nächsten Tag in Bewegung, aber große Fortschritte werden nicht erreicht. Man bleibt in der Gegend. Nun folgt ein Rasttag, an dem Arthur Kaden sich etwas umsieht. Er findet Landwehrtruppen vor und bemerkt Schanzarbeiten. Nachts sieht er Sternschnuppen.

Am 14. August geht es wieder nach Osten, »programmässig« schreibt Kaden in sein Tagebuch. Abends ist er in Diedersdorf (Thicourt), nur 8 Kilometer von dem Bahnhof entfernt, auf dem vor neun Tagen ausgeladen wurde.

Eine größere Strecke in Richtung Südosten wird am 15. zurückgelegt, bis Dommenheim (Domnon-les-Dieuze).

Fast in die entgegensetzte Richtung geht es am nächsten Tag. Nach einigen Kilometern wird biwakiert, und es gibt eine Information über die Kriegslage. Das am vorigen Tage passierte Mörchingen (Morhange), kaum 10 Kilometer entfernt, soll geräumt worden sein. Der Führer der Divisionsbagage hält die Lage für brenzlich und entlässt die untergeordneten Kolonnen aus seiner Verantwortung. Erst spät trifft ein Befehl ein, dass man im Nachtmarsch nach Montdidier fahren soll.

In dieser Zeit entwickelt Kaden etwas, das er später »Kolonnenkoller« nennt. »Die Nerven halten aus, solange die Spannung anhält. An den Rasttagen bin ich gewöhnlich ganz schlapp, bemühe mich aber, mich zu beschäftigen. Nachher leide ich an Kolonnenkoller, einer von mir erfundenen Geisteskrankheit, die unheilbar erscheint und nicht vor dem Tode endet.«[11] Das, was er bis jetzt erlebte, ist sicher ungewöhnlich, aber bestimmt nicht das »Ordentliche«, was er erleben wollte. Heldentaten gab es noch nicht zu vollbringen. Bisher traten nur sogenannte »Tatarennachrichten« über die Franzosen auf, und er machte sich mit seinen Soldaten bereit, die Wagenkolonne zu verteidigen. »Der erwartete Feind blieb aber weg.«

Noch einige Tage geht es in dieser Weise weiter. Jetzt entwickeln sich größere Kämpfe, und die Bayern stoßen nach Frankreich hinein. Am 24. August rückt Leutnant Kaden mit seiner Kolonne bis auf das Schlachtfeld von Luneville vor. Der Anblick toter Pferde erscheint ihm unangenehmer als der Anblick toter Franzosen, in denen man den Feind sieht. Ein einzelnes Flugzeug wirft zwei Bomben ab, die keinen Schaden anrichten.

Beim Abrücken am nächsten Tag gibt es ein Gefecht. Die Kolonne passiert Luneville, zieht unter Bedrohung durch die Franzosen weiter, soll am darauffolgenden Tag aber zurück. Immer wieder herrscht ein großes Durcheinander. Die Bagage vermischt sich mit Kampftruppen, Wagen sind verschwunden, klare Befehle gibt es selten.

Gegen die Russen
Am 27. August 1914 zieht sich die Brigade nach Deutschland zurück. In einem langen Marsch geht es nach Achatel. Nach zwei Rasttagen, unter anderem mit Feldgottesdienst, wird eine Verlegung des gesamten Regiments per Bahn befohlen. Lange wird auf einem Bahnhof gewartet, bis die Verladung endlich am Abend des 31. August erfolgt. Ziemlich hungrig fährt man ab.

Obwohl der Krieg gegen Frankreich noch nicht entschieden ist, werden Truppen vom Westen an die Ostfront verlegt. Russland hatte viel schneller mobil gemacht als erwartet. Russische Truppen stoßen nach Ostpreußen vor. Panik breitet sich aus. Die Menschen fliehen in Massen. Durch einen kühnen Plan und viel Glück gelingt es, mit unterlegenen Truppen die Russen zu schlagen. Der Mythos um die Generäle von Hindenburg und Ludendorff entsteht.

Um die Lage stabilisieren zu können, müssen nun sächsische Kavalleristen quer durch Deutschland reisen. In den weiten offenen Landschaften im Grenzgebiet zum Zarenreich können sie sinnvoller eingesetzt werden als in Frankreich. Die Fahrt ist relativ lang. Über Thüringen, Leipzig, Cottbus kommt man in die damaligen deutschen Ostgebiete. Bei der Erwähnung der Stadt Gnesen (heute Gniezno, Polen) schreibt Kaden: »Bevölkerung beglückt, dass Hilfe kommt.«[12] Kurz darauf gibt es die ersten Verpflegungsprobleme für den Transport. Ausgeladen wird am 4. September noch ziemlich weit westlich in Maldeuten (Maldyty).

Beruhigendes Spiel für die Heimat. Pakete kommen im Schützengraben an, Postkarte.

Rechts: König Friedrich August III. in feldgrauer Uniform.

Nun schließen sich lange Märsche an. Ostpreußen ist nicht Sachsen. Arthur Kaden beklagt sich über die schlechten Wegeverhältnisse: »Straße der Karte stellt sich als Sandweg heraus. […] Wilde Sandberge, mehrmals Vorspann nötig.«[13] In der Gegend von Goldap befinden sich noch russische Truppen. Man ergreift Verteidigungsmaßnahmen und bezieht nachts keine Quartiere. Leutnant Kaden schläft unter einem Wagen. Dann hört man Schüsse. Ein Gefecht mit einer Kosakenpatrouille. Bei den eigenen Soldaten gibt es einen Toten. Als die Russen zurückgedrängt sind, marschiert auch der Tross vor. Durch ein brennendes deutsches Städtchen erreicht man die russische Grenze. Nach zehn Tagen sind die Wagen der Bagage 220 Kilometer Luftlinie vom Ausladeort entfernt. Aber man zieht nicht tief in das Land des Feindes ein. Langsam geht es wieder zurück. Am 23. September wird an einem Bahnhof verladen.

Zwei Tage später wird, noch auf deutschem Gebiet, wieder ausgeladen. Vom nördlichen Oberschlesien marschiert man nach Polen hinein, das damals Bestandteil des russischen Reiches ist. Nachdem in Ostpreußen die Russen geschlagen wurden, werden deutsche Truppen von dort nach Schlesien gebracht, um die Österreicher im Süden zu entlasten und Vorstöße der Armeen des Zaren aus dem damals weit nach Westen in das deutsche Gebiet hineinreichenden Polen zu verhindern.

Arthur Kaden ist nun innerhalb von zwei Monaten auf dem dritten Kriegsschauplatz. Er erlebt große Märsche auf wiederum schlechten Straßen. Eine durchgehende Front, wie inzwischen im Stellungskrieg im Westen, gibt es zeitweise nicht. Es wird mit russischer Kavallerie gekämpft. Man bewegt sich in den Raum zwischen Łódź und Warschau hinein, zieht hin und her, dann um Łódź herum, ist 50 Kilometer westlich von dieser Stadt. Zum Verantwortungsbereich Leutnant Kadens gehört auch die Bearbeitung der Post. Noch erhalten die Soldaten sehr viel aus der Heimat. Bei der Abholung in einem Ort an der deutschen Grenze stellt er fest: »Hier liegen Haufen von Paketen und Liebesgaben.«[14]

Weitere Jahre im Osten
In der folgenden Zeit bewegt man sich wieder nach Osten. Die Kavalleristen werden als Schützen eingesetzt. Kaden entgeht knapp dem Schicksal, eine solche Truppe zu kommandieren. Man stößt jetzt in den Raum bei Warschau vor. Das ist schwer befestigt und kann nicht so einfach eingenommen werden, auch weil sich in der Nähe Nowo-Georgiewsk befindet, die größte Festung Russlands. Bei den Kämpfen werden Leute aus Arthur Kadens Regiment verwundet. »Unteroffizier Prager wird mit Bahre geholt, Oberschenkelschuss. 2. Wunde, die ich sehe.«[15] Nun hat er auch andere Aufgaben. Er ist Gerichtsoffizier und muss sich nebenbei um Militärstrafsachen kümmern.

Mit dem Frühjahr kommt großer Optimismus. Am 30. April 1915 schreibt Arthur Kaden in sein Tagebuch: »Am Schluß der 9 Monate glaube ich, daß der Krieg in 6 Wochen zu Ende sein wird. Gute Nachrichten von Ypern, Combres, Suwalki, Dardanellen.«[16] Er sollte sich sehr täuschen.

Im Mai wird er zum Landsturm befehligt, der die vorderen Linien besetzt hält. Doch bevor er in den Graben geht, trifft hoher Besuch ein. Wenn König Friedrich August III. schon nicht Schlachten lenken kann, dann will er sich wenigstens, wie versprochen, um seine Soldaten kümmern. Doch das wird für die zur Belastung. Leutnant Kaden wird zur Königsparade am 15. Mai in Debowa Gora befehligt. Daran nehmen Teile von vier sächsischen Kavallerieregimentern, eine sächsische reitende Batterie, eine sächsische MG-Abteilung und weitere Truppen teil. Genau wie im Frieden findet einen Tag eher eine Vorparade statt.

Doch General von Kap-herr macht noch einmal eine Probe. Die Truppe könnte ja durch den Krieg verlottert sein. »Dann stehen wir eine Stunde im Winde und frieren. […] 11 Uhr kommt der König mit Prinz Leopold von Bayern, […] Parade im Schritt in Zügen. […] Dann Aufstellung im Viereck. Einige erhalten Medaillen. Begrüßung der Kommandeure. Ansprache, die wegen Wind ungehört bleibt. Abends Vergleich mit August dem Starken.«[17] Wie fiel dieser Vergleich wohl aus? Es bleibt die einzige Begegnung Kadens mit seinem König im Krieg.

Oben: Friedrich August III. verteilt Orden im Felde.

Unten: Das Hinterland bricht nur durch die Arbeit der Frauen nicht zusammen, Postkarte.

Rechts oben: Urlaubsschein für Oberleutnant Kaden vom Mai 1916.

Rechts unten: Der König mit seinen Söhnen, in der Mitte Prinz Friedrich Christian.

Auch die Russen feiern ihre Monarchen. Einige Tage später, als Kaden im Graben ist, wird von denen wild geschossen und Hurra gebrüllt. Man befürchtet einen Angriff. Ein kundiger Offizier klärt auf, es ist Geburtstag der Zarin.

Kaden wird Oberleutnant. Als Italien Ende Mai Deutschland den Krieg erklärt, wird das gleichgültig zur Kenntnis genommen. Mitte Juni wird sein Regiment mit anderen aus diesem Teil der Front herausgenommen. Der Transport fährt wieder nach Nordosten.

Am 16. Juni 1915 wird in Memel (heute Klaipeda, Litauen) im nördlichsten Zipfel des Deutschen Reiches ausgeladen. Man überquert sofort die nahe russische Grenze. Wieder gibt es mehr oder weniger verschlungene Bewegungen. Anfang August kommt die Nachricht vom Fall Warschaus. Dann wird die Festung Iwangorod von deutschen Truppen eingenommen. Kurze Zeit später wird Nowo-Georgiewsk gestürmt. Oberleutnant Kaden wird zum Strategen, breitet eine Karte aus und erwartet eine Entscheidungsschlacht östlich von Brest-Litowsk.

Anfang Oktober macht man sich mit guten Nachrichten aus dem Westen Mut, doch diese betreffen nur die Abwehr englischer und französischer Angriffe. Inzwischen befindet sich Kaden in der Nähe von Dünaburg (Daugavpils), einer Festung an der Düna, 190 Kilometer ostsüdöstlich von Riga. Jetzt bekommt er seinen ersten Urlaub. Arthur Kaden braucht sechs Tage, bis er in Oschatz eintrifft. Gleich reist er weiter nach Dresden. Mit der »Elektrischen« fährt er vom Hauptbahnhof zu seiner Wohnung in Plauen. In den nächsten Tagen besucht er Verwandte und Freunde. Am 26. Oktober beginnt die Rückreise. Wieder braucht er fast sechs Tage, bis er am Ziel ist.

Nun beginnt eine lange Zeit des Stellungskrieges im Bereich der Düna. Silvester 1915 scherzt man über die Zukunft. »Es wird gefolgert, dass 1916 geredet und gelacht, 1917 nur gelacht und 1918 nur geheult wird.«[18] Als Kaden im Mai 1916 das nächste Mal Urlaub bekommt, liegt seine Truppe noch im gleichen Bereich.

Nach seiner Rückkehr Anfang Juni wird er wieder voll mit in den Grabendienst eingeteilt. Die Stellungen werden ununterbrochen ausgebaut. Diese Arbeiten sind zu beaufsichtigen. Sind die Soldaten nicht dort vorn, dann erfolgt Ausbildung.

Im nächsten Urlaub Anfang Oktober erfährt er, dass sein wesentlich jüngerer Bruder Rudolf, der Medizin studiert hatte, zum Sanitätsdienst eingezogen werden soll. Auch nach der Rückkehr Mitte Oktober 1916 ist das Regiment an der alten Stelle. Obwohl es schon lange infanteristischen Dienst versieht, kann der Brigadekommandeur im November verkünden, dass man die Pferde behalten wird. In einem Brief an einen guten Bekannten äußert sich Kaden wenig optimistisch über die allgemeine Entwicklung.[19]

Als das Jahr 1917 beginnt, hat Arthur Kaden schon seit einiger Zeit mit einem Geschwür am Bein zu kämpfen. Man ist jetzt auch etwas weiter westlich stationiert. Ende März wird verlegt. Im heutigen Litauen findet die Verladung statt. Die Ulanen finden sich einen Tag später im nordwestlichen Teil Lettlands wieder. Dort ist es ruhig, aber kalt. Doch Kaden ist in diesem abgeschiedenen Teil der Welt nicht vergessen. Die Westfront braucht Menschenmaterial für die Materialschlachten.

Der Weg auf die Flanders Fields
Am 20. Mai erhält Oberleutnant Kaden den Befehl, ebenso wie einige andere Offiziere, nach Flandern zu gehen. Man beschließt, so schnell wie möglich abzureisen. Das geschieht zwei Tage später. In Dresden verbringt er einige Tage und fährt am 27. Mai nach Belgien ab. 43 Stunden später ist er in Kortrijk. Die nächste Zeit ist er einem Lehrgang zugeteilt. Die hierher kommandierten Offiziere erhalten eine infanteristische »Nachschulung«. Das erfolgt im Zusammenhang mit einem Rekrutendepot, sodass man die praktische Führung lernen kann.

Bei diesem Lehrgang befindet sich ebenfalls der zweitgeborene Sohn König Friedrich Augusts III., Prinz Friedrich Christian. Er wird an den meisten Tagen mit Ausbildungsmaßnahmen im Tagebuch erwähnt.

Man befindet sich in der Nähe der Front, an der Grenze zwischen Frankreich und Belgien. Das ist der südliche Teil der in Großbritannien noch heute schon jedem Schulkind bekannten »Flanders Fields«. Hier hat sich die Front im Verlauf von fast vier Jah-

Oben: Das Denkmal für den Weihnachtsfrieden von 1914 in Frelinghien, 2008.

Mitte: Zehntausende Poppies am Menen-Tor in Ypern, 2008.

Unten: Remembering-Poppies in Ypern 2008.

ren kaum bewegt. Und das, obwohl sehr hart gekämpft wurde. Hier fanden aber auch 1914 zu Weihnachten völlig spontan Waffenstillstände zwischen britischen und deutschen Soldaten statt.

Der Ort Frelinghien, bei dem dabei am 25. Dezember 1914 Soldaten aus Sachsen und Wales gegeneinander Fußball spielten, liegt nur 15 Kilometer vom Lehrgangsort entfernt. Seit 2008 erinnert dort ein Denkmal an diesen kleinen Moment der Menschlichkeit im großen Krieg.

In Flandern hatte der Krieg die Landschaft so gründlich umgewühlt, dass es keine Vegetation mehr gab. Das Erste, was danach wieder wuchs, waren die Mohnblumen. In Großbritannien sind diese, die »Poppies«, bis heute das Zeichen des Gedenkens an die Opfer des Krieges und werden jedes Jahr um den 11. November herum von vielen Menschen getragen. Ausgangspunkt dafür ist ein Gedicht von John McCrae, der dort einen Freund verloren hat und das sofort literarisch verarbeitete.

In Flanders Fields
In Flanders fields the poppies blow
Between the crosses, row on row
That mark our place; and in the sky
The larks still bravely singing fly,
Scarce heard amidst the guns below.
We are the Dead. Short days ago
We lived, felt dawn, saw sunset glow,
Loved and were loved, and now we lie
In Flanders fields.
Take up our quarrel with the foe:
To you from falling hands we throw
The torch: be yours to hold it high.
If ye break faith with us who die
We shall not sleep, though poppies grow
In Flanders fields.

Eine sehr gute Übersetzung hat Bertram Kottmann geschaffen:

Auf Flanderns Feld

Auf Flanderns Feld Mohnblumen blühn -
wo Kreuze, Reih an Reih, sich ziehn,
dort liegen wir; am Himmel hoch
die Lerche fliegt, singt tapfer, doch
im Lärm der Schlacht hört keiner sie.
Gestern noch da, heute dahin,
sahn Tage kommen und verglühn,
wir lebten, liebten – nun gefällt
auf Flanderns Feld.
Ihr müsst für uns ins Feld jetzt ziehn,
wir werfen euch mit letztem Mühn
die Fackel zu: Haltet sie hoch.
Und brecht die Treu ihr uns dennoch,
dann ruhn wir nicht, mag Mohn auch blühn
auf Flanderns Feld.[20]

Die Ausbildung der Offiziere in Flandern ist gründlich. In sie fließen die Erfahrungen von fast drei Kriegsjahren ein. Intensiv werden alle Elemente des Grabenkriegs geübt. Handgranaten und Maschinengewehre spielen eine große Rolle. Man schießt mit aufgesetzter Gasmaske. Da im Stellungskrieg viele Bewegungen in der Dunkelheit stattfinden, gibt es oft Dienst bis in die Nacht hinein. Mitte Juni wird der Lehrgang in ein Dorf südöstlich von Lille verlegt. Dort stehen mehrere Übungsplätze zur Verfügung. Oberleutnant Kaden lernt hier einen für Flandern typischen Zustand kennen. »Auf dem Platz sind die Gräben voller Wasser.« Die Teilnehmer spüren jeden Tag, dass ihre Übungen nur ein kleines Stück von der harten Realität entfernt sind, weil die Front in Sicht- und Hörweite ist. »Abends schweres Trommelfeuer, neben dem ein Gewitter keinen Eindruck macht.«[21]

Am 14. Juli wird die Ausbildung beendet. Am darauffolgenden Tag reisen die Teilnehmer ab. Arthur Kaden kommt zum 5. Infanterieregiment »Kronprinz« Nr. 104, im Frieden in Chemnitz stationiert. Dort soll er eine Kompanie führen. Er trifft das Regiment in einer Ruhestellung etwa 20 Kilometer hinter der Front. Zwei Tage später marschiert man nach vorn.

Die Truppe bleibt in einem verlassenen Ort dicht hinter der Front, in dem es keine ordentlichen Quartiere mehr gibt. In der übernächsten Nacht löst man ein anderes Regiment in der vordersten Linie ab. Dort gibt es ständigen Beschuss durch gegnerische Artillerie. Oberleutnant Kaden ist jetzt mitten im Geschehen auf dem Schlachtfeld von Flandern. Etwa zehn Kilometer entfernt liegt Ypern. Etwa da, wo sich Kaden jetzt befindet, fand das Ereignis statt, was mit dem Namen des in der Nähe liegenden Ortes Langemark verbunden ist.

Oben: Schulmäßig ausgebauter Schützengraben ohne Beschädigung.

Unten: Soldat im Erdloch einer echten Stellung.

Oben: Moralischer Druck zum Goldverkauf. Postkarte.

Unten: Vorgedruckte Karte mit Hinweisen zur Lebensmittelversorgung in Lazaretten.

Rechts oben: Lazarett im städtischen Ausstellungspalast in Dresden am Stübelplatz.

Rechts unten: Stahlhelm, Schlachtfeldfund, Frankreich, Erster Weltkrieg. Im Trommelfeuer nützte auch der Stahlhelm nichts.

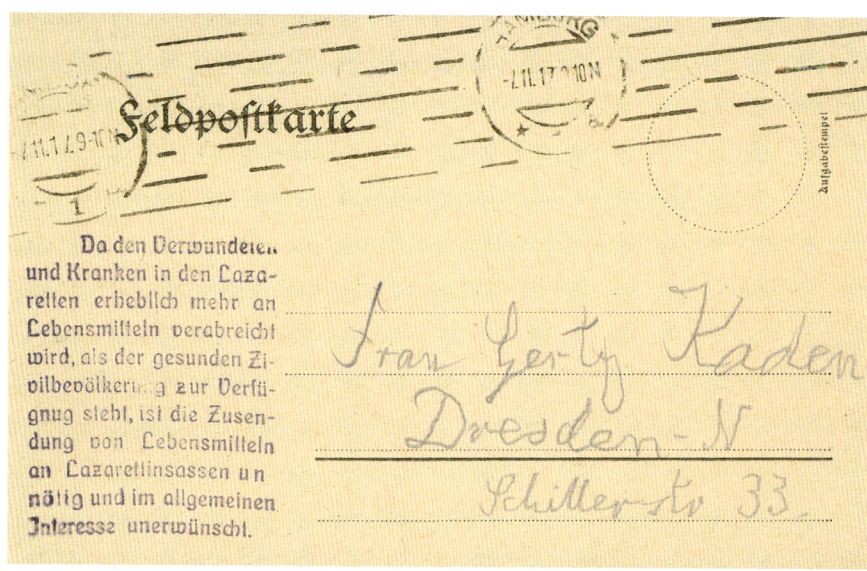

Im November 1914 hatte die deutsche Führung hier Regimenter angreifen lassen, die aus Kriegsfreiwilligen bestanden. Diese ungedienten jungen Männer waren nur wenige Wochen lang von frontunerfahrenen Vorgesetzten nach alten Grundsätzen ausgebildet worden. Beim manövermäßigen Angriff auf eingegrabene Gegner erlitten sie hohe Verluste. Daraus entwickelte sich der Mythos von Langemark, weil die Heeresleitung behauptete, diese Soldaten hätten beim Sturm das Deutschlandlied gesungen. Seitdem hatte sich die Front hier nicht viel bewegt.

Die Kompanie Oberleutnant Kadens bezieht die Stellung und erlebt einige Tage schweren Beschusses. Dabei werden die vorderen Linien teilweise zerstört. Die Verbindung zu einzelnen Teilen der Truppe geht verloren. Der Unterstand der Bataillonsführung wird so beschädigt, dass sie ihn verlässt. Man gräbt sich einfach im Gelände ein. Wegen des starken Beschusses, auch mit Gasgranaten, erwartet man einen Angriff des Feindes. Doch der bleibt aus.

Nach knapp einer Woche wird abgelöst, man marschiert etwas zurück und wird dann per Bahn in den Ort gebracht, in dem Kaden auf das Regiment traf. Jetzt marschiert man noch einige Kilometer weiter nach Osten. Dort hat man auch keine richtige Ruhe, denn der kommandierende General will die Truppe begrüßen.

In der ersten Nacht des Augusts ist man wieder vorn, nimmt die alte Stellung ein. Dabei ist immer nur ein Teil der Truppe in der vordersten Linie, der Rest ein kleines Stück weiter hinten. Dort werden am 6. August acht Soldaten bei der Postausgabe durch eine Granate verwundet. In den nächsten Tagen verstärkt sich der Artilleriebeschuss, sodass man an einen Angriff des Gegners glaubt. Alle Soldaten werden in die Kampflinie beordert. Die besteht nicht mehr aus einer durchgehenden Stellung. Es wird so stark geschossen, dass die Ablösung nicht kommen kann. Kaden liegt mit einigen Leuten in einem Granattrichter. »Wenig Essen, kein Trinken, kein Schutz vor Ari, keine

Verbindung.«[22] Irgendwann taucht dann die Ablösung vom Regiment Nr. 181 auf.

Kadens Regiment wird ganz aus diesem Abschnitt gezogen und am 13. August nach Frankreich gefahren. Es bezieht eine Stellung südöstlich von Saint-Quentin. Hier gibt es nur ab und an Beschuss, vor dem man in Unterstände flüchtet. Der Dienstbetrieb verläuft geordnet. Es erfolgt eine regelmäßige Rotation der Truppen in der vorderen Linie innerhalb des Regiments. Die anderen Soldaten führen dann Ausbildung durch.

Arthur Kaden bekommt Urlaub und fährt am 24. September ab. Der Urlaub verläuft wie üblich, mit Besuchen, Besorgungen und Regelung verschiedener Angelegenheiten. Als guter Patriot geht er zur Goldankaufstelle und gibt dort etwas nicht näher Bezeichnetes ab. Dafür erhält er 95,40 Mark. Papiergeld, das bald wertlos werden wird. Später schickt er Karten mit entsprechenden Aufforderungen an Verwandte. Nach einem Besuch bei Geheimrat Bienert reist er wieder zurück.

Oberleutnant Kaden trifft in dem Moment bei seinem Regiment ein, als dieses die Stellung in Frankreich verlässt. Es geht zurück nach Flandern. Am 19. Oktober liegen sie wieder in der Gegend, die sie im August verlassen haben. Die Lage ist nicht besser als damals. Wieder ist die Verpflegung mangelhaft, deren Verteilung schwierig.

Ständig gibt es schweres Artilleriefeuer. Zwei Tage lang liegt Kaden mit einigen Leuten in einem Granattrichter. Wenn es möglich ist, kontrolliert er die Stellung. Die wird immer mehr zerschossen. Dann ist ein Abschnitt plötzlich leer. Es gelingt, wieder ein paar Soldaten mit einem Maschinengewehr dorthin zu bringen.

Am 24. Oktober 1917 ereilt Arthur Kaden das Pech. Gerade als er nach Verrichtung der Notdurft sein Koppel wieder anlegen will, durchschlägt eine Schrapnellkugel seine rechte Hand. Keine lebensgefährliche Verletzung, aber unangenehm, weil man die Hand lange nicht benutzen kann. Er könnte auch bleibende Schäden davontragen. Nach einem Notverband bringt ihn ein Soldat zurück. Über verschiedene Stationen, bei denen er sich auch offiziell im Regiment abmeldet, wird er in das Marinefeldlazarett 5 nach Brügge gebracht.

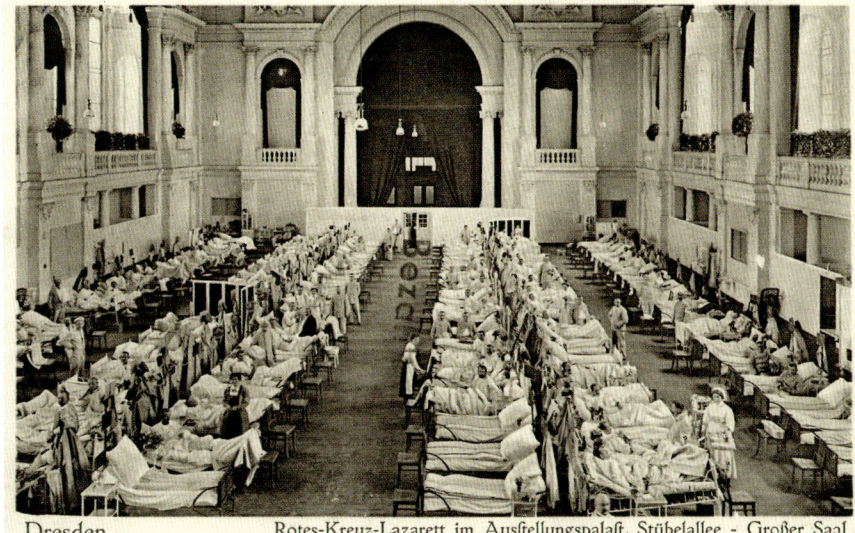

Dresden. Rotes-Kreuz-Lazarett im Ausstellungspalast, Stübelallee – Großer Saal

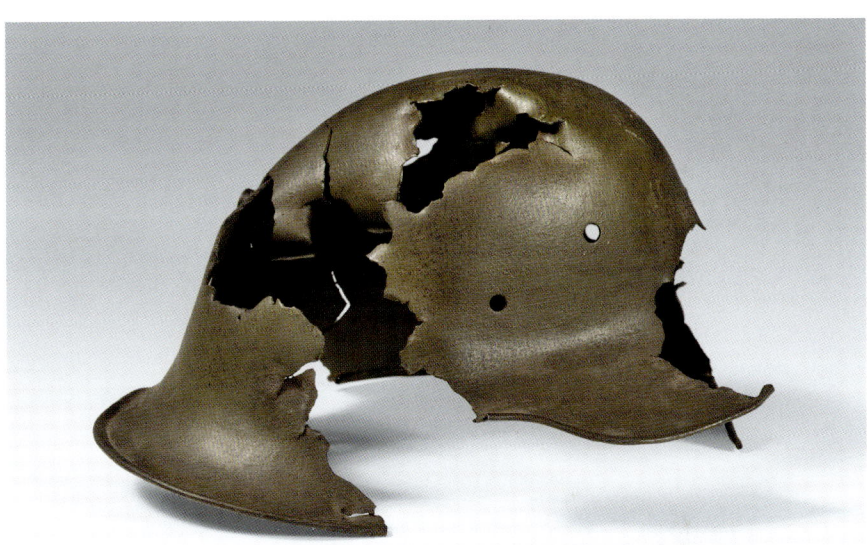

Die Stimmung ist selbstverständlich gut

Seine Tagebuchnotizen sowie erste Meldungen über seinen Zustand in die Heimat diktiert er einem freundlichen Kameraden. Als der eines Tages nicht mehr zur Verfügung steht, beginnt er mit der linken Hand zu schreiben. Die Lazarette in der Nähe der Front nehmen ständig neue Verwundete auf. Die Kapazitäten reichen nicht, um sie bis zur Genesung dort zu behalten. Deshalb werden die Insassen bei Transportfähigkeit in die Heimat verlegt. Dort sind viele zusätzliche Lazarette eingerichtet worden.

Arthur Kaden wird am 4. November in einen Zug gebracht und nach langer Fahrt mit vielen Halten zwei Tage später in Hamburg ausgeladen. Nun bleibt er einige Zeit im Vereinshospital, das zum Reservelazarett IV gehört.

Interessant ist die Karte, mit der er eine Mitteilung über seinen neuen Aufenthalt nach Dresden schickt. Sie trägt den gestempelten Aufdruck: »Da den Verwundeten und Kranken in den Lazaretten erheblich mehr an Lebensmitteln verabreicht wird, als der gesunden Zivilbevölkerung zur Verfügung steht, ist die Zusendung von Lebensmitteln an Lazarettinsassen unnötig und im allgemeinen Interesse

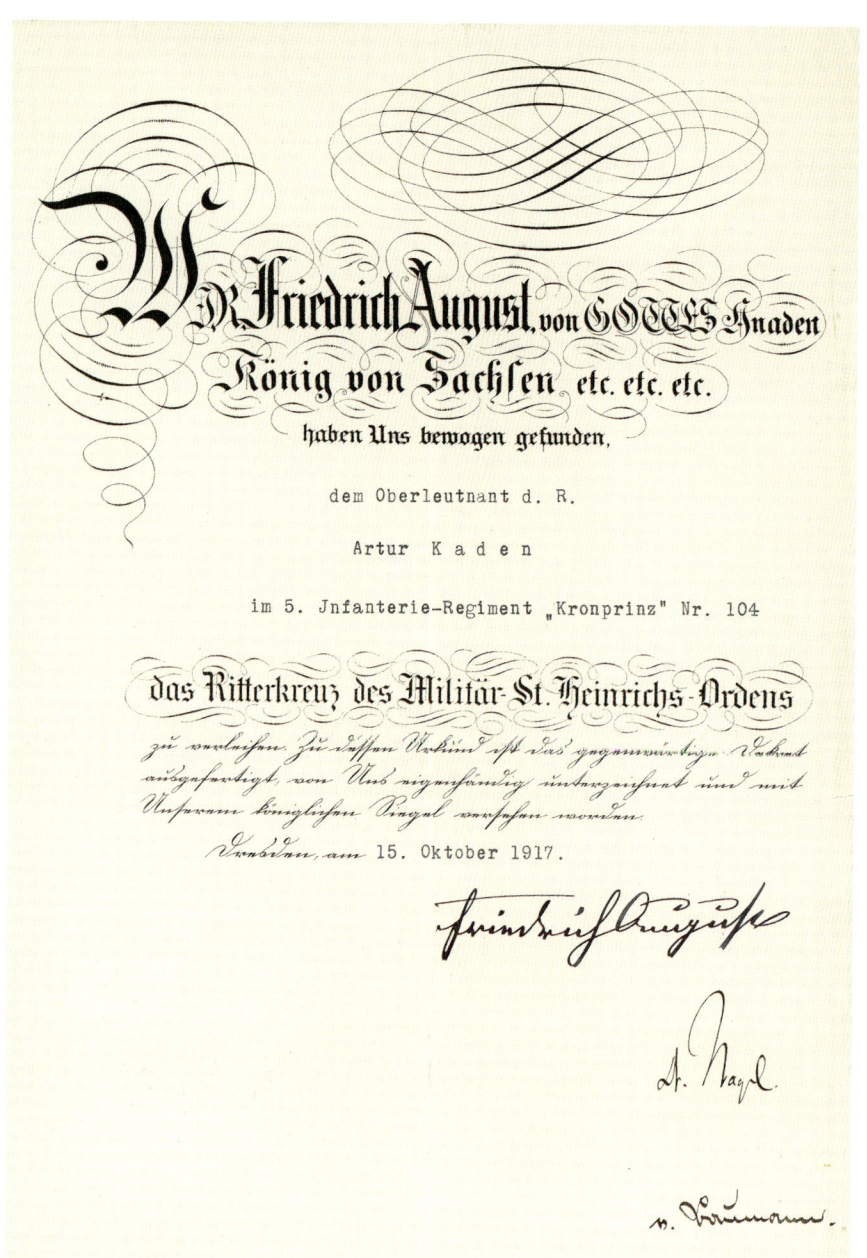

Links: Verleihungsurkunde zum Ritterkreuz des Militär-St.-Heinrichs-Ordens für Oberleutnant Kaden.

Rechts: St.-Heinrichs-Orden, Vorder- und Rückseite.

S. 99: Löwen am Schachbrett, Zeichnung eines Kameraden als Geschenk an Arthur Kaden.

S. 100: Weihnachtswünsche der Firma Bienert 1917 für Mitarbeiter im Krieg.

S. 101: Das königliche Patent mit der Ernennung Kadens zum Rittmeister.

unerwünscht.«²³ Arthur Kaden ist froh über seine Verwundung. Er schreibt an eine Verwandte: »Die Stimmung ist selbstverständlich gut. Denn, vom Zustand eines Kompanieführers irgendwie erlöst zu werden, ist stets ein bedeutendes plus.«

Eine Verlegung nach Dresden zu beantragen, lehnt er ab: »Hier kann ich unbehelligt und unerkannt mit meinem Räuberbart, den Mantel nur oben geknöpft, mit schlotterndem Ärmel herumziehen, während ich in Dr. Rücksicht nehmen müsste.«²⁴ Er weiß genau, dass mit steigender Entfernung vom Kriegsschauplatz die Weltfremdheit und der Formalismus der daheimgebliebenen Militärs zunehmen.

Ein wichtiger Termin ist der 28. November. Man bringt Oberleutnant Kaden in das Garnisonlazarett Hamburg. Nach einigem Warten begutachtet ihn ein Gremium, er nennt es »Heldengreifkommission«, bestehend aus einem General, zwei Stabsoffizieren und drei Ärzten. Sie schätzen die Dauer seiner Wiederherstellung auf zwei Monate ein.

Seinem Bruder schreibt er: »2 Monate Lazarett. Dann jedenfalls Ersatz-Esk., wo ich hoffentlich einen Erholungsurlaub und anschließend eine Schonzeit genieße. Dann geht's wieder ins Feld, denn an ein Kriegsende glaube ich nicht.«²⁵ Jeder Optimismus ist dahin. Wer den Stellungskrieg hautnah erlebt hat, kann sich nicht vorstellen, wie dieser Zustand jemals enden soll.

Am Tag der Begutachtung gibt es noch ein positives Erlebnis: »Ordensschnalle verlängert.«²⁶ Jetzt hat er also offiziell das ihm von König Friedrich August III. am 15. Oktober 1917, noch vor der Verwundung, verliehene Ritterkreuz des Militär-St.-Heinrichs-Ordens, der höchsten militärischen Tapferkeitsauszeichnung Sachsens, erhalten. Zu jener Zeit erreichen Arthur Kaden auch erste Nachrichten über die sich nun in der Welt vollziehenden Veränderungen. »Viel über Rußland gelesen, glaube wenig davon.«²⁷

Auch über die Feiertage zum Jahresende ist er noch im Lazarett. Er spielt viel Schach und besucht Konzerte, da er ja gehfähig ist. Zu Weihnachten erhält er, wie

schon in den Vorjahren, eine »Liebesgabensendung« der Gebrüder Bienert. Auf dem gedruckten Beiblatt heißt es: »Infolge behördlicher Verfügungen können wir auch dieses Jahr die Weihnachtsgabe nicht so reichlich ausstatten, als wie wir es gern getan hätten; doch soll jeder unserer Leute wenigstens erkennen, daß wir an ihn in Liebe gedacht haben und ihm eine Freude bereiten wollen. / Gebe Gott, daß es die letzte Kriegsweihnacht ist und wir recht bald alle unsere lieben Leute in der Heimat im Frieden begrüßen können.«²⁸ Eine sehr dezent geäußerte Kriegsmüdigkeit. Man hätte auch Durchhalteparolen schicken können.

Am 22. Januar 1918 verlässt Kaden Hamburg mit dem Zug und trifft am nächsten Tag bei der Heimatdienststelle seines Stammregiments in Oschatz ein. Kurz darauf bekommt er einen längeren Urlaub und fährt nach Dresden. Viele Leute werden besucht, Besorgungen gemacht und Diverses geregelt.

Ab 4. März ist Arthur Kaden wieder in Oschatz. Hier dient er nun in der Ersatz-Eskadron. Bei Kriegsbeginn hatten alle Regimenter Ersatzeinheiten aufzustellen. Dort werden neue Soldaten ausgebildet und genesene Verwundete wieder auf den Fronteinsatz vorbereitet. Mit ihnen sollen die durch Tod und Verwundung gerissenen Lücken geschlossen werden. Das nennt man Ersatz. Bei der Kavallerie ist das nicht so einfach. Sie hat Pferde. Ein Kavallerist braucht eine gute Ausbildung mit dem Pferd. Ein Kavalleriepferd muss aber auch erst einmal ausgebildet werden. Deshalb bleibt von den fünf Eskadronen, die ein Kavallerie-Regiment im Frieden hat, eine im Kriegsfall zurück, damit man eine Grundlage für die Ersatzausbildung hat.

Oberleutnant Kaden tut nun fast so Dienst wie ein aktiver Offizier in Friedenszeiten. Er hat die Ausbildung zu organisieren und zu kontrollieren. Nach einiger Zeit übernimmt er die Eskadron. Es gibt Büroarbeit und auch Militärgerichtssachen zu erledigen. Einen Vorteil hat es, Kavallerist zu sein: Ausritte sind Dienst. Wie im Frieden kommen auch Vorgesetzte zu Besichtigungen vorbei und prüfen alles penibel. Man feiert wie immer den Geburtstag des Königs am 25. Mai mit Antreten, Ansprache und Festessen für die Offiziere. Im Vorfeld seines Ehrentages hat der König, wie im Frieden, etliche Beförderungen vorgenommen. Arthur Kaden ist nun Rittmeister. Aber das ist alles nur ein Leben auf Abruf. Andere Offiziere werden an die Front versetzt. Neue tauchen auf. Kaden muss auch damit rechnen, jederzeit aus dem ruhigen Oschatz mitten in das Kriegsgeschehen befohlen zu werden. Das, was er in den Wochen vor seiner Verwundung erlebt hat, reicht ihm. Er möchte nicht wieder in die vorderste Linie. So schreibt er vorsorglich ein Versetzungsgesuch für die Etappe.

Nachdem Se. Königliche Majestät von Sachsen etc. etc. etc.

den Oberleutnant der Reserve des 1. Ulanen-Regiments No. 17 "Kaiser Franz Joseph von Österreich und König von Ungarn"

Artur Nikolaus Ernst Kaden

in Ansehung seiner bisherigen treuen Dienste und in selbigem bezeigten Beeiferung heutigen Tages zum

Rittmeister

in Gnaden ernennet und dermaßen bestellet haben, daß Allerhöchstdenenselben er noch ferner getreu und dienstgewärtig sein, Seiner Königlichen Majestät und Höchstdero Königlichen Hauses Ehre, Nutzen und Frommen bestmöglichst befördern, Schaden und Nachteil aber soviel an ihm, abwenden und verhindern, bei allen Vorfällen, wozu er befehligt werden möchte, sich nicht nur unverdrossen gemütlich und tapfer erzeigen, sondern auch nach Gelegenheit für Seiner Königlichen Majestät Allerhöchsten Dienst seines Blutes, Leibes und Lebens nicht schonen, nicht minder alles übrige, so einem wackeren, klugen und rechtschaffenen Offizier, auch jedem treuen Diener gegen seinen Herrn von Ehre und Pflicht wegen zu tun eignet

Nr. 701 IV. B.

Oben: Urkunde mit dem Nachweis über die Zeichnung von 8000 Mark zur 8. Kriegsanleihe.

Unten: Eisenbahnunglück in Dresden am 22. September 1918, Postkarte.

Rechts: Marschskizze für das Passieren von Belgrad, Original aus dem Nachlass Kaden.

Im Unterschied zum Frieden gibt es auch neue Aufgaben. Arthur Kaden muss in seiner Einheit die Werbung für die 8. Kriegsanleihe organisieren. Die Offiziere werden im Krieg gut bezahlt. Aber der Staat will ihnen das Geld gleich wieder für die Finanzierung des Krieges abnehmen. Kaden zeichnet 8 000 Mark.

Vier Monate und acht Tage

Am 21. September erhält Rittmeister Kaden einen Befehl, dass er wieder »ins Feld« muss. Er hat noch einige Tage Zeit, fährt nach Dresden, um sich mit Verwandten und Freunden zu treffen und etliches zu regeln. Aus Oschatz reist er am 25. September ab. Man verabschiedet ihn mit der Bemerkung »So einen Offizier kriegt die Schwadron nicht wieder.«[29] Über Dresden fährt er nach Berlin. Vor einer Bahnwerkstatt in Radebeul sieht er zwei D-Zug-Wagen, die bei dem schweren Eisenbahnunglück am 22. September zertrümmert wurden.

Von Berlin aus geht es wieder ins Baltikum. Über Riga fährt Kaden nach Dorpat (heute Tartu in Estland). Dort erfährt er am 27. September, dass seine Truppe gerade verlegt wurde. Er reist auf gleichem Weg zurück und verbringt zwei Tage später eine Nacht in einem Dresdner Hotel. Über Prag, Wien, Budapest und Belgrad trifft er am 2. Oktober endlich dort ein, wo sich seine neue Formation befindet: Die 219. Infanteriedivision. Bei ihr soll er Führer des großen Trosses werden.

Kommandeur dieser Kriegsformation ist der General von Kotsch. Ihm hat der in der DDR bekannte Schriftsteller Ludwig Renn ein literarisches Denkmal gesetzt. Eigent-

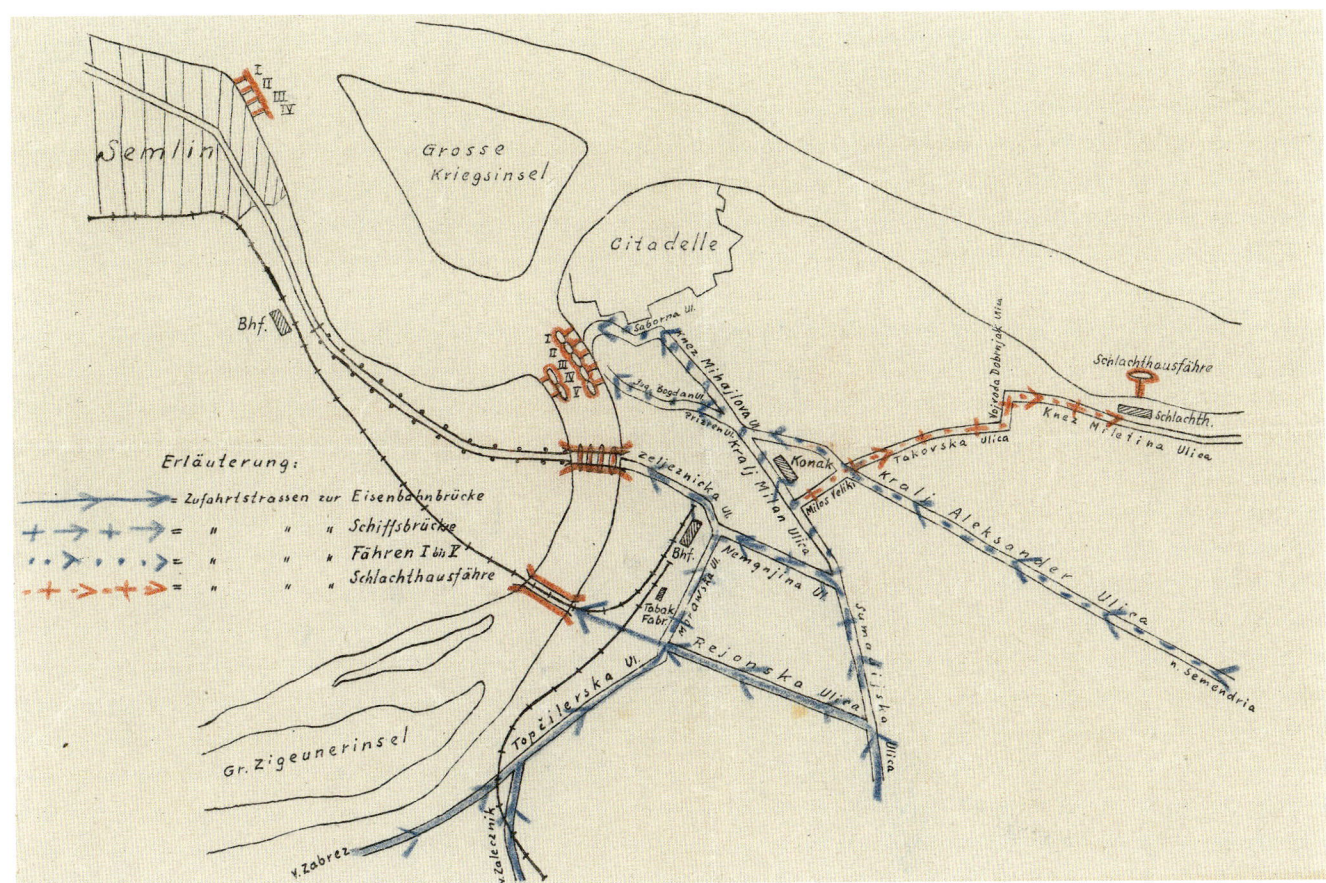

lich heißt dieser Autor Arnold Vieth von Golßenau, ehemaliger Offizier des Leib-Grenadier-Regiments. Er schreibt nach dem Ersten Weltkrieg den Antikriegsroman »Krieg«, wird zum Kommunisten und nimmt den Namen der Hauptfigur seines ersten Buches an, um den Bruch mit seiner Herkunft zu zeigen. Nach seiner Flucht aus dem nationalsozialistischen Deutschland und Kampf auf der Seite der Republik im Spanischen Bürgerkrieg verfasst er im mexikanischen Exil einen Roman über das Leben der adeligen Offizierskreise vor 1914 in Dresden. Mit ihm wollte er vor einer Verherrlichung der Monarchie nach dem abzusehenden Ende des Zweiten Weltkrieges warnen. Verlagsdirektor Walter Janka gibt diesem Buch den Titel »Adel im Untergang«.

Dort wird von Kotsch als pflichtbewusster Offizier geschildert, der sich nicht an Ausschweifungen beteiligt. Legendär ist seine Sparsamkeit. Eine Droschke für dienstliche Zwecke zu benutzen, hält von Kotsch für größte Verschwendung. Muss er aus dienstlichen Gründen aus der Albertstadt in das königliche Schloss, so benutzt er die Straßenbahn. Mit ihr fährt er auch den Wachen nach, die zu verschiedenen Punkten im Stadtzentrum marschieren, und inspiziert sie im Vorbeifahren. Dabei entgeht ihm keine Unregelmäßigkeit.

Am 3. Oktober meldet sich Rittmeister Kaden bei Generalmajor von Kotsch in Nisch, einer größeren Stadt im Südosten Serbiens. Er schreibt: »Netter Empfang. Dann Einweisung. Wir sind sehr pünktlich, wir sind sehr genau, wir sind überhaupt etwas peinlich.«[30] Einen Tag später kann er der Verwandtschaft über den Antritt seines neuen Postens berichten. Kaden hat in den nächsten Tagen viel Stabsarbeit zu leisten. Nach Dienst leidet er unter saurem Bier, das mehrfach erwähnt wird. Dieses kleine Problem wird sehr schnell bedeutungslos. Der Feind greift massiv an, und der große Rückzug beginnt.

Am 10. Oktober kommt der Befehl zum Packen. Die Offiziere begeben sich in die örtliche Kaserne, und ein Befehl zur Verteidigung dieser trifft ein. Doch dazu kommt es nicht. Vor lauter Aufregung kommt auch kein Essen, und man wacht nach wenigen Stunden Schlaf am frühen Morgen hungrig auf. Der Abmarsch wird vorbereitet. Dabei entwickelt sich das in solchen Situationen typische Durcheinander. Man hört Explosionen, und es wird von Sprengungen und brennenden Munitionszügen erzählt. Eine Stunde vor Mitternacht geht es endlich los.

Der Rückzug vollzieht sich nun über einige Wochen und ist mit vielen Schwierigkeiten verbunden. Es kommt immer wieder zu langen Staus, weil die Straßen verstopft sind. Das ist nicht ungewöhnlich. Straßen verbinden Ortschaften und führen deshalb durch diese hindurch. Also kreuzen sie sich auch dort. Und genau an solchen engen Stellen treffen verschiedene Kolonnen mit ihren langsamen Pferdefuhrwerken zusammen. Zwar gibt es auch einige Autos, aber auf engen Straßen bestimmt immer der Langsamste das Tempo. Wenn man die Route Rittmeister Kadens nachverfolgt, dann stellt man fest, dass am Tag nur etwa 20 bis 25 Kilometer Luftlinie bewältigt werden.

219. (K.S.) Inf.Division. Div.St.Qu., d.11.11.18.
Ia Nr.11631.   10⁰ Abends.

Divisionsbefehl.

1.) Nach bisher beim A.O.K. vorliegenden Nachrichten sind die Feindseligkeiten an allen Fronten eingestellt.

2.) Wenn gegen unsere Sicherungslinie feindliche Kräfte vorgehen, ist daher das Feuer nicht zu eröffnen, sondern die Sicherungsabteilungen sind unter Hinweis auf die Waffenruhe nach Alsoaradi oder in Linie Boska – Oocska zurückzunehmen.

3.) Die näheren Anordnungen für ein etwaiges Zurückgehen der Sicherungsabteilungen trifft 47.Ersatz-Brigade.

4.) Die Division wird in den nächsten Tagen den weiteren Rückmarsch bis in die Gegend Nagykikinda antreten.

5.) San.-Komp.404 marschiert am 12.11.18 nach Nagybecskerek, übernimmt dort die Ortskrankenstube und sorgt für Abschub der Kranken. Feldlazarett 153 hat sich marschbereit zu machen.

6.) Die entbehrlichen Fahrzeuge des großen Trosses sammeln sich am 12.11.18, soweit sie sich nicht bereits in Nagybecskerek befinden, am Nordrand Nagybecskerek, Ausgang nach Melencze und senden Befehlsempfänger zum Führer des großen Trosses.

7.) Es erreichen am 12.11.18   am 13.11.18
   a) nach näherer Anordnung des
      Chefarztes Feldlaz.111 :
      Res.Feldlaz.96,)
      Feldlaz.111,   ) Basahid   Nagykikinda
      Pferdelaz.226   )
   b) nach näherer Anordnung des
      Staffelstabes 137 :
      Et.Fuhrp.Kol.25,)
      Mag.Fuhrp.Kol.36,)   Raum Nagykikinda –
      Mun.Kol.53,   ) Torontaltorda Stojanovic sel. –
      Et.Fuhrp.Kol.271,)   Malogajski szl.
      Mag.Fuhrp.Kol.386,)
      Et.Fuhrp.Kol.139)

   Die unter a) und b) genannten Formationen lassen die Verpflegungsfahrzeuge in den Unterkünften zurück, bis Beladung aus Magen der Div.M.Kol. (vergl.Bes.Anordn.v.10.11.18 Ziff.1 – Ib Nr.11618 –) erfolgt ist.

8.) Divisionsbefehl Ia Nr.11622 v.11.11.18 tritt außer Kraft.

gez. v. Wotsch.

F.d.R.

[signature]

Hauptmann im Generalstab.

Verteilung wie D.K.O.Ia 11591.

Links: Divisionsbefehl der 219. Infanteriedivision vom 11.11.1918, Original aus dem Nachlass Kaden.

Rechts: Rittmeister Kaden zu Pferd, Zeichnung eines Kameraden, und Rückseite mit Unterschriften.

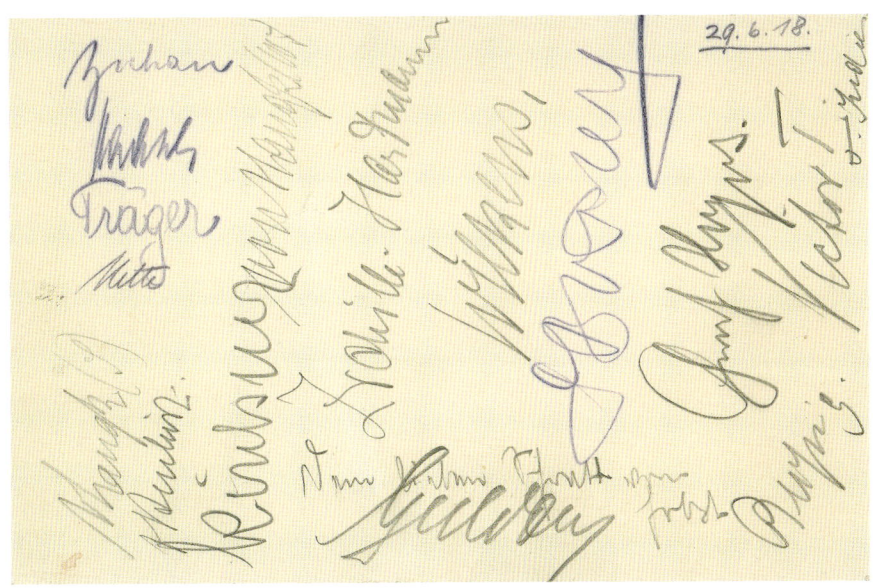

Aus heutiger Sicht ist verwunderlich, dass die Offiziere normalerweise in jedem Etappenort einquartiert werden. Sie schlafen also irgendwo im »Feindesland« bei Privatleuten. Auch jetzt noch gibt es Casinobetrieb. Immer wieder werden Rasttage eingelegt. Wenn sich Kaden abends zu seinem Quartier begibt, nennt er das öfter »nach Haus«. Er vermerkt penibel, ob er in einem Bett schlief oder nur auf Stroh. Das Essen, das er ergattern kann, hat ganz unterschiedliche Qualität.

Rittmeister Kaden hat dabei umfangreiche Arbeit zu leisten. Er nimmt an Besprechungen teil, muss Befehle empfangen und sich oft bemühen, überhaupt Verbindung zu Vorgesetzten zu bekommen. Dann hat er, meist abends, Befehle für seinen Verantwortungsbereich auszuarbeiten. Er nimmt seine Aufgabe ernst. Größere Steigungen stellen für die Fuhrwerke immer ein Problem dar. Also finden sie sich auch im Tagebuch. Pferde werden knapp. So informiert er sich beim bayrischen Leibregiment, das Zugochsen nutzen will. Ergebnis: »Die Ochsen ziehen nicht.«[31]

Am 29. Oktober zieht die Kolonne durch Belgrad. Arthur Kaden war vorher bei der zuständigen Dienststelle und hat genaue Instruktionen erhalten. Die entsprechende Marschskizze hat sich erhalten. Man überquert den Fluss Save. Die Bemerkung im Tagebuch dazu: »Kurz vor 7 Abfahrt durch das ziemlich leere Belgrad. An die Schiffsbrücke. Imposant. Übergang glatt verlaufen.«[32] In den Etappenorten gibt es noch Lebensmittel zu kaufen und manchmal funktionierende Restaurants. Am 5. November wird die Donau mit einer Fähre bei Stari Stankamen an der Mündung der Theiß überwunden. Drei Tage später trifft bei der Division ein Funkspruch über die Einleitung von Waffenstillstandsverhandlungen ein.

Es wird weitergezogen. Bereits am 9. November, in der Stadt Zrenjanin, erreicht eine neue Nachricht die Truppe. »Schultz bringt die Nachricht von der Abdankung des Kaisers u. des Kronprinzen u.

Einzug der Fronttruppen in Dresden am 18.12.1918.

Rechts: Arthur Kaden in Uniform, um 1918.

von Krawallen in den Großstädten. [...] Ich lese das Budapester Volksblatt, wonach wir entwaffnet werden sollen.«[33] Die Division informiert die Offiziere, dass zu Hause »Anarchie« herrschen soll.

Am 11. November, dem Waffenstillstandstag, gibt es ein erfreuliches Erlebnis. »Reklambücher gekauft, billiger als in der Heimat.«[34] Aber dann liest man in ungarischen Zeitungen von den Waffenstillstandsbedingungen. Große Bestürzung breitet sich unter den Offizieren aus. Am Abend wird der Divisionsbefehl mit der Anweisung, die Feindseligkeiten einzustellen, verbreitet. Rittmeister Kaden vermerkt in seinem Tagebuch nichts davon, wie er sich nun fühlt. Aber er schläft schlecht. »Zeitungen mit traurigen Nachrichten. Hindenburgs Nachricht ans Westheer. [...] Die Ungarn sehr höflich. Warnung vor den Tschechen.«[35]

Einen großen Stau gibt es am 16. November an der ungarischen Grenze. Man will die deutschen Truppen nicht reinlassen. Doch am nächsten Tag gelingt der Übergang. Man bleibt in einer Stadt 30 Kilometer hinter der Grenze, und es ist einige Zeit unklar, wie es weitergeht. Die Offiziere sitzen im Casino und sprechen über die Stimmung der Mannschaften. Zum Glück meinen die: »Die Offiziere brauchen wir. Sie sollen uns nach Hause bringen.«[36] Über die Abdankung des sächsischen Königs findet sich nichts im Tagebuch. Alle haben jetzt andere Sorgen.

Dann werden die Märsche fortgesetzt. Rittmeister Kaden bewegt sich dabei zu Pferd. Er erkundet mal den Weg, achtet auf die zurückgebliebenen Wagen und ist dann wieder an der Spitze. Dazu muss er schneller sein, als die Kolonne. Und so passiert es. Beim Trab an der Kolonne vorbei stolpert sein Pferd Osterglocke. Es fällt samt Reiter auf die Seite. Kadens Fuß wird gequetscht. Das Pferd ist nicht ernsthaft verletzt, springt wieder auf und trabt los. Kaden hängt mit einem Fuß im Steigbügel und wird über die Straße geschleift. Zum Glück erinnert er sich an den Rat eines Ausbilders und kann sich losmachen.

Ein Stabsarzt und ein Unteroffizier helfen ihm. Das Pferd ist nicht verletzt und so reitet er erst einmal weiter. Später wird er jedoch medizinisch versorgt. Seine Verletzungen müssen verbunden werden. Ein Arzt weist am 2. Dezember Kadens Abgabe an einen Lazarettzug an. Nach einigen Schwierigkeiten und der Zahlung von Schmiergeld an ungarische Eisenbahnbeamte kommt er endlich vom Bahnhof weg. Mit einem Lazarettzug gelangt er nach Plauen, wo er noch einige Zeit in einem Lazarett zubringt.

Die Entlassung findet am 21. Dezember statt. So ist er auch nicht dabei, als am 18. Dezember 1918 die heimkehrenden Fronttruppen in Dresden einziehen. Das ist der letzte öffentliche Auftritt der Sächsischen Armee, nunmehr ohne Chef, in der Hauptstadt Sachsens, die nicht mehr Residenz ist. Kaden fährt allein aus Plauen ab und erreicht am Abend seine Wohnung. In den nächsten Tagen besucht er seine Großmutter, andere Verwandte und Freunde. Noch sind Verbandswechsel vorzunehmen. Ein Besuch bei der 219. Infanteriedivision bringt keinen Erfolg, alle wichtigen Leute sind auf Weihnachtsurlaub. Lebensmittelkarten müssen besorgt werden.

Er feiert im vertrauten Kreis Weihnachten und erfährt am nächsten Tag vom Tod seiner Großmutter, die noch vor dem Jahreswechsel beigesetzt wird. Im neuen Jahr gelingt ihm dann ein Besuch bei seiner Division. Verschiedenes wird geklärt. Aber er muss noch einmal hin, die Gasmaske abgeben. Er besucht Geheimrat Bienert, lässt sich als Wähler registrieren und nimmt an der Wahl zur Nationalversammlung vom 19. Januar teil. Nach den neuen Gesetzen ist das möglich, obwohl er noch Soldat ist. Diese hatten bisher kein Wahlrecht. Am 25. Januar trifft der Entlassungsschein ein.

Rittmeister der Reserve Kaden begibt sich am 28. Januar zur 219. Infanteriedivision. Er gibt sein Soldbuch ab und verabschiedet sich. Danach geht er zur Einwohnermeldestelle. Viereinhalb Jahre Kriegszeit sind für ihn nun vorbei. Viereinhalb Jahre seines Lebens auch. Doch er hat es noch, Millionen andere nicht mehr.

1 Friedrich Salzburg, Mein Leben in Dresden vor und nach dem 30. Januar 1933, Dresden 2001, S. 29 ff.
2 M. Frank-Michael Bäsig, Friedrich Christian Markgraf von Meißen, Dresden 1995, S. 33 f.
3 Erich Kästner, Als ich ein kleiner Junge war, Zürich 2016, S. 10.
4 Dresdner Anzeiger 1914, Nr. 143, S. 5 und 10.
5 Ebd., Nr. 145, S. 5.
6 Dresdner Nachrichten 1914, Nr. 213, S. 3.
7 Kriegstagebuch Arthur Kaden 1914–1919, Band 1, Eintrag vom 4. 8. 1914.
8 Karte Arthur Kadens an seine Großmutter vom 4. 8. 1914.
9 Kriegstagebuch Arthur Kaden 1914–1919, Band 1, Eintrag vom 8. 8. 1914.
10 Karte Arthur Kadens an seine Großmutter vom 9. 8. 1914.
11 Brief Arthur Kadens an Dr. Groß, 22. 9. 1914.
12 Kriegstagebuch Arthur Kaden 1914–1919, Band 1, Eintrag vom 3. 9. 1914.
13 Ebd., Eintrag vom 7. 9. 1914.
14 Ebd., Eintrag vom 9. 11. 1914.
15 Kriegstagebuch Arthur Kaden 1914–1919, Band 2, Eintrag vom 4. 4. 1915.
16 Ebd., Eintrag vom 30. 4. 1915.
17 Kriegstagebuch Arthur Kaden 1914–1919, Band 3, Eintrag vom 15. 5. 1915.
18 Kriegstagebuch Arthur Kaden 1914–1919, Band 4, Eintrag vom 1. 1. 1916.
19 Brief Arthur Kadens an Dr. Groß, 26. 11. 1916.
20 http://gedichte.xbib.de/McCrae%2C+John_gedicht_Auf+Flanderns+Feld.htm
21 Kriegstagebuch Arthur Kaden 1914–1919, Band 7, Eintrag vom 28. 6. 1917.
22 Ebd., Eintrag vom 10. 8. 1917.
23 Karte Arthur Kadens an Gerty Kaden vom 7. 11. 1917.
24 Brief Arthur Kadens an Gerty Kaden vom 15. 11. 1917.
25 Brief Arthur Kadens an Rudolf Kaden vom 29. 11. 1917.
26 Kriegstagebuch Arthur Kaden 1914–1919, Band 8, Eintrag vom 28. 11. 1917.
27 Ebd., Eintrag vom 1. 12. 1917.
28 Weihnachtswünsche der Firma Bienert für ihre Mitarbeiter 1917.
29 Kriegstagebuch Arthur Kaden 1914–1919, Band 9, Eintrag vom 25. 9. 1918.
30 Ebd., Eintrag vom 3. 10. 1918.
31 Ebd., Eintrag vom 14. 10. 1918.
32 Ebd., Eintrag vom 29. 10. 1918.
33 Ebd., Eintrag vom 9. 11. 1918.
34 Ebd., Eintrag vom 11. 11. 1918.
35 Ebd., Eintrag vom 14. 11. 1918.
36 Ebd., Eintrag vom 22. 11. 1918.

Matthias Donath

Die Abdankung des letzten sächsischen Königs

Es ist nur eine kurze Notiz, fünf lapidare Worte auf einfachem Papier: »Ich verzichte auf den Thron.«[1] Mit dieser äußerst knappen Bemerkung, datiert auf den 13. November 1918 und signiert von Friedrich August III. (1867–1932), endete die Königsherrschaft in Sachsen.[2] Der König selbst erkannte an, dass die Monarchie zu Ende gegangen war, nachdem die Novemberrevolution innerhalb weniger Tage die vermeintlich festgefügte Herrschaftsordnung umgestürzt hatte. Die Revolutionäre hatten die Monarchie für beendet erklärt und am 10. November 1918 in Dresden, im Zirkus Sarrasani, die »Republik Sachsen« ausgerufen. Ein zweites Papier, das der König separat unterzeichnete und von Minister Dr. Rudolf Heinze (1865–1928), dem Vorsitzenden des Gesamtministeriums, gegenzeichnen ließ, trug dazu bei, dass sich der Machtwechsel ohne größeren Widerstand und ohne Blutvergießen vollzog. Es hatte folgenden Wortlaut: »Ich entbinde Meine sämtlichen Beamte, Offiziere, Geistliche und Lehrer von dem Mir geleistete Treueide und fordere sie auf im Interesse des Vaterlandes ihren Dienst weiter zu versehen.«[3] Indem der Monarch die Staatsbeamten und Offiziere aufforderte, der neuen Regierung den Dienst nicht zu verweigern, machte er deutlich, dass gegen die Republik kein Widerstand zu leisten war. Rudolf Heinze teilte den Inhalt der beiden Papiere, deren Originale im Besitz des abgedankten Königs blieben, umgehend seinem Kabinett mit, welches dem Vereinigten revolutionären Arbeiter- und Soldatenrat in Dresden davon Mitteilung gab. Dieser wiederum erstellte eine Pressemeldung, welche die Zeitungen in Sonderblättern sofort veröffentlichten. Demnach hatte Dr. Walter Koch (1870–1947), Minister des Innern, am 13. November 1918 um 19.30 Uhr dem Vereinigten revolutionären Arbeiter- und Soldatenrat folgende Mitteilung zugestellt:

»Auf die heute früh mündlich an Seine Exzellenz den Herrn Finanzminister gerichtete Anfrage teile ich mit, daß Seine Majestät der König auf den Thron verzichtet hat. Gleichzeitig hat Seine Majestät alle Offiziere, Beamten, Geistliche und Lehrer von dem ihm geleisteten Treueid entbunden und sie gebeten, im Interesse des Vaterlandes auch unter den veränderten Verhältnissen ihren Dienst weiter zu tun.«[4] Damit war der Umsturz unumkehrbar geworden: Die Königsherrschaft war beendet, eine Fortführung in neuer Gestalt, etwa mit einem anderen König, nicht zu erwarten. Wie war es zu dieser Situation und zu dieser Entscheidung des Königs gekommen?

Links: König Friedrich August III. von Sachsen, Postkarte, o. J.

»Ich verzichte auf den Thron«, Abdankung Friedrich Augusts III. vom 13. November 1918.

Lebensmittelkarte für Brot bzw. Mehl, Mai/Juni 1918.

Rechts: Kammerdiener Hohlfeld in Strehlen, Foto von Ermenegildo Antonio Donadini, um 1892.

Im Sommer 1918 ging der Weltkrieg ins fünfte Jahr. Tausende Sachsen waren bereits gefallen oder verwundet worden, hinter den Soldaten an der Front und ihren Angehörigen in der Heimat lagen entbehrungsreiche Jahre. Der Mangel an Lebensmitteln bestimmte den Alltag. Die meisten hofften auf ein Ende des Krieges durch einen Sieg der Mittelmächte. 1918 schien dieser Siegfrieden zum Greifen nahe, nachdem in Russland die Bolschewisten die Macht ergriffen, einen Waffenstillstand erbeten und am 3. März 1918 den Friedensvertrag von Brest-Litowsk unterzeichnet hatten, der den Ersten Weltkrieg im östlichen Europa beendete.

Der sächsische Königshof vor 1918
König Friedrich August III. von Sachsen war nominell Oberbefehlshaber der königlich-sächsischen Armee und preußischer Generalfeldmarschall, hatte aber zu Beginn des Krieges als einziger der vier deutschen Könige darauf verzichtet, den Oberbefehl über seine Armee auszuüben. Er blieb in Sachsen und reiste nur zu gelegentlichen Frontbesuchen zu »seinen Sachsen«, die »im Felde« standen. Sein Lebensalltag blieb weitgehend so, wie er vor Beginn des Krieges gewesen war.[5]

Wenn es ging, besuchte der König täglich die Heilige Messe. Sie wurde von einem seiner Hofprediger, Franz Müller (1876–1934) oder Heinrich Infalt, gehalten. Der König selbst war ein frommes und glaubensstrenges Glied der römisch-katholischen Kirche. Er hatte diese Prägung in seiner Kindheit erfahren und gab sie an seine Kinder weiter. Der König war Souverän und Staatsoberhaupt, aber führte nicht die Regierungsgeschäfte. Das war Aufgabe des Gesamtministeriums, das sich aus den vom König berufenen Ministern zusammensetzte. Der König war laut Verfassung zwar der Vorsitzende des Gesamtministeriums, aber in der Praxis übertrug er diesen Vorsitz stets an einen Fachminister. Der Vorsitzende des Gesamtministeriums war der Regierungschef. Einen Ministerpräsidenten gab es im Königreich Sachsen nicht. Die Minister hatten sich beim König regelmäßig zu Ministervorträgen einzufinden, wo sie die aktuelle Lage vorstellten. Dadurch war der König über die Grundzüge des Regierungshandelns informiert, in das er aber nicht aktiv eingriff. Wenn das Gesamtministerium tagte, nahm der König mitunter an der Sitzung teil. Grundsätzlich war der König das Staatsoberhaupt, ja er verkörperte den Staat, aber alle Aufgaben in Politik, Verwaltung und Armee waren an Minister und Fachbehörden übertragen. Dem König war allein die Aufgabe geblieben, sein Königreich zu repräsentieren. Das tat er, indem er andere Monarchen im In- und Ausland besuchte oder den Städten und Gemeinden seines Königreichs Besuche abstattete.

Von den Tagesgeschäften der Regierung befreit, konnte der König so agieren, wie es traditionell von einem Monarchen erwartet wurde. Er und seine Familie lebten in der abgeschotteten Welt des Königshofes. Da der König die Spitze der ständisch gegliederten Gesellschaft darstellte, hatte er sich im Leben und Handeln von den niederen Ständen zu unterscheiden. Der Hof hatte dafür ein System von Regeln geschaffen, die der Distinktion des Königs dienten. Friedrich August III. hatte diese vormodernen Normen verinnerlicht und lebte sie. Dazu gehörte es, die Speisen bei »Tafel« einzunehmen, deren Ablauf streng geregelt war und zu denen Angehörige des Hofes, in diesem Fall die Pagen und Kammerherren, »Tafeldienst« leisteten. Regelmäßig traf der König mit den Inhabern der Hofämter zusammen, die keine wirkliche Macht hatten, aber das jahrhundertealte Zeremoniell aufrechterhielten. Der Hofstaat stand unter der Leitung des Oberhofmarschalls Hilmar

Freiherr von dem Bussche-Streithorst (1853–1918). Nachdem dieser gestorben war, übernahm Hausmarschall Georg von Metzsch-Reichenbach (1864–1931), der Neffe des Ministers des Königlichen Hauses Georg Graf von Metzsch-Reichenbach (1836–1927), am 6. November 1918 dieses Amt. Ihm unterstanden Hofchargen wie der Oberhofjägermeister oder der Oberstallmeister. Zudem hatte der König ständige Begleiter, die die Verbindung zur sächsischen Armee sicherstellen sollten, die persönlichen Adjutanten. Diese Offiziere, meist aus altem sächsischen Adel und im Generalsrang, gehörten durch ihre ständige Anwesenheit praktisch zur erweiterten Familie des Königs.

Ein traditionelles Herrschaftssymbol des Königs war die Jagd. Die Bejagung des Wilds in den Staatsforsten demonstrierte die Ausübung der Macht über Tiere und Menschen, hatte also eine staatsrechtliche Bedeutung. Darüber hinaus konnten die Herrscher aber selbst eine Leidenschaft für die Jagd entwickeln. So war Friedrich August III. genauso wie sein Onkel Albert ein passionierter Jäger. Jagd war seine größte Leidenschaft, ein Großteil seines alltäglichen Handelns und Denkens war mit der Jagd verbunden und auf sie ausgerichtet. Auch während des Krieges übte er fortwährend seine Jagdleidenschaft aus. Darüber hinaus war Friedrich August auch ein leidenschaftlicher und erfahrener Reiter. Wenn es möglich war, brach er zu Ausritten in die Umgebung seiner Wohnsitze auf.

Die Wohnorte des Königs wechselten, doch war es eine begrenzte Anzahl an Orten. Bewohnt wurden das Königliche Residenzschloss in Dresden, die Königliche Villa in Dresden-Strehlen sowie die Königlichen Villen in Wachwitz und Hosterwitz bei Dresden, die mehr privaten Charakter hatten. Bei Jagden wurden auch das Jagdschloss Wermsdorf und das Jagdschloss Rehefeld im Osterzgebirge aufgesucht, seltener das Schloss Moritzburg. Regelmäßige Jagdaufenthalte führten den König nach Sibyllenort in Schlesien. Schloss und Herrschaft Sibyllenort nördlich von Breslau waren seinem Onkel Albert durch die Erbschaft des kinderlosen Herzogs Wilhelm von Braunschweig-Lüneburg-Oels (1806–1884) zugefallen. An dem Ort, an dem sich der König aufhielt, wurde »das Hoflager aufgeschlagen«, was bedeutete, dass der Sitz des Hofes dorthin verlegt wurde. Insofern waren Elemente der mittelalterlichen Reiseherrschaft, die von einem ständigen Umherziehen des Landesfürsten geprägt war, bis zum Ende der Monarchie erhalten geblieben. Unterbrechungen in der Abfolge der Hoflager brachten die Familienurlaube des Königs, die auch während des Weltkriegs beibehalten worden waren. So hatte der alleinerziehende Vater mit seinen Töchtern den Urlaub vom 13. bis 26. August 1918 in Oberstdorf im Allgäu verbracht.[6]

Leibjäger, Gemälde der Prinzessin
Mathilde von Sachsen, o. J.

Rechts: Vorzimmer im Palais Zinzendorfstraße,
Gemälde der Prinzessin Mathilde von Sachsen, o. J.

Drohende Niederlage im Ersten Weltkrieg und zaghafte Reformversuche

Im Frühherbst des Jahres 1918 verschlechterte sich die militärische Lage der Mittelmächte dramatisch. Im September und Oktober 1918 erlitten die Verbündeten des Deutschen Reiches desaströse Niederlagen. Nach einer Großoffensive an der mazedonischen Front, bei der die bulgarische Armee vernichtend geschlagen worden war, ersuchte die bulgarische Führung am 25. September 1918 die Alliierten um Einstellung der Kampfhandlungen und kapitulierte schließlich. Zar Ferdinand I. (1861–1948) aus dem Haus Sachsen-Coburg und Gotha dankte am 3. Oktober 1918 ab.[7] Friedrich August III. war der letzte Monarch, der ihn besucht hatte. Seine letzte Auslandsreise als König hatte ihn vom 13. bis 19. September, also bereits während der französischen und serbischen Offensive gegen Bulgarien, in die bulgarische Hauptstadt Sofia geführt.[8] Als der Königliche Salonwagen am 20. September 1918 morgens um 7.00 Uhr auf dem Hauptbahnhof in Dresden eintraf, ging es weiter wie zuvor: Tafel, Empfänge, Ausritte, Ministervorträge – und die Jagd. Dass es in Dresden am 14. September zu Hungerkrawallen gekommen war und sich eine große Menschenmenge zu Protesten auf dem Schützenplatz eingefunden hatte, mag der König vielleicht wahrgenommen haben, aber es spielte in seinem von Ritualen geprägten Auftreten und Handeln keine Rolle.

Am 21. September 1918 erlegte der König in der Sächsischen Schweiz, im Revier am Zeughaus, zwei Rothirsche, einen ungeraden 8-Ender und einen 12-Ender. Am 23. September schoss er im gleichen Revier, nachdem er in Schandau im Königlichen Salonwagen übernachtet hatte, einen 16-Ender. Dann setzte er die Jagd im Hinterhermsdorfer Revier fort, wo er auf Abendpirsch ging.

Am 22. September 1918 stießen auf dem Bahnhof Dresden-Neustadt zwei Schnellzüge der Königlich Sächsischen Staatseisenbahnen zusammen. 18 Menschen starben, weitere 118 wurden verletzt. Der König ließ sich am Morgen des 24. September darüber von seinem Finanzminister Ernst von Seydewitz (1852–1929) informieren, äußerte sich aber nicht zum Eisenbahnunfall und eilte auch nicht zur Unglücksstelle. Stattdessen brach der König zur Pirsch im Ottenhainer Revier auf.

Nach der Übernachtung in Wachwitz jagte er in der Dresdner Heide, im Langebrücker Revier, wo er einen 10-Ender erlegte. Am 26. September wurde die Jagd im Ullersdorfer Revier fortgesetzt. Hier kam ein 16-Ender zur Strecke. Nach der Übernachtung im Salonwagen in Schandau folgte die Pirsch im Revier am Zeughaus. Die folgenden beiden Tage waren mit Pirschgängen in der Dresdner Heide gefüllt, ohne dass jedoch ein Hirsch erlegt wurde. Zwei festliche Tafeln unterbrachen die Herbstjagd, die am 30. September und 1. Oktober im Rehefelder Revier fortgesetzt wurde. Am Morgen des

Links: Villa Strehlen, Salon, Klavierecke mit Ofen, Parterre, Foto von Ermenegildo Antonio Donadini, um 1886.

Oben: Residenzschloss, Postkarte, um 1900.

Unten: Villa Wachwitz, Postkarte, um 1905.

2. Oktober folgte die Jagd im Naundorfer Revier, einem Teil des Tharandter Waldes. Von dort brach der König früh um 8.15 Uhr auf, um in Dresden der Sitzung des Gesamtministeriums beizuwohnen.

Das Kabinett diskutierte über die schon seit einiger Zeit im Raum stehenden Reformen. Bereits im Frühjahr 1918 hatte sich in der Zweiten Kammer des sächsischen Parlaments eine Mehrheit für ein neues Stimmrecht bei den Landtagswahlen gefunden.[9] Mit 43 zu 17 Stimmen verlangten die Abgeordneten von der Regierung die Einführung des allgemeinen, gleichen, direkten und geheimen Wahlrechts und damit die Abschaffung des 1909 eingeführten Pluralwahlrechts. Friedrich Graf Vitzthum von Eckstädt (1863–1944), Staatsminister des Innern und der Auswärtigen Angelegenheiten, zweifelte die Notwendigkeit von Reformen an und hatte den Antrag über Monate unbearbeitet liegen gelassen. Die Sitzung am 2. Oktober brachte keine greifbaren Ergebnisse. Anders sah es in Berlin aus, wo am 3. Oktober Prinz Max von Baden (1867–1929) zum Reichskanzler ernannt wurde und durch Verfassungsreformen eine Demokratisierung einleitete. Diese »Oktoberreformen« führten dazu, dass dann auch die sächsische Regierung zu Reformschritten bereit war – indes zu spät, um die Revolution zu verhindern.

Der König brach nach der Sitzung des Gesamtministeriums und den Einzelvorträgen der Minister wieder zur Jagd auf. Die Herbstjagd wurde im Naundorfer Revier und dann in Spechtshausen im Tharandter Wald fortgesetzt. Am 4. Oktober wechselte er zum Jagdschloss Rehefeld. Von dort aus unternahm er mehrere Pirschgänge im Rehefelder und Nassauer Revier. Am 5. Oktober lag ein 10-Ender auf der Strecke. Am 7. Oktober musste Friedrich August die Jagd unterbrechen. In Wachwitz empfing er Dr. Heinrich Gustav Beck (1854–1933), den Kultusminister und Vorsitzenden des Gesamtministeriums, sowie den Innenminister Graf Vitzthum von Eckstädt. Nach den Vorträgen der Minister ging die Jagd am 8. Oktober weiter. Nach einer Pirsch im Tharandter Wald folgte abends eine Jagd in der Dresdner Heide im Langebrücker Revier, wo der König einen 12-Ender erlegte.

Erst nach dem Ende der Jagdsaison wandte sich der König intensiver den drängenden politischen Fragen zu. Er und Kronprinz Georg (1893–1943), der im September nach Dresden zurückbeordert worden war,[10] nahmen am 9. Oktober an der Sitzung des Gesamtministeriums teil, am 14. Oktober empfing der König die Minister zu Einzelvorträgen und am 17. Oktober musste er zur erneut einberufenen Sitzung des Gesamtministeriums nach Dresden reisen. Das unterbrach allerdings die große Gesellschaftsjagd, die der König in Rehefeld veranstaltete und zu der er zahlreiche Jagdgäste eingeladen hatte. Friedrich August erlegte einen kapitalen Rothirsch mit zwölf Enden, weitere sieben Stück Rotwild, einen Rehbock, einen Fuchs und einen Hasen. Wegen des schlechten Wetters musste die Jagd am 18. Oktober im Nassauer Revier abgesagt werden.

Während sich die militärische Lage der Mittelmächte weiter zuspitzte, veränderte sich auch die politische Situation in Sachsen. Nachdem Sozialdemokraten und Nationalliberale bereits im Mai für die Einführung des allgemeinen und gleichen Wahlrechts (noch war nur an Männer gedacht) gestimmt hatten, schlossen sich am 21. Oktober auch die Konservativen dieser Forderung an. Damit hatte die Regierung jeglichen parlamentarischen Rückhalt verloren. Die SPD forderte den Rücktritt der Minister, um Reformen möglich zu machen. Das Gesamtministerium diskutierte am 23. Oktober im Beisein des Königs die neue Lage. Schließlich erklärten Kultusminister Dr. Beck und Finanzminister von Seydewitz, ihre Ämter freiwillig niederlegen zu wollen, was diese am 24. und 25. Oktober vollzogen. In Anerkennung seiner Verdienste als Regierungschef wurde Dr. Beck in den erblichen Adelsstand erhoben. Es war die letzte Nobilitierung, die Friedrich August III. von Sachsen vornahm. Innen- und Außenminister Graf Vitzthum von Eckstädt weigerte sich, zurückzutreten. Weil die Reformkräfte aber jegliche Zusammenarbeit mit ihm ablehnten und so eine Entlassung unvermeidlich erschien, traf der König am 26. Oktober eine Entscheidung – nachdem er in Moritzburg einen Damhirsch erlegt hatte. Er bestellte Graf Vitzthum von Eckstädt und den Justizminister Dr. Rudolf Heinze (1865–1928), der erst am 13. Juni 1918 sein Amt angetreten hatte, zu sich ein. Vitzthum wurde entlassen und Heinze zum Vorsitzenden des Gesamtministeriums berufen. Der nationalliberale Dr. Heinze, der wegen seines Eintretens für die Beendigung des Krieges in der Bevölkerung einen guten Ruf besaß, berief ein neues Kabinett. Kriegsminister Victor von Wilsdorf (1857–1920), der ohnehin der Armeeführung unterstellt war, blieb im Amt, Dr. Walter Koch (1870–1947) wurde Innenminister, Dr. Max Otto Schröder (1858–1926) Finanzminister und Alfred von Nostitz-Wallwitz (1870–1953) Kultusminister. Die neuen Fachminister wurden am 28. Oktober 1918 vom König verpflichtet. Um der liberalen und sozialdemokratischen Opposition ent-

Links oben: Waidmannsheil! König Friedrich August III. als Jäger vor Schloss Rehefeld, Postkarte, o. J.

Links unten: Rudolf Heinze, Vorsitzender des Gesamtministeriums, o. J.

Prinzessin Margarete von Sachsen (1900–1962), Bildnis, o. J.

gegenzukommen, erweiterte Heinze das Kabinett um vier Minister ohne Geschäftsbereich. So traten die beiden Sozialdemokraten Julius Fräßdorf (1857–1932) und Max Heldt (1872–1933), später sächsischer Ministerpräsident, in die Regierung ein. Die neuen Minister Oscar Günther (1861–1945) und Emil Nitzschke (1870–1921) gehörten dem linksliberalen Lager an. Damit hatte das Königreich Sachsen erstmals eine Regierung erhalten, in der die adligen Minister nicht mehr die Mehrheit stellten und die von liberalen und nicht von konservativen Kräften geprägt war. Erstmals waren Sozialdemokraten an der Regierung beteiligt. Dr. Heinze kündigte in seiner Regierungserklärung am 5. November die Einführung des allgemeinen und gleichen Wahlrechts bei den Landtagswahlen, die Umformung der Ersten Kammer des Landtags in ein berufsständisches Parlament und Reformen in Schule und Verwaltung an.[11] Aber dieses zaghafte und zu späte Entgegenkommen konnte den Umsturz nicht mehr aufhalten. Die Führung der SPD wollte Reformen, aber keine Revolution, doch hatte sie im Herbst 1918 nur noch einen Teil der Arbeiterschaft hinter sich. Viele Unzufriedene hatten sich in der 1917 gegründeten Unabhängigen Sozialdemokratischen Partei (USPD) gesammelt, die eine linksradikale Ausrichtung hatte und den Sturz des Kaisers und der Monarchen forderte. Das sprachen die USPD-Führer ganz offen aus. Bei der Landtagssitzung am 5. November gaben sie zu Protokoll, eine echte Demokratisierung vertrage sich nicht mit der Monarchie. Diese werde über kurz oder lang verschwinden.[12]

Am 28. Oktober 1918 streckte der König in Moritzburg einen Damschaufler. Am nächsten Vormittag ging er dort nochmals auf die Pirsch, reiste aber dann nach Wachwitz, wo, wie in jedem Herbst, die Fasanenjagd anstand. Friedrich Augusts Jagdstrecke umfasste vier Fasanen, drei Hasen und zwei Kaninchen. Die herbstliche Jagd auf Fasanen wurde am 30. Oktober in Jahnishausen bei Riesa, einem Rittergut im Privatbesitz des Königs, fortgesetzt. Auf Jahnishausener Flur schoss der Monarch 48 Fasanen.

Unterdessen hatte sich die politische und militärische Lage zugespitzt. Österreich-Ungarn stand vor dem Auseinanderbrechen. Kaiser Karl I. (1887–1922) hatte mit seinem Manifest vom 16. Oktober 1918 wenigstens die österreichische Reichshälfte zu retten versucht, indem er die Umwandlung in einen Bundesstaat mit weitgehender Autonomie für die einzelnen Nationen versprach. Doch die Lage war nicht mehr zu beherrschen. Am 24. Oktober eröffneten italienische Truppen an der Alpenfront eine Großoffensive, bei der sie die Stellungen der k.u.k-Armee überrannten. Diese verweigerte den Befehl zum Gegenangriff und löste sich innerhalb weniger Tage faktisch auf. Am 28. Oktober riefen Vertreter tschechischer Parteien in Prag die Tschechoslowakische Republik aus, am 29. Oktober folgte die Ausrufung des Staats der Slowenen, Kroaten und Serben. Das Königreich Ungarn beendete zum 31. Oktober die Union mit Österreich und rief seine Truppen aus Italien zurück. So musste das zerfallende Habsburgerreich am 3. November einen Waffenstillstand unterzeichnen. Dem Deutschen Reich drohte nach der Niederlage der Verbündeten – auch das Osmanische Reich hatte kapituliert – ebenfalls der Zusammenbruch. Die Oberste Heeresleitung war bereits im August 1918 zur Erkenntnis gelangt, dass der Krieg nicht mehr zu gewinnen war. Am 2. September zogen sich die Deutschen auf die sogenannte Siegfriedstellung[13] zurück. Diese Frontlinie konnte trotz des Kriegseintritts der USA und neuer amerikanischer Offensiven bis zum Kriegsende weitgehend gehalten werden. Doch waren die deutschen

Soldaten aufgrund der hohen Verluste und dem Mangel an Nahrungsmitteln kaum noch motiviert. Reserven waren nicht vorhanden, während die Alliierten ihre materielle und personelle Überlegenheit ausspielen konnten. Die aussichtslose Lage hatte dazu geführt, dass Erich Ludendorff (1865–1937), Chef der Obersten Heeresleitung, entmachtet und schließlich entlassen worden war und Reichskanzler Georg Graf von Hertling (1843–1919), der demokratische Reformen ablehnte, zurücktrat. Der neue Reichskanzler Prinz Max von Baden versuchte, den Alliierten und der unzufriedenen Bevölkerung durch einen Wandel des Regierungssystems entgegenzukommen. Durch Verfassungsreformen, die am 28. Oktober in Kraft traten, erreichte er eine Demokratisierung des Deutschen Reichs und eine Stärkung des Parlaments.

Diese Reformen machten sich aber weder bei den Soldaten noch bei der einfachen Bevölkerung bemerkbar, die unter dem Mangel an Nahrungsmitteln litt und kriegsmüde war. Der Zusammenbruch der alten Herrschaftsordnung begann Ende Oktober 1918 mit den ersten Befehlsverweigerungen deutscher Soldaten. Am 27. Oktober weigerten sich deutsche Matrosen, mit ihrem Schlachtschiff einen Angriff zu unternehmen. Nach der Rückkehr der Flottengeschwader in ihre Heimathäfen brach am 1. November der Kieler Matrosenaufstand aus, der in die Novemberrevolution mündete. Innerhalb weniger Tage erreichte sie die größeren Städte im Deutschen Reich.

Im sächsischen Königshaus war man sich bereits vor Ausbruch der Revolution bewusst, dass Deutschland und Sachsen auf eine Niederlage und gesellschaftliche Umbrüche zusteuerten. Prinzessin Margarete notierte am 25. Oktober in ihr Tagebuch: »Papa ist in tiefen politischen Sorgen. […] Der politische Himmel ist düster. […] Dunkel ist es ringsumher, und man meint, es hätte sich alles Elend gestaut, um wie ein Wasserfall über uns hereinzubrechen. In Sachsen haben wir einen tiefen Schritt zur Parlamentarisierung und zur Trennung von Kirche und Staat getan. Immer stärker brüllt man im Reichstag von der Abdankung des Kaisers. Zentrum und Nationalliberale sind

still und lassen die ungleiche Debatte zwischen Konservativen und all den neuen Schattierungen von Sozis laufen.« Ihr Bruder, Kronprinz Georg, sehe »einer schwarzen Zukunft entgegen. Er sieht uns bald in der Schweiz.« Er erwarte die Abdankung des Kaisers.

Revolution in Sachsen

Die Revolution erreichte Sachsen am 6. November[14] – nur einen Tag, nachdem die neugebildete Regierung, der auch zwei sozialdemokratische Minister angehörten, auf der 71. Sitzung der Zweiten Kammer des sächsischen Landtags der Volksvertretung vorgestellt worden war. In der Fliegerkaserne in Großenhain wählten rund 3 000 Soldaten den ersten Soldatenrat in Sachsen. Weitere Soldatenräte an anderen Standorten der sächsischen Armee folgten. Das bedeutete, dass die Soldaten die Befehlsgewalt der Offiziere nicht mehr anerkannten. Wie in Königsbrück mussten die Offiziere sogar ausdrücklich anerkennen, dass die vollständige Kommandogewalt an den Soldatenrat übergegangen war. Damit war es unmöglich geworden, Militäreinheiten zur Niederschlagung der Revolution einzusetzen. Meuternde Soldaten zogen in die Städte, wo sich unzufriedene Menschen, überwiegend Arbeiter, den Aufständischen anschlossen. In den Abendstunden des 7. November fanden sich in Dresden erstmals größere Menschenmengen zusammen, die ihre Unzufriedenheit zum Ausdruck brachten. Prinzessin Margarete notierte: »Auf der Pragerstraße war man erregt. Gruppen von politisierenden Männern standen herum. […] Die Stimmung ist schlecht.« Am 8. November kam es in Leipzig, Chemnitz

Links: Georg Graf von Metzsch-Reichenbach, Minister des Königlichen Hauses, Gemälde von Johannes Mogk, 1908, Öl auf Leinwand.

Mütze und Armbinde des Arbeiter- und Soldatenrats Dresden.

und Dresden zu Massenunruhen, Demonstrationen und Plünderungen. Am Abend des 8. November hatte der Arbeiter- und Soldatenrat in Leipzig die Kontrolle über die Armee und die Polizei. Auch in Dresden bildeten die revolutionären Kräfte einen provisorischen Arbeiter- und Soldatenrat. Das sächsische Innenministerium berichtete am 9. November: »Gestern abend in Dresden Unruhen von Massen meuternder Soldaten. Hauptwache, Generalkommando, Schützenkaserne, Hauptbahnhof besetzt. Menge setzte Entlassung der wegen leichter Straftaten Verhafteter durch. Ein Waffenladen wurde geplündert. Im Hotel Deutscher Hof Türen eingeschlagen, um nach Offizieren zu suchen, denen Achselstücke abgerissen und Waffen abgenommen wurden. Unruhen dauerten bis 4 Uhr früh. Heute Gruppen meuternder Soldaten an den Haltestellen der Straßenbahn, um Offiziere herauszuholen und zu entwaffnen.«[15] Die sozialdemokratische »Dresdner Volkszeitung« berichtete: »Am 8. November wälzte sich die revolutionäre Welle auch über Dresden. In den Abendstunden war auf dem Altmarkt eine große Menschenmenge versammelt, auch viele Soldaten. Um 8 Uhr[16] formierten sich nach Aufforderung einige Trupps Soldaten und zogen an der Spitze einer großen Menge durch die Schloßstraße nach der Brücke, Arbeiter und Soldaten auffordernd, Waffen und Kokarden abzugeben. Auf der Neustädter Seite wurde die Wache aufgefordert, sich zu ergeben. Als dies nicht gleich geschah, wurden die Gitter überstiegen, worauf kein Widerstand mehr erfolgte. Die Wachmannschaft trat an die Spitze der Demonstranten, und die Menge zog zum Festungsgefängnis, öffneten die Tore, befreiten die Gefangenen (keine Schwerverbrecher). [...] Die gewaltige Menschenmenge zog nach der Kommandantur in der großen Klostergasse, wo die Abordnung ohne weiteres Einlaß fand. Dort wurde nach längerem Verhandeln der provisorische Arbeiter- und Soldatenrat gebildet und eine Erklärung beschlossen.«[17]

Bis zum 8. November hatten der König und seine engste Umgebung gehofft, der Revolution entgehen zu können. Bis dahin hatte der Hof an den vertrauten Ritualen festgehalten, und der Tagesablauf des Königs war unverändert geblieben. Noch am 5. November war der Monarch zur Fasanenjagd nach Jahnishausen gereist. Friedrich August unternahm Ausritte und Ausfahrten mit Prinzessin Margarete, tafelte und trank Kaffee im Bärengarten des Dresdner Residenzschlosses, denn der Hof war am 5. November offiziell nach Dresden verlegt worden. Prinzessin Margarete besuchte am 7. November abends das Theater, während der König mit seinem Generaladjutanten Generalmajor Georg Freiherr O'Byrn (1864–1942) und seinem Oberstallmeister Georg Martin von Römer Skat spielte. Am 8. November traf nachmittags die Nachricht von der Ausrufung der Republik in München ein, und zugleich wurde deutlich, dass auch in Dresden die Revolution nicht mehr aufzuhalten war. In den Straßen sammelten sich Menschen, und es wurde bekannt, dass die Menge auf den Theaterplatz und damit vor das Schloss ziehen wolle. »Ausbruch der Revolution«, vermerkte das Tagebuch des diensttuenden Generaladjutanten des Königs. Friedrich August III. rief um 17.00 Uhr im Dresdner Residenzschloss eine Krisensitzung ein. Laut dem Tagebuch des Generaladjutanten waren zunächst Justizminister und Regierungschef Dr. Heinze, Kriegs-

Conrad Felixmüller, Der Agitator Otto Rühle spricht, Replik eines 1920 entstandenen Gemäldes, 1946, Staatliche Museen zu Berlin, Nationalgalerie.

Rechts: Letzter Eintrag im Hofjournal des Residenzschlosses Dresden, 10. November 1918.

minister von Wilsdorf, Innenminister Dr. Koch und der Minister des Königlichen Hauses, Graf von Metzsch-Reichenbach, beim König. Dann wurde die Runde um Generaladjutant O'Byrn, Oberhofmarschall Georg von Metzsch-Reichenbach und Oberstallmeister von Römer erweitert. Walter Fellmann behauptet, es seien das gesamte Kabinett, der Stadtkommandant von Dresden und der kommandierende General des XII. Armeekorps zugegen gewesen, was sich jedoch anhand des Tagebuchs des Generaladjutanten nicht bestätigen lässt.[18] Auch Kronprinz Georg war offenbar nicht anwesend. Die Beratung ergab, dass die Kommandeure keine Befehlsgewalt mehr über die Armee hatten. Den Vorschlag, die Revolution mit königstreuen Truppenteilen niederzuschlagen, wies der König zurück. Er untersagte es, gegen die Revolutionäre Waffengewalt anzuwenden. Dies ist durch mehrere Berichte belegt. Das von Dr. Koch geleitete Innenministerium berichtete am nächsten Tag: »Blut ist nicht geflossen, da Seine Majestät der König Waffenanwendung untersagt hat.«[19] Julius Fräßdorf, der bei der Sitzung wohl nicht anwesend war, berichtete später über Friedrich August: »Einfach und schlicht lehnte er den Rat, der Revolution mit Gewaltmitteln zu begegnen, mit den Worten ab, er wolle nicht den eben beendeten Krieg auf der Schloßstraße fortsetzen.«[20]

Nach Gesprächen mit den anwesenden Hofchargen rief der König die Mitglieder des Königshauses zu sich, die inzwischen im Residenzschloss eingetroffen waren. An der Unterredung nahmen Prinz Johann Georg (1869–1933), der Bruder des Königs, Johann Georgs Gemahlin Maria Immaculata (1874–1947), Prinzessin Mathilde (1863–1933), die Schwester des Königs, sowie Prinzessin Margarete (1900–1962) teil, die als einziges Kind des Königs in Dresden weilte. Kronprinz Georg war nicht anwesend, die Prinzen Friedrich Christian (1893–1968) und Ernst Heinrich (1896–1971) befanden sich im Kriegseinsatz und die Prinzessinnen Maria Alix (1901–1990) und Anna Monica Pia (1903–1976) waren in München zu Gast. Der König sorgte sich um seine nächsten Angehörigen, insbesondere um die Töchter, die in München geblieben waren, aber auch um seine eigene Person. Bei einem Sieg der Revolution hatte er mit einer Vertreibung, möglicherweise gar mit Misshandlung oder Erschießung zu rechnen, denn auch die russische Zarenfamilie war nach ihrer Entmachtung am 17. Juli 1918 getötet worden. So wurde beschlossen, den Monarchen und die im Residenzschloss verbliebene Königstochter Margarete außerhalb von Dresden in Sicherheit zu bringen. Man hoffte, so Zeit zu gewinnen. Angeblich soll Friedrich August gesagt haben: »Wo soll ich denn hingehen? Wir Wettiner haben doch nichts Rechtes! In Rehefeld pfeift der Wind durch die dünnen Wände, in Hubertusburg ist noch nicht einmal elektrisches Licht und in Moritzburg steht einem das Wasser bis an den Hals.«[21] Dennoch wurde als erstes Fluchtziel Moritzburg ausersehen. Um 22.00 Uhr, im Schutz der Dunkelheit, verließen der König, sein Generaladjutant Freiherr O'Byrn, Prinzessin Margarete und ihre Hofdame Maria Freiin von Oer (1885–1986) das Residenzschloss durch den Bärengarten an der Sophienstraße. Von dort liefen sie zum Stallhof, wo der Chauffeur mit einem königlichen Automobil auf sie wartete. Die Königsstandarte wurde nicht am Auto angebracht,

Sonnabend, den 2. November:

Seine Majestät der König brach nach einem Ritt in der Heide gegen 3/4 11 Uhr im Residenzschloss ein und erledigte von 11 Uhr ab Regierungsgeschäfte.

12½ Uhr kehrte Allerhöchstderselbe nach Wachwitz zurück.

Sonntag am Tage der Revolution 3. 10. 11. 18.

Am heutigen Tage wird auf dem bisherigen "kgl. Schloss" das Banner der Freiheit, Gleichheit u. Brüderlichkeit gehisst. Es war mittag 12:45 Uhr.

Friedr. A. Jacobi.   Zitzlsperger
Paul Löffner   Richard Richter.
Otto Trödler   Kurt Lietze   O. Sommer
Paul Lorenz   Wolf Uhde   Max Wiesner
Reinh. Donath   Fritz Klein   Willy Raffe
Max Leuschner   Emil Müller
Oskar Richter.   Fritz Nikle   Paul Rösler
Georg Walter   Fritz Nitsche

Links: Bildnis des Königs Friedrich August III. in Silberrahmen, gewidmet Ernst Graf zu Münster. Die Aufschrift lautet: »In dankbarer Erinnerung an den 10. November 1918 und Ihre treuen Dienste in den nächsten Tagen. Friedrich August«.

Unten: General Otto von Tettenborn (1856–1919), Generaladjutant des letzten sächsischen Königs.

Rechts oben: Zirkus Sarrasani, Foto, 1912.

Rechts unten: Amtliches Telegramm des Reichskanzlers Prinz Max von Baden vom 9. November 1918 mit der Mitteilung der Abdankung des Kaisers.

aber ansonsten wäre durchaus zu erkennen gewesen, wer im Auto saß. Die Fahrt ging nach Schloss Moritzburg, wohin am nächsten Tag auch weitere Mitglieder des Hofes kamen.

Prinzessin Margarete schrieb am Abend des 8. November in ihr Tagebuch »Morgen kommt ein entscheidender Tag. Die Sache steht auf Messersschneide – ob Monarchie oder Republik«. Damit hatte sie die Stimmung gut erfasst. Am 9. November organisierten sich die revolutionären Kräfte. Auf dem Theaterplatz fanden sich 15 000 Menschen zu einer Demonstration ein, bei der die Mehrheitssozialdemokraten, die vor wenigen Tagen noch eine Revolution abgelehnt hatten, ihren Arbeiter- und Soldatenrat vorstellten. Ihm gehörten die SPD-Minister Julius Fräßdorf und Max Heldt sowie Georg Gradnauer (1866–1946), Wilhelm Buck (1869–1945) und Albert Schwarz (1876–1929) an. Die Sozialdemokraten plädierten für einen friedlichen Übergang und forderten die Bevölkerung zu Ruhe und Ordnung auf. Damit waren die Linksradikalen, die für einen gewaltsamen Umsturz eintraten, nicht einverstanden. Um ein Gegengewicht zur SPD zu bilden, hielten sie in den Mittagsstunden des 9. November in der »Zentralhalle« am Fischhofplatz eine eigene Versammlung ab. Der Reichstagsabgeordnete und Spartakist Otto Rühle (1874–1943), der bereits am 25. Oktober in Pirna zur bewaffneten Revolution aufgerufen hatte, forderte dort den Sturz der Monarchie, die Zertrümmerung des kapitalistischen Staatsapparates und die Errichtung einer Räterepublik. Mit scharfen Worten wandte er sich gegen die SPD- und Gewerkschaftsführer, mit denen keine Umgestaltung der Gesellschaft zu erreichen wäre. Die Anhänger der USPD und des Spartakusbundes konstituierten in dieser Versammlung den Revolutionären Arbeiter- und Soldatenrat. Obwohl beide Räte unterschiedliche politische Modelle verkörperten, schlossen sie sich am Vormittag des 10. November unter Forderung nach der »Einheit der Sozialisten« zum Vereinigten revolutionären Arbeiter- und Soldatenrat von Groß-Dresden zusammen. Zu Vorsitzenden wurden der SPD-Politiker Albert Schwarz und der Spartakist Otto Rühle berufen. Nach dem Zusammenschluss hielten die Revolutionäre eine Versammlung im Zirkus Sarrasani in Dresden ab. Hermann Fleißner (1865–1939), Vorsitzender der USPD in Sachsen, rief vor rund 6 000 Menschen die »Republik Sachsen« aus. Er verlas die Proklamation: »Die Monarchie hat aufgehört, somit existiert auch die Erste Kammer nicht mehr, und die Zweite Kammer ist aufgelöst; auf der Basis des allgemeinen und direkten Wahlrechts wird eine Nationalversammlung gewählt.«[22] Noch während die Versammlung tagte, begaben sich die beiden Vorsitzenden des Vereinigten revolutionären Arbeiter- und Soldatenrats mit einer Abordnung zu Innenminister Dr. Koch. Die Revolutionäre erklärten die Regierung für abgesetzt, baten die Minister und Beamten aber, im Interesse der Versorgung der Bevölkerung weiter ihren Dienst zu tun. Nach Ende der Versammlung im Zirkus Sarrasani zogen Arbeiter und Soldaten zum Residenzschloss. Generaladjutant Otto von Tettenborn (1856–1919) hatte schon am 9. November die Wachen abziehen lassen, sodass sie niemand am Zutritt hinderte. Die Revolutionäre drangen in das Schloss ein und hissten auf dem Hausmannsturm eine rote Fahne als Zeichen des Sieges der Revolution. In das Hofjournal des Oberhofmarschallamtes wurde eingetragen: »Sontag am Tage der Revolution d. 10. 11. 18. Am heutigen Tage wurde auf dem bisherigen ›königl. Schloß‹ das Banner der Freiheit, Gleichheit und Brüderlichkeit gehißt. Es war mittags 12.45 Uhr.«[23] Es folgten 19 Unterschriften. Sie bildeten den letzten Eintrag im Hofjournal. »Kein General, kein Offizier, kein Hofbeamter widersetze sich den Leuten, die auf dem Turm des Dresdner Schlosses die rote Fahne aufzogen. Widerstandslos unterwarfen sich die Stützen von Thron und Altar, soweit sie sich nicht verkrochen hatten, den neuen Gewalthabern«, konstatierte Fritz Wecker.[24]

Schreibtisch aus dem Besitz von Ulrich Prinz von Schönburg-Glauchau aus Schloss Guteborn, an dem Friedrich August seine Abdankung unterzeichnete.

Rechts: Entbindung der Beamten, Offiziere, Geistlichen und Lehrer vom Treueeid.

Flucht des Königs

Der König und Prinzessin Margarete befanden sich seit dem späten Abend des 8. November im Schloss Moritzburg. Über Hofangehörige und Minister, die von Moritzburg nach Dresden kamen, erfuhren sie vom Fortgang der Revolution. So kam Dr. Heinze, formell noch Regierungschef, nach Moritzburg. Dr. Rudolf Oskar Steinbach, Legationsrat im Außenministerium, wurde nach Moritzburg beordert, um die königliche Familie zu begleiten. Er berichtete von der Konstituierung des Arbeiter- und Soldatenrats am Abend des 8. November. Oberhofmarschall Georg von Metzsch-Reichenbach (1864–1931) teilte mit, dass der Kaiser abgedankt habe und Friedrich Ebert (1871–1925) Reichskanzler werden solle. Nach dem Thronverzicht des Kaisers und Königs von Preußen war die monarchistische Herrschaftsordnung nicht mehr zu halten, auch nicht in den deutschen Bundesstaaten. König Ludwig III. von Bayern (1845–1921) war bereits am 7. November abgesetzt worden. Doch König Friedrich August III. klammerte sich an die Vorstellung, der revolutionäre Spuk gehe vorüber und er könne die Krone behalten. Am Abend des 9. November schrieb Prinzessin Margarete in ihr Tagebuch: »Papa leidet unter dem Zustand, sich verbergen zu müssen. Aber – er will nicht abdanken und deshalb muß man ein Erzwingen verhindern. Gott hilf uns.«

Aufgrund der Nähe Moritzburgs zur Garnisonstadt Großenhain, die sich bereits in den Händen der Revolutionäre befand, riet Dr. Heinze, umgehend Moritzburg zu verlassen. Der König und sein Gefolge reisten am 9. November zu dem königstreuen Großindustriellen Arthur Freiherr Dathe von Burgk (1886–1970) nach Schloss Schönfeld, gelegen in der Amtshauptmannschaft Großenhain. Burgk wollte dem König zwar helfen, riet aber ebenfalls zur Weiterreise. So schickte man einen Boten nach Linz, einem Ort noch weiter nördlich in der Amtshauptmannschaft Großenhain, wo man den Grafen Ernst zu Münster-Meinhövel (1857–1938) bat, den König aufzunehmen. Friedrich August willigte widerstrebend in eine Weiterreise ein, zu der man am Morgen des 10. November um 6.30 Uhr aufbrach. Die Entourage wurde stark verkleinert. In zwei Autos fuhren der König, Prinzessin Margarete, Generaladjutant von Tettenborn, Legationsrat Dr. Steinbach und einige Bedienstete nach Linz, wo der König mit Graf Münster die Lage besprach. Hier erfuhren die Flüchtenden von der Ausrufung der Republik in Berlin. Man war sich einig, dass der König auch in Linz nicht vor den Revolutionären sicher sei. Seine Spur habe bis Schönfeld verfolgt werden können. So sei zu befürchten, dass Revolutionäre die »heilige Person des Königs« ergreifen könnten. Prinzessin Margarete fürchtete sich vor drohender Anarchie. Um die Spuren zu verwischen, wurde beschlossen, über die Landesgrenze ins Königreich Preußen zu wechseln, und zwar nach Guteborn, einem Ort im westlichsten Zipfel der Provinz Schlesien. Guteborn gehörte zum preußischen Anteil des Markgraftums Oberlausitz und war 1815 infolge des Wiener Kongresses an Preußen gefallen. Das Schloss gehörte dem Prinzen Ulrich von Schönburg-Waldenburg (1869–1939), der aber »im Felde« war. So fragte man über den Grafen Münster bei seiner Frau, der Prinzessin Pauline von Schönburg-Waldenburg (1881–1945), an, ob sie bereit sei, den König aufzunehmen. Nach ihrer Zustimmung brach die Reisegesellschaft wiederum in zwei Autos in der Dämmerung nach Guteborn auf, wo man um 19.00 Uhr eintraf. Am Auto des Königs war die Krone übermalt worden, um keine Aufmerksamkeit zu erregen. Auch legten sich der König und seine älteste Tochter neue Namen zu. Ganz in der Tradition der Pseudonyme, die die sächsischen Herrscher auf Reisen geführt hatten, traten beide als Graf und Gräfin Gonsdorf auf – eine Anlehnung an das Rittergut Gönnsdorf bei Pillnitz, ein Privatbesitz des Königs. Die Gastgeberin und die Begleiter wussten natürlich Bescheid, doch gegenüber den Bediensteten sollte die Identität der Gäste verschleiert werden.[25]

In den zwei Tagen in Guteborn wurde der König durch Boten über die Ereignisse in Dresden und Berlin unterrichtet. Die Abgesandten des Oberhofmarschallamts reisten getarnt als Heidespaziergänger. Sie fuhren mit der Eisenbahn von Dresden über Königsbrück nach Schwepnitz und liefen von dort zu Fuß nach Guteborn. Am Morgen des 11. November kam O'Byrn mit aktuellen Zeitungen nach Guteborn. Später trafen Abendzeitungen ein. Sie berichteten vom Waffenstillstand, der am Morgen in Compiègne abgeschlossen worden war. Aus dem Tagebuch geht hervor, dass die Flüchtenden ob dieser Nachrichten verzweifelt waren. Wir wissen aber nicht, ob sie realisierten, dass dieser Waffenstillstand die totale Niederlage Deutschlands im Ersten Weltkrieg bedeutete. Am 12. November sprach Tettenborn mit dem König. Dieser war nicht zur Abdankung bereit und wollte die Offiziere auch nicht von ihrem Eid entbinden. Allenfalls wollte er zusagen, dass sie auch unter einem Soldatenrat ihren Dienst weiter ausüben durften.

Man erwartete Dr. Heinze aus Dresden, der aber erst am 13. November um die Mittagszeit im Schloss Guteborn eintraf. Er zog sich mit dem König zu einer Unterredung zurück, bei der Friedrich August schweren Herzens in den Thronverzicht einwilligte. Über den Ablauf liegt folgende Erinnerung von Rudolf Heinze vor: »Ich mußte im Auftrag des Staatsministeriums die schwere Aufgabe übernehmen, Seine Majestät aufzusuchen und ihn zu verständigen, daß das Ministerium seinen Rücktritt für unausweichlich halte, angesichts der Lage. Der König forderte mich auf, Platz zu nehmen, und nachdem er meinen Vortrag angehört hatte, antwortete er nicht sogleich. Er legte die Arme auf den Tisch und den Kopf darauf. Nachdem er längere Zeit so verharrt hatte, unterschrieb er das vorgelegte Schriftstück schweigend.«[26] Entgegen diesem Bericht verfasste Friedrich August den Thronverzicht und das zweite Papier, mit welchem er die Offiziere, Beamte, Lehrer und Geistliche von ihrem Eid entpflichtete, mit eigener Hand. Das geschah am 13. November gegen 14.00 Uhr. Dr. Steinbach, der umgehend unterrichtet wurde, gab die Inhalte »behufs schleuniger Veröffentlichung« telefonisch weiter. Um 15.00 Uhr fuhr Dr. Heinze mit dem Auto nach Dresden zurück.[27] Die Veröffentlichung des Thronverzichts war eine der letzten Amtshandlungen der Regierung Heinze, denn am 14. November formierte sich mit dem Rat der Volksbeauftragten eine neue »Revolutionsregierung«, die die Kontrolle über die Ministerien übernahm und als Übergangsregierung bis zu den Volkskammerwahlen im Februar 1919 im Amt blieb.

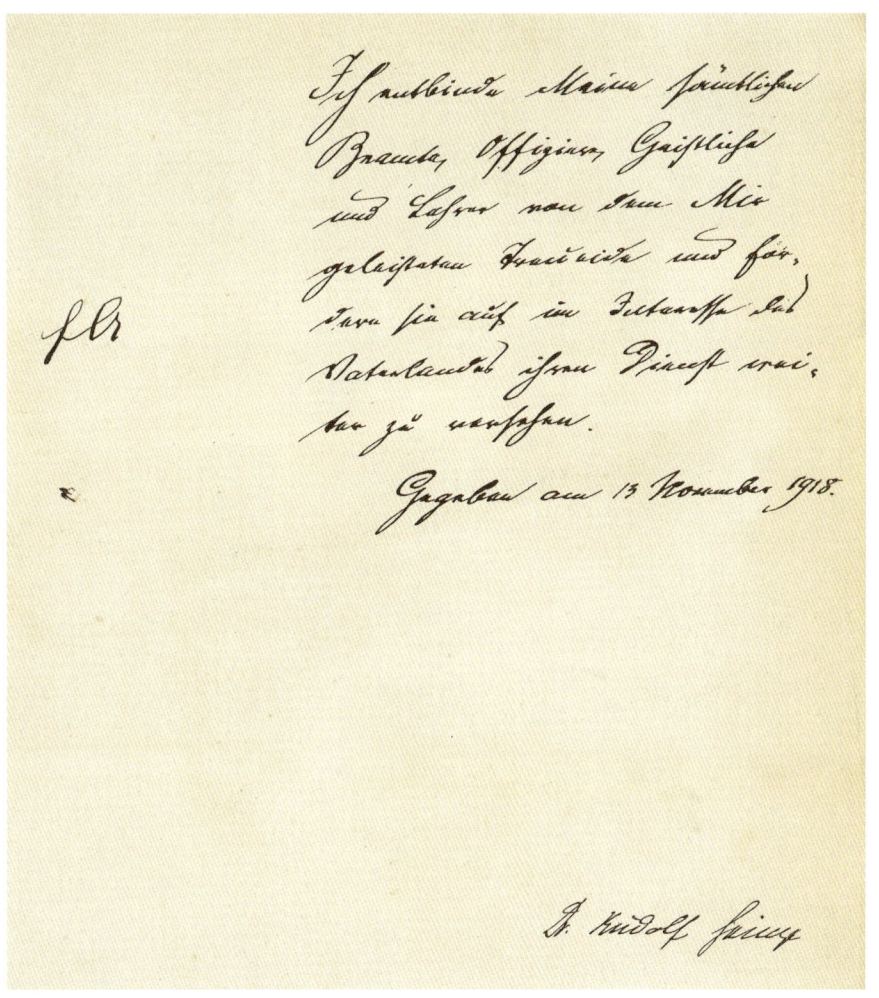

»Macht euern Dreck alleene«

Dass Friedrich August III. im Zusammenhang mit der Abdankung »Macht euern Dreck alleene« gesagt haben soll, lässt sich nicht nachweisen. Tatsache ist aber, dass dieser Ausspruch schon früh überliefert und weitergetragen wurde. Die sozialdemokratischen Zeitungen gingen davon aus, dass die Aussage authentisch sei. So berichtete die »Chemnitzer Volksstimme«, ein SPD-Blatt, am 10. Februar 1919 im Zusammenhang mit Überlegungen zur Abfindung des vormaligen Königshauses: »Uebrigens hat ja Friedrich August im letzten Augenblick selbst aufgehört mit der Bemerkung, wir sollten ›den Dreck alleene machen‹.«[28] Das vermeintliche Königswort wurde offenkundig schon wenige Tage nach dem Umsturz von führenden Revolutionären, unter ihnen Otto Rühle und Julius Fräßdorf, verbreitet. Fritz Wecker erklärte den Ausspruch 1928 für authentisch. Er ließ sich den Vorgang von Otto Rühle wie folgt schildern: »Einige Tage nach dem 9. November 1918 hatte der Arbeiter- und Soldatenrat, dessen Vorsitzender ich war und der provisorisch die Regierung in Sachsen führte, eine Zusammenkunft mit dem Kabinett, dem Dr. Heinze, Dr. Koch, Dr. Schröder, General von Wilsdorf und die Sozialdemokraten Fräßdorf und Held angehörten. Im Verlaufe der Auseinandersetzungen wurde die Frage aufgeworfen, ob die Beamten und Offiziere durch den Arbeiter- und Soldatenrat ihres Dienst- und Fahneneides entbunden werden sollten, oder ob es zweckmäßiger sei, dies dem König zu überlassen. Man entschied sich für das letztere. Der bisherige Finanzminister Dr. Schröder erhielt den Auftrag, sich mit Friedrich August sofort telefonisch in Verbindung zu setzen. Ich begleitete ihn in ein Nebenzimmer des

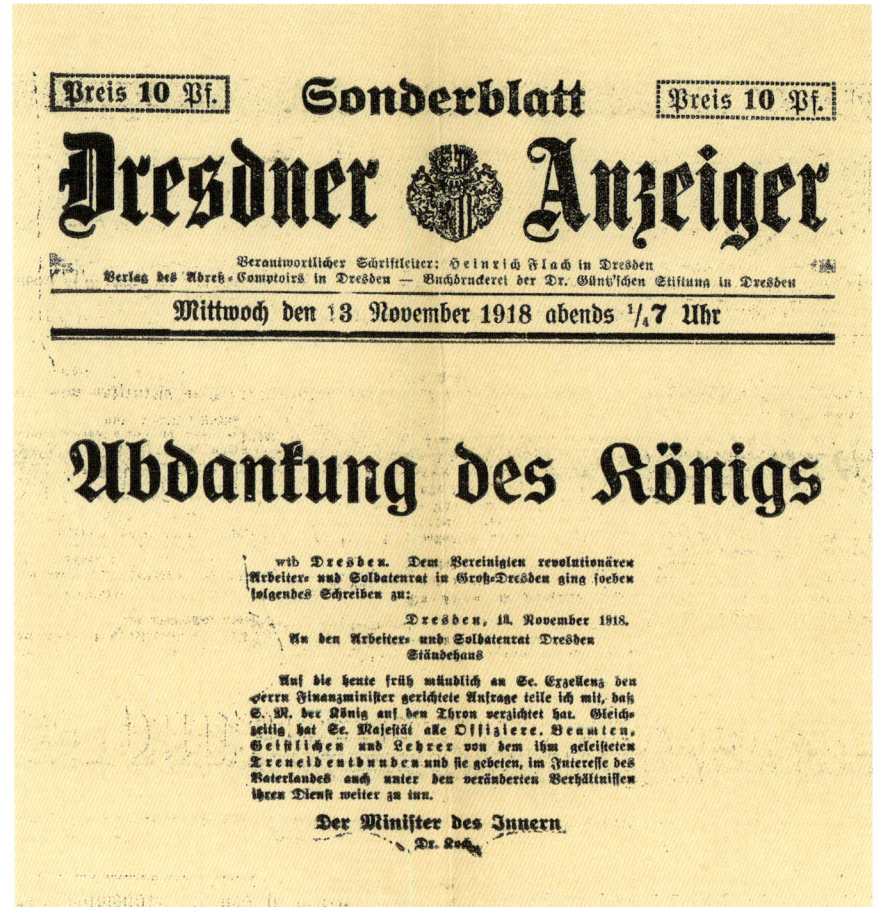

Sonderblatt des »Dresdner Anzeigers« mit Mitteilung des Thronverzichts des Königs, 13. November 1918.

Rechts: Sonderausgabe des »Wilsdruffer Tageblatts« zur Thronentsagung des Königs, 13. November 1918.

Landtagsgebäudes, wo wir tagten, und gab der Telephonzentrale selbst Anweisung, uns mit Moritzburg zu verbinden. Dr. Schröder führte das Gespräch, ich hörte mit. Friedrich August antwortete auf die an ihn gerichtete Frage mit rauher Stimme: ›Na, das genn mer schon machen.‹ Dr. Schröder bedankte sich für den Bescheid und machte am Telephon eine Verbeugung. Darauf der König: ›Da habb'ch wohl nu nischt weiter zu sagen?‹ Dr. Schröder: ›Majestät, alle Befugnisse sind ja mit der Revolution auf den Arbeiter- und Soldatenrat übergegangen.‹ Worauf August unter rauhem, heiseren Husten erklärte: ›So, so – na dann macht Euern Dreck alleene!‹«[29] Otto Rühle fügte diesem Bericht an: »Ich habe die Episode sofort erzählt, einen Tag später stand sie in den Zeitungen. So, meiner Erinnerung nach, der Sachverhalt, den Dr. Schröder – den ich nie wieder sah oder sprach – bestätigen wird.« Diese »Erinnerungen« können so nicht stimmen. Friedrich August hatte noch am 12. November eine Aufhebung des Treueeides abgelehnt. Die Zustimmung zu der Entpflichtung gab er am 13. November Dr. Heinze, der ihn persönlich in Guteborn aufsuchte. Ein Telefonat mit dem König war nicht erforderlich. Überhaupt ist in diesen Tagen kein Telefonat Dr. Schröders mit dem Monarchen nachweisbar. Falls Minister Dr. Schröder tatsächlich mit Moritzburg telefonierte, dann war der Gesprächspartner nicht sein König. Denn Friedrich August war nur bis zum Nachmittag des 9. November in Moritzburg geblieben. Eine Sitzung, wie sie in der Erinnerung beschrieben wird, kann nur nach dem 10. und vor dem 14. November stattgefunden haben.[30] Bedenklich ist, dass die angebliche »Erinnerung« in den später verfassten Anekdoten weiter verändert und verfälscht wurde. Hans Reimann erklärte die Entstehung des Ausspruchs so: »Es wurden also die Roten vorgelassen. Neun Mann hoch trampelten sie herein. Und verlangten von ihrem König, daß er sowohl die Offiziere als auch die Beamten ausnahmslos und auf der Stelle ihres Eides entbinde. August, nach kurzem Bedenken: ›Wenns sein muß … warum nicht?‹ Der Sprecher der Abordnung bedankt sich für die glatte Erledigung der Sache. Alle neune dienern höflich. August: ›Dann hab ich nu von jetzt an nischt mehr zu saachn?‹ Der Sprecher eröffnet dem König, sämtliche Befugnisse seien übergegangen auf den Arbeiter- und Soldatenrat. August schneuzt sich. Schneuzt sich ausgiebig. Dann, ungnädig: ›Na, macht Euern Dreck alleene!‹«[31] Wir wissen es nicht, ob der Ausspruch jemals gefallen ist oder nur eine Erfindung der Revolutionstage darstellt. Zu konstatieren ist aber, dass er dem König zugeschrieben wurde und die Zeitgenossen von einer authentischen Aussage ausgingen. Walter Fellmann kommentierte das so: »Die Sachsen haben dem als etwas derb bekannten König auch einen derb kommentierten Thronverzicht zugetraut. Wo bliebe die Pointe, wenn er es eleganter gesagt oder ein anderer ihm die Worte in den Mund gelegt haben sollte?«[32]

Wilsdruffer Tageblatt

Wochenblatt für Wilsdruff
und Umgegend.
Erscheint seit dem Jahre 1841.
Amts-Blatt
für die Königliche Amtshauptmannschaft Meißen, für das Königliche Amtsgericht und den Stadtrat zu Wilsdruff sowie für das Königliche Forstrentamt zu Tharandt.
Fernsprecher: Amt Wilsdruff Nr. 6. Postscheck-Konto: Leipzig Nr. [illegible]
Druck und Verlag: Arthur Zschunke, Wilsdruff.

Thronentsagung des Königs Friedrich August.

Dresden, 13. November. (Eingegangen 1/28 Uhr.)

Dem Vereinigten revolutionären Arbeiter- und Soldatenrat in Groß-Dresden ging folgendes Schreiben zu:

Dresden, den 13. November 1918.

An
den Arbeiter- und Soldatenrat
Dresden, Ständehaus.

Auf die heute früh mündlich an Seine Exzellenz den Herrn Finanzminister gerichtete Anfrage teile ich mit, daß Seine Majestät der König auf den Thron verzichtet hat. Gleichzeitig hat Seine Majestät alle Offiziere, Beamten, Geistlichen und Lehrer von dem ihm geleisteten Treueid entbunden und sie gebeten, im Interesse des Vaterlandes auch unter den veränderten Verhältnissen ihren Dienst weiter zu tun.

Der Minister des Innern.
Dr. Koch.

Sterbezimmer König Alberts im Schloss Sibyllenort, Postkarte, um 1920

Friedrich August III. in Sibyllenort

Nach dem Thronverzicht, der nur die Person Friedrich Augusts betraf und die Illusion offenhielt, der Kronprinz könne der nächste König werden, schlugen Generaladjutant Tettenborn und Legationsrat Dr. Steinbach ihrem Monarchen vor, Guteborn zu verlassen und nach Sibyllenort zu reisen, wo Friedrich August III. auf preußischem Boden und damit außerhalb Sachsens über einen Wohnsitz mit Grundbesitz verfügte. Der König stimmte zu. Umso wenig auffällig wie möglich Sibyllenort bei Breslau zu erreichen, wurde die Reisegruppe auf den König, die Prinzessin Margarete, Dr. Steinbach und den Chauffeur Cebulla reduziert. Sie legten sich die Legende zu, Prinzessin Margarete sei die schwerkranke Gräfin Gonsdorf, die von ihrem Vater nach Breslau gebracht werde. Um die Tarnung zu vervollkommnen, wurde am Auto eine Rotkreuzflagge angebracht. Am 14. November gegen 12.00 Uhr fuhr das Fahrzeug los. Der Chauffeur hatte die Vorgabe, nur Nebenstraßen zu benutzen und die großen Städte, in denen man Revolutionäre vermutete, zu umgehen. Man fuhr über Hoyerswerda, Muskau, Sorau, Sagan, Sprottau, Steinau und Trebnitz nach Sibyllenort, was fast 13 Stunden dauerte. Aufenthalte gab es in Muskau, wo die Straßen durch einen Revolutionsumzug gesperrt waren, und abends in der Oderniederung, weil der Chauffeur in der nächtlichen Dunkelheit die Straßen nicht mehr erkennen konnte und sich verfuhr. Am 15. November 1918, nachts um 00.45 Uhr, traf der König im unbewohnten und kalten Schloss Sibyllenort ein.

Nach nur wenigen Tagen revolutionärer Unordnung nahm der König wieder sein vertrautes Hofleben auf. Einige seiner Getreuen waren nach Sibyllenort gekommen, etwa der Hofprediger Franz Müller, der täglich die Heilige Messe feierte, Schlosshauptmann Wolf von Tümpling (1861–1938), der Leiter der Vermögensverwaltung des Königs, und der vom König zum »Kabinettschef« ernannte Generaladjutant Georg Freiherr O'Byrn. Schon am Abend des 16. November nahm der König wieder seine Gewohnheit auf, nach dem Abendessen in geselliger Runde Skat zu spielen. An der ersten Skatrunde nach der Flucht aus Sachsen beteiligten sich Generaladjutant O'Byrn und Hofprediger Müller. Am 18. November 1918 brach der Ex-König erstmals nach seiner Abdankung wieder zur Jagd auf, nachdem er fast zwei Wochen auf diese Leidenschaft hatte verzichten müssen. Es ging nach Dobrischau[33] zu den dort gelegenen Feldern der Herrschaft Sibyllenort, wo Friedrich August mit zwei Gästen auf Fasanenjagd ging. Er erlegte 48 Fasanen und 20 Hasen.

1 Original im Besitz von Prinz Alexander von Sachsen Herzog zu Sachsen.
2 Zur Abdankung des letzten sächsischen Königs vgl. die Darstellungen von Fritz Wecker: Unsere Landesväter. Wo sie gingen, wo sie blieben. Berlin 1928, S. 71–87; Friedrich Kracke: Friedrich August III. Sachsens volkstümlicher König. Ein Bild seines Lebens und seiner Zeit. München 1964, S. 147–153; Walter Fellmann: Sachsens letzter König Friedrich August III. Berlin/Leipzig 1992, S. 182–198; Lothar Machtan: Die Abdankung. Wie Deutschlands gekrönte Häupter aus der Geschichte fielen. Berlin 2008, S. 304–313. Zur Revolution 1918 in Sachsen vgl. Mike Schmeitzner: 1918. Revolution und Freistaat. Sachsens Weg in die Republik. In: Reinhardt Eigenwill (Hrsg.): Zäsuren sächsischer Geschichte. Beucha 2010, S. 183–207.
3 Original in Privatbesitz.
4 Vgl. Sonderausgabe des Wilsdruffer Tageblatts vom 13.11.1918; Sächsische Staatszeitung vom 14.11.1918.
5 Die Schilderungen des Lebensalltags des Königs und der Ereignisse im November 1918 folgt den Tagebüchern der diensttuenden Generaladjutanten des Königs (Sächsisches Staatsarchiv (SächsStA), Hauptstaatsarchiv Dresden (HStA DD), Bestand 10716 Haus Wettin Albertinischer Linie e. V., Nr. 694) und den Tagebüchern der Prinzessin Margarete (Johann Georg Prinz von Hohenzollern, Hrsg.): Margarete Fürstin von Hohenzollern Herzogin zu Sachsen 1900–1962. Tagebücher, Briefe, Schriften, Briefe von Verwandten und Freunden, Würdigungen. München 2000). Eine Teiledition befindet sich in diesem Buch.
6 SächsStA, HStA DD, 10711 Ministerium des Königlichen Hauses, Loc. 1, Nr. 32.

7 Robert Gerwarth: Die Besiegten. Das blutige Erbe des Ersten Weltkriegs. München 2017, S. 69.

8 SächsStA, HStA DD, 10711 Ministerium des Königlichen Hauses, Loc. 1, Nr. 32.

9 Vgl. Fellmann 1992, S. 186.

10 Vgl. Johannes Sembdner: Georg von Sachsen. Kronprinz – Oberstleutnant – Tertiarier O. F. M. – Pater S. J. Heiligenstadt 2006, S. 43.

11 Zu den Reformen Ende Oktober 1918 in Sachsen vgl. Fellmann 1992, S. 189; Schmeitzner 2010, S. 186.

12 Mitteilungen über die Verhandlungen des Landtags (II. Kammer), Dresden, 5. November 1918, S. 2212 ff.

13 Die Siegfriedstellung erstreckte sich in Nordfrankreich von Arras über St. Quentin bis Soissons.

14 Zu den Revolutionsereignissen in Sachsen vgl. Schmeitzner 2010, S. 187–190, sowie auf den Beitrag von Andre Thieme in diesem Band. Eine Zusammenstellung von Zeitdokumenten befindet sich in: Bezirkskabinett für Weiterbildung der Lehrer und Erzieher Dresden (Hrsg.): Ausgewählte Quellen zur Novemberrevolution im Bezirk Dresden. Dresden 1967. Hinzuweisen ist auch auf den Erinnerungsbericht von Paul Merker, vgl. Paul Merker: Vom Schloßturm weht die rote Fahne. Wie Arbeiter und Soldaten in Dresden die Monarchie beseitigten. In: Jahrbuch 1988 der Geschichte Dresdens, S. 24–35.

15 SächsStA, HStA DD, 10719 Sächsische Gesandtschaft für Preußen/beim Deutschen Reich, Berlin, Bericht vom 9. 11. 1918, zitiert nach Fellmann 1992, S. 193.

16 Gemeint ist 20.00 Uhr.

17 Dresdner Volkszeitung vom 9. 11. 1918, zitiert nach Bezirkskabinett für Weiterbildung der Lehrer und Erzieher Dresden (Hrsg.): Ausgewählte Quellen zur Novemberrevolution im Bezirk Dresden. Dresden 1967, S. 26.

18 Vgl. Fellmann 1992, S. 192.

19 Bericht an die Gesandtschaft in Berlin vom 9. 11. 1918, vgl. Anm. 15.

20 Zitiert nach Kracke 1964, S. 149.

21 Zitiert nach Machtan 2008, S. 309. Die Aussage ist anderweitig nicht belegt.

22 Sächsische Staatszeitung von 11. 11. 1918.

23 SächsStA, HStA DD, 10006 Oberhofmarschallamt, O 04, Nr. 324, Bl. 97, Eintrag zum 10. 11. 1918.

24 Wecker 1928, S. 82.

25 Über den Aufenthalt in Guteborn liegt ein Bericht des Güterdirektors Ernst Habekuß aus Guteborn vor, den er am 24. Februar 1925 aus Anlass der Silberhochzeit des Prinzen Ulrich von Schönburg-Waldenburg mit Prinzessin Pauline von Schönburg-Waldenburg erstellt hat. Dort heißt es: »Sonntag, den 10. November, früh erschien Prinz Wolf in meiner Wohnung, um mich ins Schloß zu Frau Prinzeß zu rufen. An dem etwas aufgeregten Verhalten und dem eiligen Benehmen merkte ich, daß es sich um eine wichtige Sache handeln mußte. Ich hörte, daß Herr Graf Ernst zu Münster (Königl. Sächs. Landstallmeister a. D. und Kammerherr S. M. des Königs) aus Linz mit dem Rade gekommen sei, und nichts Gutes ahnend, vermutete ich erschrocken, daß Seiner Durchlaucht dem Prinzen etwas zugestoßen sein könne. Bald konnte ich aufatmen, denn dies traf Gott sei Dank nicht zu. Es handelte sich um die Unterbringung Seiner Majestät des Königs Friedrich August von Sachsen, der infolge des Umsturzes Dresden verlassen hatte und nach vorübergehendem Aufenthalt in Moritzburg nach Linz gekommen war (noch auf sächsischem Gebiet). Dortselbst konnte der König jedoch nicht bleiben, und Herr Graf zu Münster versuchte, Seine Majestät in Guteborn unterzubringen und bat Ihre Durchlaucht um Aufnahme. Es war zweifellos eine große Gefahr, der sich Frau Prinzeß dadurch aussetzte, denn Seine Majestät war in Guteborn bekannt. Ich äußerte meine Ansicht dahin, daß die Anwesenheit immerhin einige Tage geheim gehalten werden könne, und daraufhin sagte Ihre Durchlaucht kurzentschlossen zu. Die Ankunft sollte am selben Abend mittels Auto stattfinden. Die Autos sollten den weniger guten Weg bis nach Hermsdorf kommen, und dort in der Kiesgrube sollte das Gepäck auf einen Wagen von Guteborn umgeladen werden, während Seine Majestät mit Gefolge den Weg nach Guteborn zu Fuß zurücklegen sollten. Dieses als kurze Information, Herr Graf zu Münster schwang sich auf sein Rad und fuhr davon. Ich setzte das Schloßpersonal von der Ankunft des Besuches in Kenntnis. Dasselbe gelobte Stillschweigen, auch wenn ihm die Personen bekannt sein sollten. Schließlich besprach ich mit Prinz Wolf die Abwicklung der Ankunft. In Guteborn und den umliegenden Orten war Kirmesfeier und deshalb mit Verkehr auf den Straßen zu rechnen. Wenn wir nun mit den Wagen in der Kiesgrube bei Hermsdorf warteten oder gar die Autos dort hielten und eine Umladung des Gepäcks vorgenommen wurde, so mußte dies bei etwaigen Passanten Aufsehen erregen, und bei der Stimmung, die damals herrschte, war nicht ausgeschlossen, daß das ganze Dorf alarmiert worden wäre. Deshalb kamen wir dahin überein, zu Fuß nach Hermsdorf zu gehen, bei Ankunft der Autos aufzusteigen und diese bis an den herrschaftlichen Park fahren zu lassen. So geschah es auch, nachdem wir vor Hermsdorf geraume Zeit auf die Autos gewartet hatten. Am Park stiegen die Hohen Herrschaften aus, gingen zu Fuß nach dem Schloss, während Prinz Wolf und ich das Gepäck auf Handkarren hereinschafften. Alles dauerte nur Minuten und ging ungesehen und ungestört vonstatten. Wie wenig praktisch es gewesen wäre, die Autos auf Nebenwegen fahren zu lassen, wo sie nur schwer vorwärts kamen, ging daraus hervor, daß ich am nächsten Morgen bereits vom Amtsvorsteher Ramsdorf aus Frauendorf angerufen wurde. Er teilte mir mit, daß er am Abend vorher zwei feine Autos auf dem schlechten Weg nach Guteborn zu habe fahren sehen und frug, ob dieselben glücklich angekommen seien. Ich antwortete ihm ganz gleichgültig, daß ich zwei Autos hätte fahren sehen und deshalb müßten sie wohl fortgekommen sein. Ich stellte dann sofort eine geschäftliche Frage und er verstand mich. Nun gab es aufregende Tage, die wenig Schlag brachten, denn schließlich mußte man auf alles gefaßt sein. Jedes Auto und jede unbekannte Person wurde beobachtet, damit eine Überrumpelung ausgeschlossen blieb. Mit Herrn Dr. Steinbach hatte ich sofort alle Möglichkeiten und Maßnahmen besprochen. Die Verbindung mit Dresden wurde durch Abgesandte des Hofmarschallamtes aufrecht erhalten, die, wie Heidebummler angezogen, die Bahn bis Schwepnitz benutzten und den weiteren Weg zu Fuß zurücklegten. Für die Umgegend war der Aufenthalt geheim geblieben, so daß Seine Majestät noch ungestört Regierungsgeschäfte erledigen konnte. Bei dieser Gelegenheit verlieh Seine Majestät Ihrer Durchlaucht Frau Prinzeß den Maria-Anna-Orden zum Zeichen aufrichtiger Dankbarkeit für die freundliche Aufnahme in ernster, schwerer Stunde.«

26 Diese Erinnerung Rudolf Heinzes wurde von Fritz Zimmermann in den 1920er Jahren aufgezeichnet. Der Bericht gelangte an Johannes Schreiter und dann an Pfarrer Karl Josef Friedrich in Seifersdorf bei Radeberg, der ihn Friedrich Christian Markgraf von Meißen übergab. Abgedruckt ist der Bericht in M. Frank-Michael Bäsig: Friedrich Christian Markgraf von Meißen. Dresden 1995, S. 81.

27 Güterdirektor Ernst Habekuß berichtet darüber: »Mittwoch, den 13. November, erschien ein Auto aus Dresden, dem der damalige Ministerpräsident Dr. Heinze entstieg und sich zum Vortrag Seiner Majestät meldete. In dieser Stunde unterzeichnete Seine Majestät das wichtigste Dokument, die Abdankungsurkunde, mit der Ministerpräsident Dr. Heinze sofort nach Dresden zurückkehrte, nachdem er über das Verhalten des Königs bei diesem Akte erklärt hatte: ›Seine Majestät haben sich auch bei seiner Abdankung königlich benommen.‹«

28 Chemnitzer Volksstimme vom 10. 2. 1919, Ausschnitt in SächsStA, HStA DD, 10701 Staatskanzlei, Nr. 84/1, Bl. 1.

29 Wecker 1928, S. 83. Rühle habe, so Wecker, die Aussage ausdrücklich autorisiert.

30 Machtan 2008, S. 311, vermutet den 12. November 1918.

31 Zitiert nach Hans Reimann: Macht Euern Dreck alleene! Anekdoten von Sachsens letztem König. Berlin 2002, S. 18 f.

32 Fellmann 1992, S. 183.

33 Ort bei Oels, 1935 umbenannt in Reichenfeld, heute Dobroszów Olesnicki.

Nach Mittagessen Rückkehr Schweinitzs von Schweppm.
nach Dresden.

Gr. Münster bringt Nachmittags Bescheid des Immerstand,
nebst Schumanns u. führt nach dem der nach Hause.
7⁰ Eintreffen des Hollandschen Gatters mit Botschaft
7¹⁵ vom König empfangen, erstattet Bericht über Sächsische
Verhältnisse.

Mittwoch,
13. November.

Vorm. längerer Spaziergang in Richtung Losel. Während
des Mittagessens meldet sich Exc. Heintze. Nach sehr langer
Unterredung mit dem König, welcher für seine Person

2⁰ Uhr Nachmittag auf den Thron verzichtet. Offiziere
u. Beamte werden von ihrem Eide entbunden. Kurz
nach 3⁰ Uhr fährt Heintze im Auto nach Dresden zurück,
nachdem vorher der Entschluß des Königs behufs schleunigen
Veröffentlichung von Dr. Steinbach an Gesandten nach
Leipzig telephon. mitgeteilt worden ist.

Spaziergang S. M. mit Prinzessin Margarete.

Unter den Vorlagen Heintzes befand sich das Gesuch
sämtlicher Minister von ihrem Posten, welches vom
König vor seiner Abdankung, ebenso wie die Ernennung
Steinbachs zum Geh. Leg. Rat genehmigt worden.

Matthias Donath

Zwei Wochen im November
Tagebucheinträge zur Abdankung des letzten sächsischen Königs
– Edition –

Tagebuch der Prinzessin Margarete von Sachsen, später verheiratete Fürstin von Hohenzollern
Aus: Johann Georg Prinz von Hohenzollern (Hrsg.): Margarete Fürstin von Hohenzollern Herzogin zu Sachsen 1900–1962. Tagebücher, Briefe, Schriften, Briefe von Verwandten und Freunden, Würdigungen. München 2000.

Links: Tagebuchaufzeichnung vom 13. November 1918, aufgezeichnet von Generaladjutant Otto von Tettenborn.

Oben links: Prinzessin Margarete von Sachsen, 1918/19.

Oben rechts: Generaladjutant Georg O'Byrn, um 1918.

Tagebuch der Adjutanten Seiner Majestät des Königs Friedrich August von Sachsen (1. Januar 1918 bis 23. April 1919)
Die Einträge bis 8. November und ab 16. November 1918 stammen von Georg O'Byrn, die dazwischen von Otto von Tettenborn.
Hauptstaatsarchiv Dresden, Bestand 10716 Verein Haus Wettin Albertinischer Linie e. V., Nr. 694.

Oben: Ansicht von Dresden, 1923.

Unten: Residenzschloss, Studierzimmer von König Albert, Foto von Ermenegildo Antonio Donadini, um 1900.

Rechts oben: Blick auf die Elbe mit Wachwitz im Hintergrund, Postkarte, 1917.

Rechts Mitte: Schloss Helfenberg, 2002.

Rechts unten: Residenzschloss Dresden, Postkarte, um 1910.

4. November 1918
[Schreiber ab hier: diensttuender Generaladjutant Generalmajor Georg Freiherr O'Byrn[1]]

Montag, den 4. Nov(ember) 1918.
6^{40} Tafel zur Presse
Reiten eines Pferdes mit Gen(eral) à la suite[2] im Gelände Helfenberg-Gön(n)sdorf-Rochwitz.
8^{00} Frühstück in Wachwitz
8^{50} Uhr Ritt mit Gen(eral) à l(a) s(uite) zu Antons.[3] Fahrt zum Residenzschloß. Handpferd steigt.
9^{45} milit(ärische) Meldungen: Gen(eral-) Major v. Eulitz,[4] Obersten Ebert,[5] v. Dambrowski,[6] Ob(er)stl(eu)t(nant) d(es) K(öniglichen) A(rmee)k(orps) v. Metzsch.[7] Ober Lt. Frhr. v. d. Bussche-Streithorst[8] gibt die Orden seines Vaters zurück.
10^{00} Requiem für die verstorbenen Mitglieder des Königshauses in der Hofkirche.
10^{50} zu Fuß mit Kronprinz zur
11^{00} Sitzung des Gesamtministeriums, bei der die neuen Minister Fraßdorf,[9] Heldt,[10] Günther[11] u(nd) Nitzschke[12] S(eine)r Maj(estät) vorgestellt werden.
12^{50} Im Selbstfahrwagen vom Jagdtor nach Wachwitz.
13^{00} Tafel mit Dienst.
3^{00} Ausfahrt mit Pr(inze)ß Margarethe.[13]
7^{15} Andacht. 7^{30} Abendessen.

4. Nov.
Heute herzerquickendes Requiem für die Mitglieder des Hauses und hernach eine stille Messe für den armen Karl.[14] Gerade heute sind die vernichtenden Waffenstillstandsbedingungen der Entente für Österreich bekannt geworden; am Nachmittag mit Gräfin Rex[15] allein. Ich las ihr die idealen Gedichte der Helene Most[16] vor, dann spielte ich noch etwas Klavier, dann haben wir uns so zärtlich umarmt. Ich fühle mich unendlich zu ihr hingezogen, wie zu einer Mutter.

Dienstag, den 5. November 1918

7:30 H(eilige) Messe. 8:00 Frühstück.
8:45 Reiten eines Pferdes im Gelände Rochwitz-Gönnsdorf-Helfenberg.
10:00 Jagd auf Fasanen bei Helfenberg.
Geladen: Oberhofjägerm(ei)st(e)r,[17] Schloßhauptmann.[18]
Strecke:[19]
12:30 Fahrt zum Residenzschloß, wohin das Hoflager verlegt wird.
12:00 Tafel mit Dienst.
2:15 Ausfahrt mit Pr(inze)ß Margarethe.
7:30 Abendessen

5. Nov. abends.

Wir zogen heute ins großmächtige Schloß[20] um. Die Ahnenbilder sahen düsterer denn je aus, die Gänge waren kälter und dunkler. In der Nacht Menschenansammlungen auf den Straße, Soldaten, Lärm.

Mittwoch, 6. November 1918

7:30 h(eilige) Messe. 8:00 Frühstück.
9:00 Im Selbstfahrwagen nach Antons. Reiten eines Pferdes mit Gen(eral) à l(a) suite über Blasewitz, N(ie)d(er-) Poyritz nach Wachwitz. Reiten des 2. Pferdes im Gelände Gön(n)sdorf-Loschwitz.
11:15 Fahrt vom Schillerplatz ü(ber) Loschwitz nach dem Residenzschloß.
11:45 Min(ister) des K(öni)gl(ichen) Hauses[21] und Kabinettssekretär[22] empfangen. Hausmarschall v. Metzsch-Reichenbach[23] zum Oberhof- und Hausmarschall ernannt.
12:30 Meldung des Gen(erals) d(er) I(nfanterie) Barth[24].
12:40 Generaladjutant empfangen.
12:50 Andacht in der Hofkirche.
1:15 Tafel mit Dienst.
2:15 Ausfahrt u(nd) Spaziergang mit Gen(eral)-Adjutant.
4:15 zurück im Residenzschloß.
7:30 Abendessen.

[Kein Eintrag]

Links: Blick auf den Altar in der Dresdner Hofkirche, um 1920.

Rechts oben: Stallhof, Postkarte, um 1910.

Rechts unten: Schloss Gönnsdorf, 2012.

Donnerstag, den 7. November 1918
8⁰⁰ Frühstück.
8⁴⁵ Im Selbstfahrwagen nach Antons. Ritt mit Gen(eral) à l(a) suite nach Blasewitz u(nd) zurück.
10⁰⁰ Bischöfl(iches) Requiem für die Gefallenen. Gesellschaftsanzug Leib-Gren(adier)-R(e)g(imen)ts.
11⁰⁵ zu Fuß zum Stall. Reiten des 2. Pferdes im Ostragehege.
12⁰⁰ Im Schloß zurück.
12⁴⁵ Andacht in der Hofkirche.
1⁰⁰ Tafel mit Dienst. Kafé im Bärengarten.
2¹⁵ Ausfahrt mit Pr(inze)ß Margarethe.
4⁰⁰ zurück im Residenzschloß.
7³⁰ Abendessen.
8⁰⁰ Skat mit Oberstallm(ei)st(e)r²⁵ und General à la suite.

7. November
Abends. Auf der Pragerstraße war man erregt. Gruppen von politisierenden Männern standen herum, Liberale von drei Soldaten bewacht grölten hinter mir. Die Stimmung ist schlecht.
Befreiend wirkte das Theater; im Moment, wo ich die Loge betrat, setzte die Overtüre ein. Mein Jury²⁶ taute sichtlich auf und war am Schluß ganz fröhlich, das hat mich am meisten beglückt.

Freitag, den 8. November 1918
7³⁰ h. Messe. 8⁰⁰ Frühstück.
8⁴⁵ im Selbstfahrwagen zu Antons. Reiten zweiter Pferde mit General à la suite 1. über Blasewitz, Loschwitzgrund nach Höhe Wachwitz, 2. im Gelände Gönnsdorf-Wachwitzer Grund.
11¹⁵ Im Selbstfahrwagen von Dampfschiffhaltestelle Wachwitz zum Residenzschloß.
11⁴⁵ Staatsminister Dr. Heinze,²⁷ v. Wilsdorf²⁸ und Koch²⁹ empfangen.
12⁴⁵ Andacht in der Hofkirche.
1⁰⁰ Tafel mit Dienst. Kafé im Bärengarten.
2⁰⁰ Ausfahrt mit Pr(inze)ß Margarethe.
5⁰⁰ Staatsminister Dr. Heintze, v. Wilsdorf, Koch u(nd) Min(ister) des K(öni)gl(ichen) Hauses, später Gen(eral-) Adj(utant), Oberhofm(arschall),³⁰ Oberstallm(ei)st(e)r empfangen. Ausbruch der Revolution. Pr(inz) u(nd) Pr(inz)ß Hans,³¹ Pr(inze)ß Mathilde³² empfangen.
7³⁰ Abendessen, dero zugegen.
10⁰⁰ im Kraftwagen vom Stallhof mit Pr(inze)ß Margarethe, Fr(äu)l(ei)n v. Oer³³ und General à la suite nach Moritzburg.

Moritzburg, Freitag, den 8. November
O Gott hilf uns, sich in der neuen fürchterlichen Situation zurechtzufinden. In Dresden ist Revolution und jetzt eben sind Papa³⁴ und ich mit Mia³⁵ und O'Byrn hier im großen, kalten und leeren Moritzburger Schloß angelangt. Heute früh war ich noch im Sinfoniekonzert, gespielt wurde die Sinfonie Nr. 2 von Brahms, ein entzückender Mozart (Walter Lampe Solist) und die Leonorenovertüre. Mittags friedliches Mahl miteinander und nach Tisch fuhren wir noch in die Heide.³⁶

Als ich beim Umziehen war, ließ mich Papa eilends rufen. Was ist da ausstand, während ich die Loggia hinunterließ, weiß der liebe Himmel. Ich fand Papa bleich mit einem Zettel »Die Revolution ist in München ausgerufen worden, ich muß die Schwestern[37] eilends aus München zurückrufen«. Gräfin Rex war traurig über die Münchner Verhältnisse, denn sie ist ja geborene Bayerin. Als sie und ich zum Souper hinunter wollten, fanden wir alle Minister, den kommandierenden General u. a. versammelt. Papa verriet mir beim Souper, es stände übel mit uns; in Dresden entwickelte sich schon der Soldatenrat und die Unruhen machten sich schon in der inneren Stadt bemerkbar.

Ich war namenlos erregt, stürzte hinauf zu »Rexens«[38] und politisierte mit Baby[39] und Miss Godwin[40]. Nun wurde bald klar, daß wir noch heute abend fort mußten. Das Militär sei nicht mehr zuverlässig. Unruhen größeren Umfangs sind zu befürchten. Nur 50 Mann Bewachung mit zwei Maschinengewehren bekommen wir nach Moritzburg. Boisy[41] kehrte vom Sinfoniekonzert zurück. Als er durchs Taschenberg[42] auf die Straße trat, schrien ein paar Leute: »Dort kommt ooch so ener!« Umgedreht und fort gesaust die Treppen hinauf, das war eins beim Boisy. Jury fand ich, als ich gestiefelt und gespornt in den Spiegelsaal trat, in Seelen-

ruhe bei Kerzenlicht die Karte Sachsens studieren, wohin er morgen fliehen will. So sind wir still aus dem Schloß gegangen. Papa, O'Byrn, Mia, Gräfin Rex und ich. Wir gingen eingehackelt – sie bleibt vor der Hand wegen der Kinder zurück – durch den dunklen Bärengarten über die Sophienstraße zum Stall. »Schauen Sie zu den Sternen auf, da wird einem wohl«, flüstert sie. Hineingepackt in ein Auto im stillen dunklen Stallhof und durch eine Hintertür hinaus. Ein Winken – und fort. Kaum waren wir in Bewegung, da stellte sich der Schmerz ein. Keine Königsstandarte auf dem Auto war meine erste Qual – damit man nicht erkennt! Dann tosten wir ins tiefe Dunkel hinein, hinter uns die gärende Stadt mit so vielen Lieben, die wir nun verlassen. Ich mußte mich im unvorbereiteten, kahlen Schloß zurechtfinden. Papa war still – es geht ihm sehr nah. Nur Jury war heiter und ruhig, er ist das Alp los. Morgen kommt ein entscheidungsvoller Tag. Die Sache steht auf Messersschneide – ob Monarchie oder Republik.

Sonnabend, 9. 11. 1918
6^{00} Eintreffen von 1 L(eutnan)t, 2 Oberj(ägern), 20 Radfahrern.
8^{00} Frühstück. 8^{30} Spaziergang mit Pr(inze)ß Margarethe.
12^{15} Gen(eral) v. Tettenborn[43] u(nd) Leg(ations-) R(at) Steinbach[44] empfangen. [Schreiber ab hier: diensttuender Generaladjutant General der Infanterie Otto von Tettenborn]
12^{30} Im Auftrage Heintze Vortrag über weitere Maßnahmen. Dringender Vorschlag, noch heute Moritzburg zu verlassen. Widerstrebende Zustimmung, keinesfalls außer Landes. Maj(estät) schlägt als erstes Ziel Burgk-Schönfeld[45] vor. Ich sende Schreiben durch radfahrenden Forstbeamten dahin.
5^{00} Abfahrt Steinbach mit Garderobiere, meinem Dienstgepäck im Min(ister-) Auto.
5^{30} Abfahrt S(eine) M(ajestät), Prinzeß Marg(arethe), Tettenborn, Fr(äu)l(ein) v. Oer u(nd) Kaufmann,[46] 2 Hunde. Regen u(nd) Nebel.

Oben: Schloss Moritzburg, Foto, o. J.

Unten: Wachen vor dem Residenzschloss Dresden, Postkarte, um 1910.

Rechts: Schloss Schönfeld, kolorierter Stich, um 1890.

7¹⁰ Ankunft Sch(önfeld), 7⁴⁰ Abendessen. Burgk forderte dringende Vorstellungen zur baldigen Weiterreise. Auf seine Anregung schickt Steinbach Brief durch Boten nach Linz an Gr(afen) Münster⁴⁷ (noch vor Ankunft S(einer) M(ajestät)) S(eine) M(ajestät) einverstanden. Von Dresden Nachricht, daß Versammlungen ruhig verlaufen. S(eine) M(ajestät) wird mit Mühe zu zeitiger Abfahrt bewogen. Prinzeß unterstützt uns. Gegen 10⁰⁰ begibt sich S(eine) M(ajestät) u(nd) Prinzeß zur Ruhe. Für Abholung Infalt⁴⁸ fährt Wagen nach Moritzburg.

9. November
Wir sind wie in einer Festung hier in Moritzburg, das Tor ist zu, Patrouillen kreisen um das Schloß, um Ausschau nach etwaigen Aufläufen zu halten. Schloßkommandant ist Major von Beulwitz.⁴⁹ Moritzburg eignet sich glänzend zur Verteidigung, sollten Aufständische bis hierher kommen. Leider ist der Teich gänzlich abgelassen. Dann bin ich aufgestanden mit dem festen Willen, schweren Dingen mit kühner Stirn entgegenzusehen. Überall prasselte jetzt feuer in den alten Öfen und Elisabeth⁵⁰ hat vom Gärtner Rosen geholt und mein Zimmer damit geziert.

Gleich heute früh kommen die ersten Nachrichten aus Dresden. Pöbelhaufen scheinen ein Tor des Schlosses gestürmt zu haben. Der Soldatenrat hat von Tettenborn, der noch zurückgeblieben war, die Wachen abziehen lassen. Er hat nachgegeben.
Wir bummelten sodann etwas ums Schloß. Eigentlich trägt die Gegend hier im Spätherbst einen tief melancholischen Stempel an sich. Wir sprachen mit einem Kutscher, der war noch ganz erfüllt von seinen schlimmen Erlebnissen. Er scheint von meuternden Soldaten ziemlich belästigt worden zu sein und ist Hals über Kopf losgefahren.
Wir hoffen sehr auf die große Versammlung, die die beiden sozialdemokratischen Portefeuilleminister⁵¹ auf dem Theaterplatz diesen Nachmittag veranstalten, um dem Volke einen Soldatenrat für ganz Sachsen vorzuschlagen, der natürlich in Händen der Regierung ist.
Heute habe ich unsere Schloßwache besucht. Alles 18-jährige Jungens, sie waren sehr müde von einem siebenstündigen Marsch, den sie durch Nacht und Nebel auf Umwegen haben machen müssen. Ich schenkte ihnen Zigaretten.
Der Waffenstillstand ist unterschrieben. Abends in Schloß Schönfeld. In den Mittagsstunden dieses Tages brachte der Legationsrat Steinbach, ein sehr netter Herr, düstere Nachrichten aus Dresden mit. Der Soldatenrat hat sich gänzlichst konsti-

tuiert und auf der Straße herrscht Anarchie. Alle Soldaten laufen ohne Kokarden und die Offiziere ohne Degen herum. Papa und ich sahen heute einen solchen Soldaten. Papa kam ins Zimmer: »Wir müssen wieder fort«, nachmittags sind wir davongefahren. Am Mittag beherrschte ich mich mühselig. Es brach alles zusammen, Papa hat die Macht verloren und muß fliehen. Jury, Onkel Hans,[52] Tante Gietta,[53] die ganze Familie ist zerstreut, meine Gräfin mußte ich in der Revolutionsstadt lassen. So fühlte ich mich plötzlich mutterseelenallein. Wir dürfen nicht mehr schreiben, noch telephonieren. Von der Hauptstadt sind wir gänzlich abgeschlossen und Kontakt mit den Schwestern in Bayern und den Brüdern[54] im Felde ist natürlich unmöglich. Mittlerweile brachte Metzsch[55] aus Dresden ein Extrablatt von der Abdankung des Kaisers[56] zugunsten seines Enkels[57] mit und, daß der Abgeordnete Ebert[58] Reichskanzler wird. »Also jetzt sind wir der Republik in die Hände gefallen«, sagte Papa betrübt. Die Herren trösten.
In Dresden scheint alles in Händen der Revolutionäre zu sein. In tiefer Nacht stiegen wir, Papa, Tettenborn, Mia und ich mitsamt Karo und Harras[59] in die Dunkelheit des Torbaus. Steinbach, der uns überallhin begleitet, war mit Mia schon vorausgefahren. Auch wir brausten in die tiefschwarze Nacht hinaus. Zweimal verfuhren wir uns gründlich. Endlich gelangten wir zum festlichen Schloß Schönfeld. Herr von Burgk und seine Frau[60] nahmen uns in inniger Vasallentreue auf. Beim Abendessen sagte mir Steinbach: »Wir müssen wieder fort«. Großenhain, wo alles meutert, ist zu nah. So brachen wir morgens um ½7[61] wieder auf. Schwer war's von Papa zu erreichen, in der Nacht wieder fortzufahren. Die Herren sind namenlos ängstlich um die heilige Person des Königs und wir müssen so heimlich wie möglich abfahren. Linz, das Schloß des Grafen Münster ist ausersehen. Und auch da wird unser Bleiben keine Dauer haben. Papa leidet unter dem Zustand, sich verbergen zu müssen. Aber – er will nicht abdanken und deshalb muß man ein Erzwingen verhindern. Gott hilf uns.

Sonntag, 10. November.
Nach 6³⁰ Abfahrt nach Linz wie bisher, geführt von einem Beamten Burgks.
In Linz Beschluß, Dienerschaft u(nd) s(o) w(eiter) zu beschränken.
10⁰⁰ H(eilige) Messe. Dann Abfahrt Infalts mit Kolb[62] mit Wagen, Rückkehr eines Dieners mit der Garderobiere u(nd) dem Pudel der Prinzessin. Zu Fuß nach Schönfeld, wo Burgk, eben in Linz eingetroffen, für Weiterbeförderung sorgen will. Auf Vorhalt Burgks war wegen der Nähe v(on) Großenhain, wo Flieger auf Seiten des Soldatenrates, schon am Vorabend beschlossen worden, auch in Linz nur kurzen Aufenthalt zu nehmen u(nd) nach Guteborn weiterzugehen. Gr(af) Münster fährt zu Rad hin u(nd) bringt zustimmenden Bescheid der Prinzessin.[63] Bei Dunkelwerden Abfahrt unter Führung Münster.
7⁰⁰ Ankunft in Guteborn.

10. November

Abends 11 Uhr Schloß Guteborn in Preußen. Heute früh um ½7 brachen wir in aller Stille in Schönfeld auf. Papa, Mia, Tettenborn und ich im ersten, Steinbach mit dem Gepäck und den Leuten im zweiten Auto. Wir fuhren, geführt vom Sekretär des Herrn von Burgk nach Schloß Linz. Ein entzückendes altes Wasserschloß mit schönem Park. Als wir vorfuhren, war die Haustür zu und etwas später stürzte uns Graf Münster entgegen. Seine treuen Augen glänzten von Rührung und Trauer und bald saßen wir im wohl geheizten Wohnzimmer des Grafen und seiner Schwester und hielten Kriegsrat. Unsere Herren drängten, abends weiterzufahren. Unsere Spur sei bis Schönfeld verfolgt worden. Graf Münster radelte 2½ Stunden hinüber nach Guteborn. Es wird in Erwägung gezogen, uns in zwei Lager zu spalten, Papa und ich allein mit Tettenborn, die anderen woanders. Ein Bote brachte Zeitungen und einen Brief von Gräfin Rex aus Dresden. Demnach hat sich die Lage in der Hauptstadt wesentlich verschlechtert. In Berlin rufen sie die Republik aus, Generalstreik droht und langsam kriecht die Anarchie heran.

Münster kam wieder und brachte die freudige Zusage der Prinzessin Schönburg aus Guteborn, daß wir dort unterkommen können. Nun wurde disponiert: wir fahren bei Einbruch der Dunkelheit in zwei Autos los, wir Fünf und Papas Kammerdiener. Zu meinem Schmerz mußte ich mich von der lieben Elisabeth[64] trennen. Jetzt bleibt mir nur Mia Oer.

Die Gräfin Münster hat all ihr Silber und den Schmuck vergraben. Ich hatte anfänglich die Absicht, meine Perlen in Linz zu lassen, aber Steinbach riet dringend ab. Bei der Jause (schöne warme Eierschecke) entwickelte sich herzliche Fröhlichkeit. Wir überlegten uns, wie wir in Guteborn die Tage musikalisch verbringen könnten: Besetzung der Kapelle: Tettenborn Violine; ich Klavier; Papa pfeift, Steinbach singt ohne Stimme und Talent, Mia Oer stampft den Takt.

Es wurde dunkel. Im Wirtschaftshof des Gutes stand unser Auto. Herrlich ruhig stand die Mondscheibe am Nachthimmel und schimmerte heimatlich im Wassergraben. Papa, Mia und ich nebst Harras waren in unserem Auto, die Kronen abgeschraubt und am Wagen zugepinselt. Es war neblig und stockdunkel. Vor und suchte das Regierungsauto mit den Herren und dem Gepäck seinen Weg. In einem Dorf mußten wir wenden, weil wir uns verfahren hatten. Gleich öffneten sich die Fenster. Obwohl die Revolution noch nicht bis in die stillen Grenzdörfer vorgerückt sein kann. Zweimal steckten wir in Hohlwegen fest. Chauffeur Cebulla[65] sprach mit einer Bauersfrau, da warf ich was ein und er sagte in seinem unverfälschten Schlesisch: »Jawohl Kangloheit« (Königl. Hoheit). In einem tiefen Forst halten uns zwei Herren an und entpuppen sich als der junge 15-jährige Prinz Wolf Schönburg[66] und sein Inspektor. Wir luden alles aus und Prinz Wolf führt uns einen stillen verlassenen Waldpfad entlang zum Schloß, Bald hoben

Schloss Guteborn, Postkarte, um 1900.

sich vom klaren Nachthimmel die Umrisse eines hochdachigen alten Schlosses mit veir Türmen vom Himmel ab.
In der prachtvoll künstlerisch eingerichteten, gewölbten Halle empfing uns die schöne, elegante Schloßherrin (ihr Mann ist im Felde) und führte uns zu unseren Zimmern. Die Autos fahren zurück, das Benzin vergraben wir, die Chauffeure arbeiten im Garten.
Abends in dem mit feinstem Geschmack eingerichteten Eßzimmer machte Steinbach eine galante Verbeugung und sagte: »Guten Abend, Comtesse!« Wir sind hier im Haus als Graf und Gräfin Gonsdorf abgestiegen. Wir müssen bei Tisch jedes politisch geprägte Gespräch meiden.
Die Kammerzofe der Prinzessin hilft mir, dennoch entbehre ich der Elisabeth sehr, mußte ich mir doch jetzt selbst helfen. Heute muß ich einen entschiedenen Kampf gegen Steinbach aufnehmen. Der kleine, elegante, junge Mann mit dem stets bereiten Lächeln auf den Lippen, der mordsgescheite, energische Diplomatenkopf und der hohe, glänzende Schwung seiner Interessen fesseln mich zu stark. Bin ich mal in Unterhaltung mit ihm, so komme ich nicht mehr heraus. Bei Tisch necke ich ihn und fröhlich stimmt er ein. In allen schwierigen Lagen behielt Steinbach Ruhe und Bestimmtheit. Er hat schon viel gesehen und wenn er mit dem feinen, silbernen Zigarettenetui herumkommt und mir eine anbietet oder ritterlich die Tasche abnimmt, aufspringt und mir Tee einschenkt, dann sticht er doch angenehm gegen unseren verschlafenen Hofkreis ab. Dennoch kann man ihm eine schwache jüdische Ader nicht ganz absprechen. »Sie dürfen nicht immer mit dem Steinbach zusammensitzen, dann denkt man noch sie sind ein Brautpaar« – sagte mir Mia und brachte mir mein Verhalten zum Bewußtsein.

11. November 1918
Montag, 11. November
10:00 Eintreffen O'Byrns[67], der aus Dresden berichtet, Zeitungen mitbringt; Mißverständnis wegen Moritzburg. O'B(yrns) Vortrag beim König. O'B(yrn) wird wegen Aufenthalt Entschließung der Regierung einholen. Stichwort: »Einverstanden« gekauft. d(as) h(eißt) Beschluß von Guteborn gilt »Kaufen«, d(as) h(eißt) Beschluß des Ministers Heintze gilt.
2:15 Abf(ahrt) O'B(yrn) über Schwepnitz. Abend-Zeitungen von heute mit schlechten Nachrichten aus Heimat u(nd) vom Kriegsschauplatz (Waffenstillstandsbestimmungen) Vorfall auf Flur. Steinbach nochmals beim König.

11. November
Ich muß mich kurz fassen, es ist schon ½12 Uhr. Einen der traurigsten Abende meines Lebens verlebte ich heute. Früh fing der Tag schön an, Prinzessin Schönburg und Steinbach waren charmant. Mittags fielen noch recht lustige Witze. Am Nachmittag war O'Byrn angekommen, ich fand ihn bei der Prinzessin. Er kam im Auftrag Heintzes. Beim Tee war die Stimmung trüb. Die schreckliche Politik beherrschte die Gemüter. Plötzlich wurde Steinbach herausgerufen. Mein Herz fing an, mir weh zu tun und alles um mich zu zittern. Was konnte sein? Mit diplomatischem Lächeln betrat er den Raum und meldete Graf Münster, daß Heintze morgen auf Hinterwegen mit dringenden Geschäften käme. Heute abend las ich die Zeitung vor: Totales Chaos im Reich, Ausrufung der Republik, Abdankungen an der Tagesordnung. Papa ist in einer verzweiflungsvollen Lage.
Mein Sachsen!
Still, blaß und mit melancholischen Augen hörte sich's die Runde an. Alles schaute unwillkürlich auf Steinbach, der nie seufzt, sondern stets Ruhe bewahrt. »Es sieht böse aus« sagte er. Papa klammert sich an Strohhalme und will eisern bleiben. Und ich will stark und lieb sein!

Dienstag, 12. November.
9:00 zum Vortrag beim König. König entscheidet dahin, daß die Offiziere nicht von ihrem Eid entbunden werden, aber ihren Dienst bei den Truppen u(nd) s(o) w(eiter) im Einvernehmen mit dem Soldatenrat tun. Betr(effend) der Civilbeamten wird Entscheidung bis nach Besprechung mit Min(ister) Heintze vertagt. Dies an Dombrowski über Frau von Schweinitz[68] telefoniert. Erwartete Ankunft Heintzes gegen 9:30 von Moritzburg erfolgt nicht. Dafür nur kurze telefon(ische) Mitteilung O'Byrns mit Einverständnis des Verbleibens 7hin Guteborn.
Auf dringendem Wunsch des Königs nach seinem Gottesdienst fährt nach Beratung mit Steinbach u(nd) mit Gr(af) Münster nach Lipsa zu Geh(eim-)R(at) v. Schumann.[69] Dort Abmachung, daß Geistlicher (Müller)[70] Sonnabend von Dresden kommen, in Lipsa übernachten, Sonntag früh in Guteborn Gottesdienst halten u(nd) dann zurück fahren soll. Schweinitz übernimmt Mitteilung an Bischof[71] u(nd) Müller. Nach Mittagessen Rückkehr Schweinitzs von Schwepnitz nach Dresden.
Gr(af) Münster bringt Nachmittags Bescheid des Einverständnisses Schumanns u(nd) fährt nach dem Tee nach Hause.
7:00 Eintreffen des Stallamtssekr(etärs) Gatter[72] mit Briefschaften
7:15 vom König empfangen, erstattet Bericht über Dresdner Verhältnisse.

12. November
Heute kommt Heintze. Münster bringt liebe Briefe von Mamita[73] und Jury. Eine schwere, schöne Mission muß ich durchführen, Sonne, Wärme, Liebe, Kraft verbreiten.
Auf dem Schloß in Dresden weht die rote Fahne, der ganze Marstall ist beschlagnahmt. Mir kommt alles nur dumpf und unfaßbar zum Bewußtsein.

Waffenstillstand

Kein Waffenfriede hat je einem unterlegenen, dabei aber unbesiegten Gegner solche Bedingungen auferlegt, wie sie Foch unseren Unterhändlern gestellt hat. Wilson hat einen gerechten Frieden angekündigt, der französische Marschall aber fordert Zugaben und Leistungen, aus denen die heitere Schreit nur die Sache und Vergewaltigung herausstrahlt. Es ist ja die Tragödie Europas, daß zwei ja fast gleich starke Völker seit Jahrhunderten um die Gleichgewichtslage kämpfen und daß sie den Erdteil, der für die Kultur der ganzen Welt so bedeutungsvoll ist, nicht zur Ruhe kommen lassen, weil Frankreich, begünstigt von einer vorteilhaften Lage an der See, die Oberherrschaft über Europa besitzen will, obgleich Deutschland ihm neidlos die Entwicklung zur großen Kolonialmacht überließ. Ohne Dank für diese nachbarliche Gesinnung, die andere Früchte hätte tragen müssen, wollt dem deutschen Willen nach hätte tragen können, war Frankreich seit Jahrzehnten der Pfleger des europäischen Kriegsgedankens. Seine ganze Politik war eingestellt auf die Lösung eines Problems, das die Ehrsucht der Gallier zu einem säkularen Streitgegenstand machte. Ohne diesen bösartigen Haß gegen Deutschland und gegen Deutschtum wäre die europäische Insel England, und Deutschland und Gesamteuropa nicht bloß der geistige, sondern auch der politische Machtträger der Welt geworden und ohne den trennenden Haß im Herzen hätten die Franzosen niemals diesen Weltbrand entzündet. Welche Kräfte auch immer an dieser Katastrophe mitgearbeitet haben mögen, den Grund dazu haben die Franzosen mit der Pflege des Rachegedankens geliefert.

wtb Amsterdam, 11. November.

Das niederländische Pressebüro Radio hat einen drahtlosen Bericht aus Paris aufgefangen, daß der Waffenstillstand um 5 Uhr morgens französischer Zeit unterzeichnet wurde und um 11 Uhr französischer Zeit in Kraft tritt.

Foch schickte folgendes Radiotelegramm an die Oberkommandierenden:

Die Feindseligkeiten werden an der ganzen Front am 11. November 11 Uhr vormittags französischer Zeit eingestellt werden.

Die verbündeten Truppen dürfen, bis ein neuer Befehl eintrifft, die an diesem Tage und zu dieser Stunde erreichte Linie nicht überschreiten.

*

Deutsche Note an Lansing

Berlin, 10. November. (Amtlich.) Heute morgen fand eine Besprechung der Staatssekretäre statt. Nach Bekanntgabe der Bedingungen des Waffenstillstandes wurden die Bedingungen angenommen.

ferner erklärt, daß er nicht mit dem deutschen Volke Krieg führen und es in seiner friedlichen Entwicklung nicht behindern wolle.

Die deutsche Regierung hat die Bedingungen für den Waffenstillstand erhalten.

Nach einer Blockade von 50 Monaten würden diese Bedingungen, insbesondere die Abgabe der Verkehrsmittel und die Fortsetzung der Besatzungstruppen bei gleichzeitiger Fortsetzung der Blockade die Ernährungslage Deutschlands zu einer verzweifelten gestalten und den Hungertod von Millionen Männern, Frauen und Kindern bedeuten.

Wir mußten die Bedingungen annehmen.

Wir machen aber den Präsidenten feierlich und ernst darauf aufmerksam, daß die Durchführung der Bedingungen erzeugen muß, die eine Voraussetzung für den Neuaufbau der Völkergemeinschaft bildet und einen dauerhaften Rechtsfrieden verbürgt. Das deutsche Volk wendet sich daher in letzter Stunde nochmals an den Präsidenten mit der Bitte, auf eine Milderung der vernichtenden Bedingungen bei den Verbandsmächten hinzuwirken.

Der Staatssekretär des Auswärtigen Amtes Solf.

*

Mittwoch, 13. November.

Vorm(ittags) längerer Spaziergang in Richtung Cosel. Während des Mittagessens meldet sich Exc(ellez) Heintze. Nach Tisch längere Unterredung mit dem König, welcher für seine Person 2⁰⁰ Uhr Nachmittag auf den Thron verzichtet. Offiziere u(nd) Beamte werden von ihrem Eid entbunden. Kurz nach 3⁰⁰ Uhr fährt Heintze im Auto nach Dresden zurück, nachdem vorher der Entschluß des Königs behufs schleuniger Veröffentlichung von Dr. Steinbach an Gesandten nach von Leipzig telefon(isch) mitgeteilt worden ist.

Spaziergang S(einer) M(ajestät) mit Prinzessin Margarethe. Unter den Vorlagen Heintzes befand sich das Gesuch sämtlicher Minister von ihren Posten, welches vom König vor seiner Abdankung, ebenso wie die Ernennung Steinbachs zum Geh(eimen) Leg(ations-) Rat genehmigt worden. Nach Rückkehr vom Spaziergang längere Unterredung des König mit mir u(nd)

Steinbach über die Abdankungsfrage, Regelung der Vermögensverhältnisse u(nd) s(o) w(eiter). Eintreffen der Gräfin Rex u(nd) des Ob(er-) Hofm(arschalls) v. Metzsch. Vortrag des letzteren bei S(einer) M(ajestät), später in Gegenwart von mir und Steinbachs. Dringender Wunsch, gestützt auf Unterredung mit zahlreichen maßgebenden Herren in Dr(esden), daß Aufenthalt in G(uteborn) möglichst bald aufgegeben u(nd) nach Sibyllenort verlegt wird. Pessimistische Auffassung der Gesamtlage. Der König stimmt zu.

Gemeinsamer Tee u(nd) Vortrag der Gräfin Rex, insbesondere über Befinden u(nd) weitere Maßregeln betr(effend der) Prinzessinnen Alix[74] u(nd) Anna[75]. Es trifft Nachricht über Prinz Johann Georg[76] ein. 6⁴⁵ Abfahrt der Gräfin Rex u(nd) des Herrn v. Metzsch. Nach dem Essen längere Besprechung wegen der morgigen Reise. Vorbereitungen zur Abreise

13. November

Abends. Heute kam der größte Schlag; als wir vergnügt beim Mittagessen saßen, wurde Papa von Steinbach heraus gebeten und kam nach längerer Unterredung wieder. Er war heiter und gefaßt wie immer: Heintze war da! Als wir nach Tisch zusammensaßen, eröffnete uns Steinbach, daß es in Dresden ganz schlimm stünde; um die Person des Königs und seine Familie zu retten, müsse der der aussichtslosen Lage weichen – und abdanken! Sonst sei er vogelfrei, eine Flucht nach Böhmen (wir hatten das heute früh geplant) notwendig, Beschlagnahmung des Vermögens durch die Soldatenräte und eine elende Zukunft für die Kinder stünde bevor. Die Lage ist verzweifelt und mit der Monarchie ist es vorbei.

Ich ging hinauf in mein Schlafzimmer, um bereit für Papa zu sein, um ihm beizustehen in dieser schweren Stunde. Ich hörte seine Stimme ruhig und klar, als er mit

Links: Inkrafttreten des Waffenstillstands am 11. November 1918, in: Dresdner Anzeiger, 12. November 1918.

Ganz oben: Thronverzicht des Königs von Sachsen, in: Dresdner Anzeiger, 14. November 1918.

Oben: Aufruf des Arbeiter- und Soldatenrates, in: Dresdner Anzeiger, 12. November 1918.

Heintze sprach, dann betete ich. Mia brach in Tränen aus und suchte, mir Treue und Freundschaft zu beweisen. Es klopfte und draußen standen die beiden Herren und fragten, ob sie mir Gesellschaft leisten könnten. Ich war wirklich gerührt. Dann eröffnete mir Papa, er habe abgedankt und dann gingen wir spazieren. Ich bewunderte ihn, wie stark und gottergeben er alles trug.
Später kamen Gräfin Rex und der Oberhofmarschall. Sie überbrachten treue Briefe. Ein trauriges Wiedersehen, noch trauriger als wir alle um den Tisch des Hauses saßen und Papa krampfhaft vorschlug, ein Spiel zu machen. Erst gestern noch hatten wir nach der Jause mit viel Erfolg lustige Spiele gemacht und die Stimmung war wieder gekommen. Heute saßen sieben total entwurzelte Menschen um den Tisch und blickten verzweifelt in die Zukunft.
Von Jury einen kurzen Brief und von Onkel Hans einen verzweifelten. Er ist gewarnt worden vor großer Gefahr, er wäre auf der schwarzen Liste eingetragen und befindet sich zu Fuß auf der Flucht.
Wo sind die Brüder – im Weltchaos! Die Kleinen sind in Bayern auf dem Land, Gräfin Rex reist hin.
Und morgen fahren Papa, ich und Steinbach mit dem getreuen Cebulla nach Sibyllenort. Ob wir dort bleiben können, weiß der liebe Himmel. Heute abend großer Kriegsrat, Cebulla verwarf holperige Wege wegen Pannengefahr, Steinbach die großen Städte wegen der Soldatenräte. Man einigt sich auf einen Mittelweg. Mia und Tettenborn fahren mit der Bahn.

Donnerstag, 14. November.
11³⁰ Frühstück.
12⁰⁰ Abfahrt des »Grafen«, der »Gräfin« u(nd) Steinbachs über Hoyerswerda, Muskau (!), Sorau, Sagan, Sprottau, Steinau, Trebnitz nach Sibyllenort.
3 Pannen, Aufenthalt in Muskau, teilweise ohne Karte. Ankunft
12⁴⁵ nachts. Erst da Abendessen.
4⁴² Abfahrt von mir, Fr(äu)l(ein) v. Oer, Kaufmann, Wessnig⁷⁷, mit Bahn. Anschluß Kohlfurt-Breslau erreicht. Ankunft 12⁰⁰ Mitternacht. Zu Fuß mit Handgepäck zum Schloß. Ankunft 12³⁰.

[Auszug aus dem Tagebucheintrag vom 15. November, betreffend die Erlebnisse des 14. November]
Unsere Autofahrt hat 13 Stunden gedauert! Früh in Guteborn war's grau und es regnete. Vor Aufregung hatte ich eine ziemlich schlechte Nacht hinter mir. Um 12 Uhr mittags brachen wir auf. Cebulla stand mit dem großen Auto vor der Tür, vorne wehte die Rotkreuzflagge. Ich sollte die schwerkranke Gräfin Gonsdorf sein und mit meinem Vater und dem Dr. Steinbach nach Breslau fahren. So hofften wir, uns (mit einem entsprechenden Brief des H. v. Tettenborn) durch die Posten der Revolutionäre durchzuhelfen.
Ich saß im Fond mit Papa. Vor mir türmte sich das Gepäck und für jeden Fall nahmen wir ein weißes Kissen mit. Steinbach nahm mit den Karten Platz neben dem Chauffeur. So segelten wir los. Die Straße unweit des Schlosses war fürchterlich, wir passierten sie glücklich, doch schon auf der Chaussee gab's einen Knall und der erste Reifen platzte. Die Weiterfahrt ging bis Muskau glatt; dort jedoch waren die Straßen mit Menschenmassen verstopft. Ein Zug kokardeloser revolutionärer Soldaten zogen unter Musik und Vorantragen einer roten Fahne die Straße hinab. Wir fuhren langsam hinter den Soldaten her. Papa war entsetzt. Zwangsläufig mußten wir die großen Straßen verlassen und auf einem Waldweg durch den Gräfl(ich) Arnim'schen Forst unseren Weg finden. Über Sagan ging's nach Sprottau, dort platzte der zweite Pneu.

Links: Schloss Sibyllenort,
Außenaufnahme, um 1900.

Rechts: Musikzimmer im Schloss
Sibyllenort, o. J.

Während der Reparatur ließen Papa, Steinbach und ich uns die Gräflich Schönburg'schen Essensvorräte köstlich schmecken und drehten die Scheibe herunter und warfen alles dem Steinbach zu. Zigaretten und Bonbons wurden mit Begeisterung ausgetauscht. Indessen wurde es immer dunkler, die weite, öde Landschaft versank allmählich in dichte, nächtliche Schleier. Papa begann einzunicken, Steinbach versucht, die Karten bzw. die Wegweiser zu lesen. Wir passierten glücklich die Oder, kurz danach platzte der letzte Reifen. Cebulla war verzweifelt, denn er mußte noch wohl oder übel den noch am wenigsten kaputten Reifen aufziehen. Das Auto hatte daraufhin andauernd die Tendenz, nach rechts zu schwenken, Papas Geduld war am Ende. Wir spürten das Gewitter nahen. Steinbach entfaltete eine liebenswürdige Ruhe. Cebulla saß die zehnte Stunde am Steuer. Ich meinte Zeichen großer Müdigkeit zu bemerken. Endlich kommen wir nach Lossen. Papas Nerven waren auf dem Höhepunkt. Dann verfuhren wir uns wieder, also zurück nach Lossen. Ich schlug Papa vor, selbst sich umzusehen und die Straße zu suchen. Und ehe wir's uns versahen, war er auf und davon. So stand ich dann mit Steinbach allein auf dem Dorfplatz von Lossen! Alles war dunkel und schlief. Endlich fanden Steinbach und ich auf einem schlammigen Weg eine Tafel und mit Mühe lasen wir: Sibyllenort. Nachts um 1 Uhr endlich langten wir hier an. Niemand da.

Freitag, 15. November.
6 Offiziere unter H(au)ptm(ann) Peltz[78] werden, um weder S(eine) Maj(estät) noch sich selbst zu gefährden, Sibyllenort verlassen und sich dem Soldatenrat zur Verfügung stellen. Gegen 10:00 Besprechung bei S(einer) M(ajestät). Zugegen Tümpling, ich, Steinbach, O'Byrn. Gegenstand: Weitere Maßnahmen zum Schutz S(einer) M(ajestät), Vermögensverhältnisse u(nd) s(o) w(eiter).
1:00 gemeinsames Mittagessen. Dazu auch der am Tage zuvor eingetroffene Hofprediger Müller u(nd) etc. Offiziere.
2:15 Abfahrt des letzteren nach Dresden. O'Byrn nach Breslau zur Verhandlung mit dem Komm(andierden) General v. Egloffstein[79] bez(üglich) Soldatenrat. Nachmittag Eintreffen des Pferdetransportes.

Schloß Sibyllenort – Theaterflügel – Innenansicht.

Die zur Verladung mit eingetroffen gewesenen Nahrungsmittel zum größten Teil in Dresden beschlagnahmt. Pferde und Personal Nachts vorher in der Trainkaserne interniert, dann vom S(oldaten-) u(nd) A(rbeiter-) Rat freigegeben.
7³⁰ Abendessen.

15. November
Schloß Sibyllenort: Glücklich sind wir in der neuen Heimat angelangt. Heute früh wurde mir furchtbar schwer ums Herz, als ich in dem kahlen, kalten großen Schloß herumlief. Ein paar Tränen in der Messe und der Lebensmut kehrte wieder.
[Hier Einschub zu den Erlebnissen am 14. November]
Heute habe ich mittags einen großen Schmerz erfahren – Steinbach verläßt uns morgen, um unser politischer Helfer in Dresden zu sein. Nun freute ich mich für ihn, daß Papa ihn zu seinem Sekretär machen wollte.

Sonnabend, 16. November.
10–11⁴⁵ Spaziergang S. M. mit mir.
1³⁰ Mittagessen.
2¹⁵ Abfahrt von mir, Steinbach, Wessnig nach Dresden.
[Schreiber ab hier: diensttuender Generaladjutant Generalmajor Georg Freiherr O'Byrn]
2³⁰ Ausfahrt S(eine)r Maj(estät) mit Pr(inze)ß Margarethe.
4⁰⁰ L(eutnan)t Scholz⁸⁰, Feldr(egiment) 42 und Fahnenjunker Hunger⁸¹, I(nfanterie-) R(egiment) 50, vom Sicherheitsdienst bieten eine Wache an.
5⁰⁰ Tee und Spiele bei S(eine)r Maj(estät)
7³⁰ Abendessen, 8⁴⁵ Skat mit O'Byrn u(nd) Hofpr(ediger) Müller⁸².

16. November
Ich bin glücklich, mit dem Tee als Hausfrau fungieren zu können. Um ½10 Uhr hatten wir uns mit Steinbach verabredet, ich wollte ihm das Schloß zeigen. Ich saß ziemlich vergnügt am Flügel, als die Herren kamen, um mir zuzuhören. Ich mußte noch lange, lange vorspielen. Mir wurde beim Spielen von Schubert, Rachmaninoff, Chopin, Fielitz ganz warm um's Herz.
Wir haben dann zusammen noch die schönen Porzellane und Stiche des Schlosses bewundert und sind sogar im Theater gewesen. Steinbach entfaltete eine reizende Heiterkeit und ungeschminkte Schönheitsliebe. Auf einmal während dieses Vormittags wurde mir klar, daß mein herzliches Verhältnis mit Steinbach niemals etwas von einem Flirt an sich haben könnte, sondern daß es eine warme brüderliche Freundschaft sei. Vom ersten Tage an zog's mein Herz zu ihm hin und mehrmals fürchtete ich, ich sei zu weit gegangen. Aber nun ist er fort, mein alter sonniger Freund Steinbach. Es ist mir, als sei der Sonnenschein aus meinem Leben gewichen seit Steinbach fort ist. Kein ermutigendes Lächeln, kein verständnisvolles Anschauen, kein starkes Wort. Heute beim Tee und Abendessen fehlte schmerzlich seine klare, lebensmutige, heitere Gestalt. Müde, gedrückte Herren und ein nervöser Vater.

Ganz links: Schloss Sibyllenort, Theater, Foto, 1936.

Links oben: Otto von Tettenborn war als Adjutant des Königs auch für die Eintragungen im Tagebuch verantwortlich, Foto, 1917.

Links unten: Visitenkarte von Otto von Tettenborn, um 1917.

1 Georg Freiherr O'Byrn (1864–1942).
2 Wahrscheinlich ist hiermit der diensttuende Generaladjutant gemeint.
3 Schlösschen Antons in der Dresdner Johannstadt, gegenüber dem Waldschlösschen, 1945 zerstört.
4 Hans von Eulitz (1866–1945).
5 Name lässt sich nicht zuordnen.
6 Oberst Curt von der Damerau-Dambrowski (1869–1944).
7 Horst von Metzsch (1874–1946).
8 Wohl Hans Freiherr von dem Bussche-Streithorst (1897–1928), der Sohn des verstorbenen Oberhofmarschalls Hilmar Freiherr von dem Bussche-Streithorst (1853–1918).
9 Julius Fräßdorf (1857–1932).
10 Max Heldt (1872–1933).
11 Oscar Günther (1861–1945).
12 Emil Nitzschke (1870–1921).
13 Margarete Prinzessin von Sachsen (1900–1962), die zweitälteste Tochter des Königs, später verheiratete Fürstin von Hohenzollern.
14 Kaiser Karl I. von Österreich (1887–1922).
15 Maria Anna Gräfin von Rex, geborene Gräfin zu Pappenheim (1865–1946), Hofdame der Margarete Prinzessin von Sachsen.
16 Helene Most (1883–1913), Dichterin und seit 1907 katholische Ordensschwester.
17 Georg Wolf Henning von Arnim.
18 Wolf von Tümpling (1861–1938).
19 Die Streckenliste wurde nicht eingetragen.
20 Gemeint ist das Residenzschloss in Dresden.
21 Karl Georg Levin Graf von Metzsch-Reichenbach (1836–1927), 1901 bis 1918 Minister des Königlichen Hauses.
22 Geheimer Rat Richard von Baumann.
23 Georg von Metzsch-Reichenbach (1864–1931), der Neffe des Ministers des Königlichen Hauses.
24 Felix Barth (1851–1931).
25 Georg Martin von Römer.
26 Kronprinz Georg von Sachsen (1893–1943).
27 Rudolf Heinze (1865–1928). Die Schreibung Heintze ist falsch.
28 Viktor von Wilsdorf (1857–1920).
29 Walter Koch (1870–1947).
30 Georg von Metzsch-Reichenbach (1864–1931).
31 Gemeint sind Prinz Johann Georg von Sachsen (1869–1938), der Bruder des Königs, und seine Gemahlin Maria Immaculata von Bourbon-Sizilien (1874–1947), die allgemein als »Prinzessin Johann Georg« bezeichnet wurde.
32 Prinzessin Mathilde von Sachsen (1863–1933), die Schwester des Königs.
33 Maria Freiin von Oer (1885–1986), genannt Mia, Hofdame der Prinzessin Margarete von Sachsen.
34 König Friedrich August III. von Sachsen (1867–1932).
35 Maria Freiin von Oer (1885–1986), genannt Mia, Hofdame der Prinzessin Margarete von Sachsen.
36 Gemeint ist die Dresdner Heide.
37 Die jüngeren Schwestern Prinzessin Maria Alix (1901–1990) und Prinzessin Anna Monica Pia (1903–1976) hielten sich in München auf.
38 Familie von Maria Anna Gräfin von Rex, geborene Gräfin zu Pappenheim (1865–1946).
39 Vermutlich Spitzname für Ernestine Gräfin von Rex (1905–1995), die jüngste Tochter der Hofdame.
40 Vermutlich Spitzname des Kindermädchens der Grafenfamilie von Rex.
41 Christian Graf von Rex (1901–1970).
42 Taschenbergpalais.
43 Diensttuender Generaladjutant Otto von Tettenborn (1856–1919).
44 Dr. jur. et phil. Rudolf Oskar Steinbach, Legationsrat im Ministerium der Auswärtigen Angelegenheiten.
45 Arthur Freiherr von Burgk (1886–1970) auf Schönfeld.
46 Vorname nicht bekannt.
47 Ernst Graf zu Münster-Linz-Meinhövel, Freiherr von Oer (1857–1938) auf Linz.
48 Hofprediger Heinrich Infalt.
49 Vorname nicht bekannt,
50 Elisabeth Erdtel (1887–1976), die Kammerfrau der Prinzessin Margarete von Sachsen.
51 Julius Fräßdorf (1857–1932) und Max Heldt (1872–1933).
52 Prinz Johann Georg von Sachsen (1869–1938), der Bruder des Königs.
53 Prinzessin Maria Immaculata von Bourbon-Sizilien (1874–1947), die Ehefrau des Prinzen Johann Georg.
54 Prinz Friedrich Christian von Sachsen (1893–1968) und Prinz Ernst Heinrich von Sachsen (1896–1971).
55 Oberhofmarschall Georg von Metzsch-Reichenbach (1864–1931).
56 Wilhelm II. (1859–1941), Deutscher Kaiser und König von Preußen.
57 Wilhelm Prinz von Preußen (1906–1940). Die Formulierung »zugunsten seines Enkels« ist nicht korrekt.
58 Friedrich Ebert (1871–1925), erster Reichspräsident der Weimarer Republik.
59 Zwei Hunde.
60 Jutta Freifrau von Burgk, geborene von Nostitz-Wallwitz (1894–1951).
61 Gemeint ist der 10. November.
62 Vorname nicht bekannt.
63 Pauline Prinzessin von Schönburg-Waldenburg, geborene Prinzessin zu Löwenstein-Wertheim-Freudenberg (1881–1945).
64 Elisabeth Erdtel (1887–1976), Kammerfrau der Prinzessin Margarete von Sachsen.
65 Chauffeur des Königs von Sachsen, Vorname nicht bekannt.
66 Wolf Prinz von Schönburg-Waldenburg (1902–1983), ab 1960 5. Fürst von Schönburg-Waldenburg.
67 Georg Freiherr O'Byrn (1864–1942).
68 Helene Luise Emilie Johanna Therese Clementine von Schweinitz, geb. von Schweinitz (1852–1922).
69 Gemeint ist Paul von Schumann auf Lipsa.
70 Prälat Franz Müller (1876–1934), Hofkaplan des Königs.
71 Bischof Franz Löbmann (1856–1920).
72 Vorname nicht bekannt.
73 Gemeint ist Prinzessin Maria Immaculata (1874–1947), die Ehefrau des Prinzen Johann Georg von Sachsen.
74 Maria Alix Prinzessin von Sachsen (1901–1990), später verheiratete Prinzessin von Hohenzollern.
75 Anna Monica Pia Prinzessin von Sachsen (1903–1976), später verheiratete Erzherzogin von Österreich.
76 Johann Georg Prinz von Sachsen (1869–1938), Bruder des Königs.
77 Vorname nicht bekannt.
78 Vorname nicht bekannt.
79 General der Infanterie Wilhelm Freiherr von und zu Egloffstein (1853–1929).
80 Vorname nicht bekannt.
81 Vorname nicht bekannt.
82 Vorname nicht bekannt.

Lars-Arne Dannenberg

Das sächsische Königshaus, der Adel und das Ende der Monarchie

In Sachsen gab es nach der Abdankung des letzten sächsischen Königs keine nennenswerten monarchistischen Bestrebungen, die breite Bevölkerungskreise erreichten. Anders als in Bayern, wo sich die junge Republik durch Hochverratsprozesse vor dieser verhältnismäßig starken Bewegung zu schützen suchte,[1] scheint es in Sachsen – zumindest an der Oberfläche betrachtet – kaum entsprechende Initiativen und Bekundungen zur Rückkehr des Königs bzw. zur Wiedereinführung der Monarchie gegeben zu haben. Allenfalls im sächsischen Adel gab es aufgrund tradierter historischer Bande Befürworter des monarchischen Gedankens.

Die Wettiner ...
Mehr als 800 Jahre hatten die Wettiner zunächst als Markgrafen von Meißen, später als Kurfürsten und schließlich als Könige von Sachsen regiert. 1089 war Heinrich von Eilenburg (um 1070–1103) als erster

Links: König Friedrich August III. von Sachsen als Generalfeldmarschall. Vor ihm liegt sein Marschallstab. Gemälde von Georg Meckes, 1912/13.

Oben: Burg Wettin, Foto von Ermenegildo Antonio Donadini, 19. Jh.

Unten: Die Albrechtsburg in Meißen, Foto von Ermenegildo Antonio Donadini, 19. Jh.

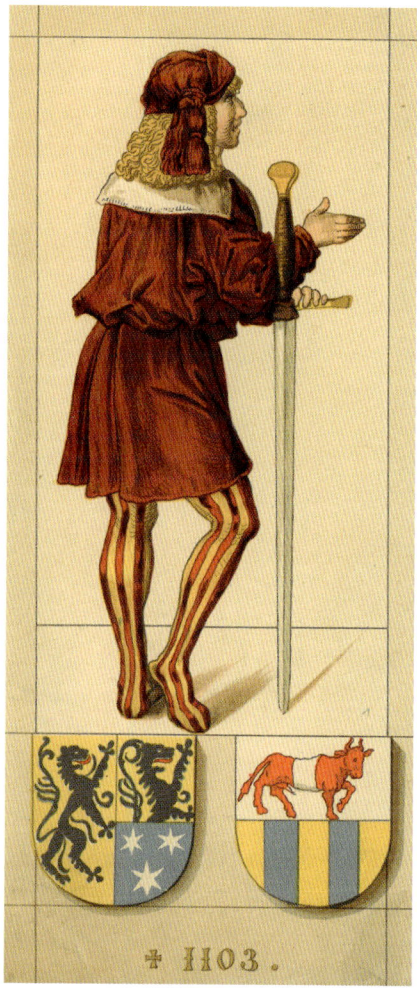

Links: Heinrich von Eilenburg, Gemälde von Ermenegildo Antonio Donadini, aus: Das Goldene Buch..., Dresden 1889.

Rechts: Albrecht der Beherzte, Herzog zu Sachsen, Gemälde von Ermenegildo Antonio Donadini, aus: Das Goldene Buch..., Dresden 1889.

... und der Adel in Sachsen

Mit Ausnahme des Königshauses sowie der Grafen und Fürsten von Schönburg, einem ehemals reichsministerialen Geschlecht, gab es in Sachsen keinen Hochadel.[2] Der sächsische niedere Adel[3] bildete sich im Hochmittelalter aus Edelfreien, Reichsministerialen und Dienstmannen der Markgrafen von Meißen und anderer Herrschaftsträger. Zu keiner Zeit stellte der Adel eine homogene Gesellschaftsschicht dar. Vielmehr ergänzte er sich stets durch Zuwanderung aus anderen Reichsteilen und durch Nobilitierung. Von letzterer Möglichkeit hatten die sächsischen Kurfürsten, die als Reichsvikare Standeserhebungen durchführen durften, vor allem im 17. und 18. Jahrhundert intensiv Gebrauch gemacht, um zahlreiche sächsische Untertanen in den Adelsstand zu erheben. Dagegen setzten sie als sächsische Könige zwischen 1806 und 1918 im Vergleich zu anderen deutschen Monarchien dieses Instrument nur sehr sparsam ein, sodass der alte Adel seine Führungspositionen behalten konnte.[4] Einer der letzten Nobilitierten war 1910 der Fabrikant und Offizier Carl Oskar Haebler aus Großschönau, im südlichen Zipfel der Oberlausitz. Seine Nobilitierung war insofern bemerkenswert, weil hier ein Unternehmer in den Adelsstand aufstieg, was in Sachsen nur selten vorkam. Dagegen hatten nur wenige Adelsfamilien von der Industrialisierung profitiert. Meist wurden verdienstvolle Staatsbeamte geadelt, zuletzt der am 24. Oktober 1918 zurückgetretene Kultusminister Dr. Heinrich Gustav Beck (1854–1933). Seine Nobilitierung war zugleich die letzte Adelserhebung in Sachsen. Grundsätzlich wohnte den Nobilitierungen eine starke Anbindung und Treue des sächsischen Adels an das Königshaus inne, auch wenn dieser Akt im Falle Becks und seiner

Wettiner mit der Mark Meißen belehnt worden. Die Bezeichnung »Wettiner« für das sächsische Herrscherhaus ist erst jüngeren Datums. Sie bezieht sich auf die Stammburg des Geschlechts in Wettin an der mittleren Saale, nur wenige Kilometer nördlich von Halle/Saale. 1423 hatte Markgraf Friedrich IV. der Streitbare (1370–1428) die sächsische Kurwürde für seine Treue an der Seite Kaiser Sigismunds verliehen bekommen.

Dadurch verlagerte sich der Name »Sachsen«, der sich ursprünglich auf die Stammesgebiete der alten Sachsen im Harzraum und im heutigen Niedersachsen bezog und herrschaftlich an den Kurkreis um Wittenberg geknüpft war, auf das Gebiet der Mark Meißen. 1485 nahmen die Brüder Kurfürst Ernst (1441–1486) und Herzog Albrecht (1443–1500) eine Landesteilung vor, die zwar eine enge Verzahnung der wettinischen Länder vorsah, aber letztlich zur dauerhaften Teilung in einen ernestinischen Teil, der – grob umrissen – Thüringen umfasste, und einen albertinischen Teil, der fortan Sachsen werden sollte, führte.

1547 hatte Moritz von Sachsen (1521–1553) nach der siegreichen Schlacht bei Mühlberg an der Seite Kaiser Karls V. (1500–1558) im Schmalkaldischen Krieg die Kurwürde von seinen ernestinischen Vettern für die albertinische Linie gesichert. Das so gebildete albertinische Kurfürstentum Sachsen mit Dresden als Hauptresidenz war der flächengrößte Staat im mitteldeutschen Raum. 1806 wurde das Kurfürstentum Sachsen von Napoleons Gnaden zum Königreich erhoben, bis schließlich die Monarchie durch die Novemberrevolution 1918 in Deutschland hinweggefegt wurde. Mit der Abdankung Friedrich Augusts III. endete nach 829 Jahren die Herrschaft der Wettiner im mitteldeutschen Raum.

Oben: Moritzmonument in Dresden, Foto von Ermenegildo Antonio Donadini, vor 1896.

Unten: Kurfürst Friedrich August III. wurde 1806 von Napoleon zum ersten König von Sachsen ernannt, und es begann eine neue Zählung als König Friedrich August I.

Familie aufgrund der kurz darauf ausbrechenden Revolution, die dann das Ende der Monarchie besiegelte, keine langfristige Verbundenheit mehr erzeugen konnte. Immerhin aber hatte Beck bei der Beerdigung Friedrich Augusts III. 1932 in der ersten Reihe Platz genommen.[5]

Die Adligen waren als Besitzer von Rittergütern, als Beamte und Offiziere eng mit dem Staat und dem Königshaus verbunden. So blieb der Adel die wichtigste Säule der Monarchie und des sächsischen Staatswesens, das seit den Verfassungsreformen von 1831 als konstitutionelle Monarchie organisiert war. Bis dahin hatte es keine echte Trennung von Legislative, Exekutive und Administrative gegeben. Die Einrichtung eines Zweikammerparlaments verminderte zwar den politischen Einfluss des Adels, doch blieben viele Vorrechte bestehen.[6] In der Ersten Kammer des Landtags, deren Zusammensetzung nur teilweise durch Wahlen bestimmt wurde, gab er weiterhin den Ton an. Auch waren sowohl die Fachminister als auch die Richter an den Gerichten und auch die Beamten im nach Amtshauptmannschaften organisierten Sachsen ganz überwiegend Angehörige des Adels.

1889 hatten zahlreiche Adelsfamilien anlässlich der 800-jährigen Herrschaft der Wettiner einen mittelalterlichen Turnierzug nachgestellt und sich im Album »Der mittelalterliche Turnierzug zur 800jährigen Jubelfeier des erlauchten Hauses Wettin« als Ritter und Knappen mit Wappen und den Familienfarben porträtieren lassen. So gaben sie gleichsam ein Bekenntnis zum Königshaus der Wettiner ab.[7]

Mit dem Königlich Sächsischen Adelsbuch, das im September 1902 durch ein Gesetz eingeführt wurde, erhielt Sachsen erstmals eine Adelsmatrikel. Es hatte die Aufgabe eines amtlichen Verzeichnisses aller anerkannten adligen Familien. Die Mit-

Illustrationen zum Turnierzug des 14. Jahrhunderts am 19. Juni 1889:
Leo Sahrer von Sahr als Ritter mit Colin von Halkett als Knappe
vor Schloss Dahlen bei Oschatz.

Friedrich Graf Vitzthum von Eckstädt als Ritter
und Christoph Graf Vitzthum von Eckstädt
als Knappe vor Schloss Lichtenwalde bei Chemnitz.

glieder der Adelsfamilien mussten sich individuell eintragen lassen. Die Aufsicht führte anders als in Bayern keine besondere Behörde, sondern oblag dem Innenministerium. Auf diese Weise wurde eine zeitgemäße Fortsetzung der tradierten lehnsrechtlichen Beziehungen zwischen dem Königshaus und dem sächsischen Landadel geschaffen.

König Friedrich August III. unternahm gelegentlich Besuchstouren beim sächsischen Adel und quartierte sich dann auf dessen Gütern ein, was durchaus Anklänge an die mittelalterliche Reiseherrschaft besaß. Als beispielsweise der König im Herbst 1910 plante, das im Besitz der Grafen von Zech-Burkersroda befindliche Börln aufzusuchen, reiste der junge Julius Graf von Zech-Burkersroda (1885–1946), der sich im Rahmen seiner Ausbildung zum Diplomaten gerade in Paris befand, ins heimatliche Leipziger Land, um als der künftige Rittergutsbesitzer bei der Ankunft seiner Majestät anwesend zu sein. Gemäß dieser tradierten »Gastungspflicht« hatten weder Arthur Freiherr von Burgk (1886–1970) auf Schönfeld bei Großenhain noch Ernst Graf zu Münster-Meinhövel (1857–1938) auf Linz das Ansinnen ablehnen können, den König auf seiner Flucht im November 1918 vorübergehend aufzunehmen. Freilich war bei beiden kein längeres Bleiben, zumal die Idee seiner Berater war, Sachsen besser zu verlassen. Insofern schien das benachbarte Guteborn geeigneter, das seit 1815 Teil der preußischen Oberlausitz und damit Ausland war und wo dann Friedrich August III. letztlich seinen Thronverzicht erklärte.[8]

Umbrüche durch Weltkrieg und Revolution

Zu Friedrich Augusts engsten Vertrauten gehörte Georg Freiherr O'Byrn (1864–1942), der einer zu Beginn des 18. Jahrhunderts aus Irland nach Sachsen eingewanderten katholischen Familie angehörte. Sie entstammte nach eigenem Verständnis dem irischen Clan Byrne und war vom sächsischen Adel als ebenbürtig akzeptiert worden.[9] O'Byrn hatte zunächst eine militärische Laufbahn eingeschlagen und war bis zum Generalmajor aufgestiegen. Aufgrund seines katholischen Glaubens hatte ihn der fast gleichaltrige Friedrich August zum Prinzenerzieher seiner Söhne ernannt und ihm dafür den Titel eines Militärgouverneurs verliehen. Später erinnerte sich Prinz Ernst Heinrich, dass er zwar »in die rauhen Hände unseres Erziehers Major Baron O'Byrn« gegeben worden war, dieser aber »ein vorzüglicher Mann« war, »der die verschiedensten Interessen bei uns weckte«.[10] 1907 hatte der König ihn zum Flügeladjutanten ernannt. O'Byrn gehörte zur allabendlichen Skatrunde des Königs. Er hatte ihn zunächst auch nach Sibyllenort begleitet, war dann aber nach Dresden zurückgekehrt. Oft besuchte er Friedrich August in Sibyllenort, schon um ihm Rapport

Links: Festumzug zum Wettinjubiläum, Foto 1889.

Unten: Büste von Georg Freiherr O'Byrn, Grabdenkmal auf dem Alten Katholischen Friedhof in Dresden.

Rechts: Arnold Vieth von Golßenau (später Ludwig Renn) als Fahnenjunker im 1. Königlich Sächsischen Leib-Grenadier-Regiment Nr. 100, 1911.

zu den Dresdner Verhältnissen zu erstatten, denn der abgedankte König hatte ihn zum Kabinettschef (der längst nicht mehr existierenden Regierung) ernannt.[11] Nach Friedrich Augusts Tod 1932 verfasste O'Byrn einen Bericht über die Beisetzungsfeierlichkeiten, in dem er noch einmal die Titulaturen all der Kammerherren, der Hofmarschälle, der Königlichen Hoheiten usw. aufleben ließ. Er selbst bezeichnete sich als »General à la suite weiland Sr. Majestät des Königs«.[12] Er starb kinderlos am 1. Juli 1942 und wurde auf dem Alten Katholischen Friedhof in Dresden-Friedrichstadt begraben. Mit ihm erlosch das sächsische Geschlecht O'Byrn.

Eindringlich beschrieb der Schriftsteller Ludwig Renn alias Arnold Vieth von Golßenau (1889–1979) – er entstammte einer 1745 geadelten Beamtenfamilie – die höfischen Verhältnisse in der Dresdner Residenz. Auch wenn er durch die erstarrte Monotonie des höfischen Zeremoniells deren Absurdität vor Augen führte, schilderte er die 1918 untergegangene Welt doch auch mit Wehmut. Zumal er zu den Spielgefährten und Jugendfreunden der Prinzen gehörte, da sein Vater, der Mathematiklehrer Dr. Johann Vieth von Golßenau (1856–1938), im Jahr 1910 zum Lehrer an die Prinzenschule berufen worden war. Dadurch kamen auch die Brüder Viktor und Arnold Vieth von Golßenau mit den Prinzen in engeren Kontakt, und Ludwig Renn freundete sich mit dem etwas jüngeren Kronprinzen Georg von Sachsen (1893–1943) an. Diese Prägungen erklären, warum sich Ludwig Renn trotz seiner Hinwendung zu sozialistischen und kommunistischen Ideen in den 1920er Jahren und trotz seines Lebens in der DDR nie ganz von seiner Herkunft und Sozialisierung hat lösen können.

Zunächst aber hatten die Brüder Vieth von Golßenau die militärische Laufbahn eingeschlagen. Der jüngere Arnold war 1910 als Fahnenjunker, mithin als Offiziersanwärter, in das 1. Königlich Sächsische Leib-Grenadier-Regiment Nr. 100 aufgenommen worden. Es handelte sich um das vornehmste Regiment der sächsischen Armee, deren Offiziere nahezu ausnahmslos dem sächsischen Adel angehörten. Das Regiment bildete zugleich die Leibgarde des Königs, der wiederum auch Oberbefehlshaber der sächsischen Armee war. Das war in gewisser Weise eine weitere Besonderheit, denn auch nach der Eingliederung in den Norddeutschen Bund und das Deutsche Reich hatte das Königreich Sachsen als einziger Bundesstaat neben Bayern und Württemberg eine eigene Armee behalten dürfen. Zwar wurde die sächsische Armee als XII. (I. Königlich Sächsisches) Armeekorps in das Bundesheer eingegliedert, über das nun der preußische König den Oberbefehl besaß; dennoch blieb die sächsische Armee, die 1899 um das XIX. (II. Königlich Sächsisches) Armeekorps in Leipzig erweitert wurde, ganz auf den sächsischen König ausgerichtet.

· 153 ·

Links: Kronprinz Georg von Sachsen und Prinz Friedrich Christian von Sachsen zu Besuch bei Familie von Schönberg in Wasserjentsch bei Breslau, um 1920, in der Mitte Sibylla von Schönberg, geborene Sahrer von Sahr, die Ehefrau des Caspar von Schönberg.

Rechts: Esther von Carlowitz mit ihrem ersten Mann, Georg Graf zu Münster, um 1914.

Demgemäß war auch Friedrich August III. bei Ausbruch des Ersten Weltkrieges formal der Oberbefehlshaber über die sächsische Armee. Zwar hatte Friedrich August, der den Rang eines preußischen Generalfeldmarschalls trug, auch eine militärische Ausbildung erfahren, dennoch wäre er wohl den Anforderungen der praktischen Kriegsführung nicht gewachsen gewesen. Dieser Einsicht folgend, zog er nicht an der Spitze seiner Soldaten in den Krieg, sondern verzichtete als einziger der vier deutschen Majestäten auf den Oberbefehl. Der Befehl über die sächsische Armee wurde stattdessen dem damals auch schon fast 68-jährigen Generaloberst Max Freiherr von Hausen (1846–1922) übertragen. Der frühere Kriegsminister, der von 1912 bis Mai 1914 sogar Vorsitzender des Gesamtministeriums gewesen war, wurde freilich bald darauf, im September 1914, nach der verlustreichen Schlacht an der Marne, vom Kaiser seines Kommandos enthoben. Der König indes beließ es im weiteren Verlauf des Krieges bei gelegentlichen Frontbesuchen. Die meiste Zeit hielt er sich im heimischen Sachsen auf, wo der streng geregelte Tagesablauf mit endlosen Jagden, abendlichem Skatspiel, unterbrochen nur von gelegentlichen Ministervorträgen oder Reisen aufrechterhalten wurde, wie das Hofprotokoll Auskunft gibt.[13]

Nach dem verlorenen Ersten Weltkrieg und der Abschaffung der Vorrechte des Adels herrschte in weiten Teilen des Adels eine gewisse Orientierungslosigkeit. Sinnbildlich dafür steht der Lebensweg Arnold Vieth von Golßenaus in den 1920er Jahren. 1919 war er als Wahlführer eines Bataillons nach Dresden zurückgekehrt und nach Auflösung der Armee in die Dresdner Sicherheitspolizei eingetreten. Schon kurze Zeit später, 1920, nahm er auf eigenen Wunsch seinen Abschied, nachdem er den Befehl, auf eine demonstrierende Menge zu schießen, nicht ausgeführt hatte. Im selben Jahr nahm er ein Studium der Rechtswissenschaften, der Nationalökonomie, der Kunstgeschichte und der russischen Philologie in Göttingen auf. Knapp drei Jahre studierte er, ohne einen Abschluss zu erzielen. Danach arbeitete er im Kunsthandel und versuchte sich auch als Landwirt auf einer Kleinparzelle am Stadtrand von Dresden. Schließlich wanderte er in den Jahren 1925/26 größtenteils zu Fuß durch Südeuropa bis in den Orient. Dabei begann er zu schreiben. Zurück in Deutschland und beeindruckt von den Erfahrungen im Orient, schrieb er sich 1926/27 an der Universität Wien in den Fächern Kunstgeschichte und Orientalische Geschichte ein. Zugleich wandte er sich marxistischen Ideen zu und wurde zu einem überzeugten Marxisten mit einer beinahe religiösen Begeisterung für die kommunistische Gesellschaftsform. Zum 1. Februar 1928 trat er in die KPD ein.

Obwohl sich der Schriftsteller zum Sozialismus bekannte und das politische System der späteren DDR bejahte, konnte er seine Herkunft und frühe Sozialisierung nicht abstreifen. Er erarbeitete noch vor seinem Tod ein umfangreiches Manuskript über die Geschichte der Familien, von denen er abstammte; auch beantragte er im westdeutschen Marburg die Aufnahme in den Verband des sächsischen Adels.[14] Das wurde freilich abgelehnt, da er den meisten sächsischen Adligen zeit seines Lebens als »Nestbeschmutzer« galt und sie ihm die Hinwendung zu den Kommunisten nicht vergessen konnten. Von vielen adligen Zeitgenossen wurde Ludwig Renn abschätzig betrachtet, seine Familie als Neuadel verunglimpft, was heißen soll, dass er die adligen Werte und Normen nicht verinnerlicht hätte. Damit behauptete man die Uneinholbarkeit des sogenannten Uradels, unter welchem jene Familien verstanden werden,

die schon vor dem Ende des Mittelalters dem Adel angehörten.

Dagegen gab es auch königstreue Monarchisten, wie Caspar von Schönberg (1878–1966), die am Treueeid gegenüber dem König festhielten.15 Der König könne ihn nicht vom Eid entbinden, da es ein vor Gott gegebenes Versprechen sei.16 Es bestünde gewissermaßen eine unauflösbare Symbiose zwischen (Ur-)Adel und dem von Gottes Gnaden regierenden Herrscherhaus. Für Caspar von Schönberg war die Revolution ein Schock. In seinen Erinnerungen, die er nach dem Zweiten Weltkrieg niederschrieb, war für ihn das Ende der Monarchie folgenreicher als der Zusammenbruch des Deutschen Reiches und der Verlust von Besitz und Heimat: »Aber die schwerere weltanschauliche Anfechtung war für mich die von 1918. Kaiser- und Königtum waren für mich und viele andere Deutsche aller Gesellschaftsklassen so fest gegründete und freudig bejahte sittliche Begriffe, dass mein Leben in der deutschen Volksgemeinschaft ohne sie das wesentlichste Stück seines völkischen Sinnes auch bis heute verloren hat.«17

Von Arndt von Kirchbach (1885–1963), der als Offizier am Ersten Weltkrieg teilnahm, sind nicht so starke Worte überliefert. Die Revolution selbst erwähnte er in seinen Erinnerungen nur knapp.18 Aber die Folgen für ihn waren gravierend. Auch infolge des Umsturzes, den sie nicht verkraftete, nahm sich seine erste Frau Sibylla, geborene Edle von der Planitz, am 2. Januar 1919 das Leben. Er selbst musste sich aufgrund der Demilitarisierung einen neuen Beruf suchen, und so entschloss er sich, evangelische Theologie zu studieren. Beim Studium lernte er seine spätere zweite Frau Esther Gräfin zu Münster, geborene von Carlowitz (1894–1946), kennen, die Tochter des sächsischen Generaladjutanten und Kriegsministers Adolph von Carlowitz (1858–1928). Beide blieben zeit ihres Lebens dem Königshaus eng verbunden. Von Esther von Kirchbach ist der Ausspruch überliefert: »Wer nicht vor 1914 geboren ist, kennt nicht die Süße des Lebens.«

Befürworter und Gegner der Monarchie

Es ist wohl davon auszugehen, dass die meisten Mitglieder sächsischer Adelsfamilien die Republik und marxistisch-kommunistische Experimente ablehnten. Das bedeutete aber nicht automatisch ein Eintreten für die Wiedereinführung der Monarchie. Selbst im Königshaus glaubte man nicht an eine Wiedereinsetzung der Königsherrschaft. Prinz Ernst Heinrich von Sachsen (1896–1971) sympathisierte mit der nationalliberalen Deutschen Volkspartei (DVP), die sich zur republikanischen Staatsform bekannte. Seinem Bericht nach sei er 1929 gebeten worden, bei der Reichspräsidentenwahl als Kandidat der DVP anzutreten, was Ernst Heinrich jedoch ablehnte.19

In der Weimarer Republik traten mehrere rechtsgerichtete Parteien und Verbände für die Monarchie ein, ohne allerdings konkret zu erklären, wie eine solche Monarchie organisiert sein sollte.20 An eine erneute Inthronisierung der deutschen Bundesfürsten war meist nicht gedacht, eher an das Kaisertum oder – losgelöst von den bestehenden Herrscherhäusern – an einen diffusen »Führer«. Erstaunlicherweise gab es in Sachsen nie so starke und prägende monarchistische Verbände wie in Bayern und Preußen. Der 1923 gegründete Bayerische Heimat- und Königsbund hatte 1925 knapp 50 000 Mitglieder in 2 000 Ortsgruppen. Er trat für die Wiederherstellung des Königreichs Bayern ein und forderte die Einsetzung des populären Kronprinzen Rupprecht (1869–1955) als König. Reichsweit traten die Deutschnationale Volkspartei (DNVP) und der Frontkämpferbund Stahlhelm für eine monarchische Ordnung ein, was sich aber weitgehend auf Kaiser Wilhelm II. (1859–1941) und das Haus Hohenzollern richtete. Als Frauenorganisation des Stahlhelms wurde 1923 der Bund Königin Luise, kurz Luisenbund, gegründet. Die Namenswahl bezog sich auf Luise von Preußen (1776–1810) und war keine Anspielung auf Luise von Toscana. Der Bund war eine rechtsgerichtete und antisemitische Vereinigung, deren Mitglieder das Haus Hohenzollern bewunderten und sich für die Monarchie als Staatsform aussprachen, freilich unter einem Hohenzollern.

Im Freistaat Sachsen gab es hingegen keine größeren Verbände oder Organisationen, die sich zur sächsischen Monarchie bekannten. Am aktivsten waren wohl die Militärvereine.21 Sie setzten sich überwiegend aus älteren Soldaten zusammen, die schon am Krieg 1870/71 teilgenommen oder vor dem Ersten Weltkrieg ihren Militärdienst

Oben: Fahne des Militärvereins Rähnitz.

Unten: Mitgliedsabzeichen des Sächsischen Militärvereinsbundes.

abgeleistet hatten. Allerdings musste der Königlich Sächsische Militärverein, der Dachverband der örtlichen Militärvereine, nach der Revolution sein Bekenntnis zum König aus dem Namen streichen. Der Dachverband wurde in Sächsischer Militärvereinsbund umbenannt. Die Staatsbehörden überwachten die Militärvereine und versuchten, sie am Waffengebrauch zu hindern, da man davon ausging, dass die Mitglieder die Republik ablehnten. Allerdings gaben die Militärvereine nach 1918 nie ein offenes Bekenntnis zur Wiedererrichtung der Monarchie ab, weshalb sie durchgehend erlaubt blieben. Anders war das bei dem Landesverband des Stahlhelms.[22] Die Mitglieder des deutschnationalen Frontkämpferbundes sprachen sich wiederholt gegen Republik und Verfassung aus. Der Stahlhelm strebte eine »völkische Monarchie« an, ohne aber genau zu erklären, wer in einer solchen Monarchie herrschen solle. In Sachsen bezogen die Stahlhelmer diesen Gedanken wohl teilweise auf Friedrich August III. Das war bereits an der Uniform zu sehen, die die Mitglieder des sächsischen Landesverbands des Stahlhelms trugen. Am linken Ärmel der »Bundeskleidung« war ein sächsisches Wappen mit Königskrone angebracht. Aber nicht alle Anhänger dieses Wehrverbands wollten zu der Herrschaftsform vor 1918 zurück. So äußerte Hauptmann a. D. Werner bei einer Stahlhelm-Versammlung in Wurzen, »der alte monarchische Staat sei zusammengebrochen aus inneren Gründen«.[23] Unter »Monarchie« verstanden er und andere Stahlhelm-Führer offensichtlich keine Rückkehr Friedrich Augusts. Die Utopien richteten sich eher auf ein neues gesamtdeutsches Kaisertum in einem neuen »Dritten Reich«. Aufgrund der Gegnerschaft zur Republik löste der Minister des Innern am 1. Dezember 1923 den Stahlhelm auf dem Gebiet des Freistaats Sachsen auf. Nach einem Urteil des Staatsgerichtshofs vom 8. Februar 1924 musste jedoch das Verbot des Wehrverbands wieder aufgehoben werden. Der Stahlhelm blieb als völkisch-deutschnationale Organisation bis 1933 bestehen. In ihm organisierte sich zwar eine konservative Elite, doch gelang es ihm nicht, breitere Bevölkerungskreise zu mobi-

Ganz oben: Sammelbüchse des Stahlhelms – Bund der Frontsoldaten, Ortsgruppe Wilsdruff, um 1930.

Oben: Abzeichen des Stahlhelms, 1924, und Abzeichen des Stahlhelm-Frauenbundes, nach 1919.

Rechts: Mitglied der Schwarzen Reichswehr bei der Bewachung der Freiberger Kaserne, um 1925.

lisieren. Die dem Stahlhelm nahestehende DNVP erhielt in Sachsen nie mehr als 15 Prozent der Wählerstimmen.

In dieselbe Kerbe der Unzufriedenheit mit den Verhältnissen und der vorgeblichen Schwäche der Weimarer Republik stießen die paramilitärischen Formationen der sogenannten Schwarzen Reichswehr.[24] Sie waren von der Reichswehr mit Uniformen und Waffen ausgerüstet worden, die sich auf diese Weise für eventuelle Aktionen eine Reserve bildete. Ihre Mitglieder rekrutierten sich gleichfalls aus Weltkriegsveteranen und ehemaligen Freikorpskämpfern, vor allem aber aus verschiedensten Motiven Republikverdrossenen, in die sich latent auch monarchistische Gedanken gemischt haben, ohne dass diese konkret zu greifen wären. Auch diese Einheiten wurden allerdings nach einem missglückten Putschversuch ihres »Anführers« Major a. D. Bruno Ernst Buchrucker (1878–1966) und dessen Verurteilung zu zehnjähriger Festungshaft faktisch aufgelöst.

Volksentscheid zur Fürstenenteignung
Insgesamt besaßen die Gegner einer Wiedererrichtung der Monarchie eine große Mehrheit. Ein deutlicher Indikator dafür ist

S. 158: Flugblatt für die Fürstenenteignung, Herausgeber: Kommunistischer Jugendverband Deutschland, 1926.

S. 159: Plakat gegen den Volksentscheid.

der Volksentscheid zur Fürstenenteignung 1926. Mit ihm reagierten die linksgerichteten Kräfte auf die Ausgleichsverträge, die die Einzelstaaten mit den früheren Landesfürsten aushandelten oder bereits geschlossen hatten. Dabei ging es um die Trennung des Staatsvermögens vom Privatvermögen der Landesfürsten.[25] Immerhin hatte Artikel 153 der Weimarer Verfassung das Privateigentum unter Schutz gestellt. Allerdings war zum Wohl der Allgemeinheit auch die Enteignung vorgesehen. Der Enteignete musste jedoch entschädigt werden. Ende des Jahres 1925 brachte die KPD einen Gesetzentwurf ein, der die entschädigungslose Enteignung der Fürstenhäuser vorsah. Nicht nur unter den Anhängern der KPD und der SPD gab es viele Anhänger, auch unter den Anhängern der Zentrumspartei sowie der Deutschen Demokratischen Partei fand die Idee einer entschädigungslosen Enteignung mittlerweile zahlreiche Sympathisanten. Da ein solches Gesetz jedoch kaum Aussicht auf Erfolg hatte, wurde von KPD und SPD ein Volksbegehren initiiert, dem ein Volksentscheid folgte. Beim Volksbegehren hatten sich die Wahlberechtigten zunächst in Abstimmungslisten eintragen lassen müssen, wobei ein Quorum von zehn Prozent erreicht werden musste. In den drei sächsischen Wahlkreisen Dresden-Bautzen, Leipzig und Chemnitz-Zwickau lag die Eintragungsrate bei etwas unter 50 Prozent. Die eigentliche Beteiligung an der Abstimmung lag dann sogar noch etwas höher. Die erforderliche Stimmenmehrheit wurde jedoch nicht erreicht. Immerhin hatte im »roten Sachsen« allerdings knapp die Hälfte für das Ansinnen des Volksentscheids gestimmt. Der Wahlkreis Leipzig wies nach Hamburg sogar den höchsten Stimmenanteil auf. Hier hatten 51,7 Prozent der abgegebenen Stimmen dem Volksentscheid zur entschädigungslosen Enteignung zugestimmt, zudem registrierte man hier mit 57 Prozent eine überdurchschnittlich hohe Wahlbeteiligung.[26] Daran zeigt sich, dass der wohl weitaus größte Teil der Bevölkerung eine Wiedereinführung der Monarchie in Sachsen ablehnte, ja mehr noch: und sogar eine vollständige Enteignung des Königshauses wünschte.

Reste des Monarchismus nach 1945

Viele Mitglieder des sächsischen Adels, die nach dem Ende des Zweiten Weltkriegs aus Sachsen vertrieben worden oder in den Westen geflohen waren, sprachen sich auch nach 1945 für die Monarchie aus. So schrieb der an den Starnberger See geflüchtete Joseph von Schönberg-Roth-Schönberg (1873–1957) in einem Brief vom 14. April 1952, dass es selbstverständlich sei, »dem angestammten Haus Wettin die Treue zu halten«. Weiter argumentierte er: »Eine Abkehr von dieser historisch bedingten und im Herzen verankerten Treuepflicht entkleidet den Adligen seines Rechtes dem adligen Stande anzugehören.«[27] Der aus Reinsberg vertriebene Wolf Erich von Schönberg (1895–1981) betonte: »Allen von uns ist das monarchische Empfinden ein heiliges Vermächtnis.«[28] Diese begeisterte Zustimmung zur Monarchie blieb aber auf die ältere Generation beschränkt, die vor 1914 aufgewachsen war und die Königsherrschaft noch bewusst erlebt hatte. Von der jüngeren Generation dieser Adelsfamilien sind keine Äußerungen dieser Art bekannt.[29] Sie hinterfragte das politische System der Bundesrepublik Deutschland nicht, da es für stabile politische Verhältnisse sorgte und auch den Vertriebenen aus der »Ostzone« einen Anteil am Wohlstand sicherte. Außerdem bewirkte der zeitliche Abstand, dass die nach dem Krieg Geborenen die Welt des Königshofes nicht mehr kannten und allenfalls aus Erzählungen der Eltern und Großeltern darüber erfuhren. Erst recht war es in der DDR undenkbar, monarchistische Gedanken zu äußern.

So dauerte es bis 1989, dass Wettiner auch ganz offiziell wieder nach Sachsen zurückkehren konnten, zunächst allerdings nur besuchsweise. Die Enkel König Friedrich Augusts III., Markgraf Maria Emanuel (1926–2012) und Herzog Albert von Sachsen (1934–2012), kamen nach der friedlichen Revolution zwar häufig ins Land ihrer Vorfahren, behielten ihre Hauptwohnsitze in der Schweiz und in München aber bei. Erst die Generation der Urenkel hat mit Alexander von Sachsen und Rüdiger von Sachsen wieder fester in der alten Heimat Fuß gefasst. Monarchistische Bestrebungen waren damit freilich keine verbunden (und wären wohl auch dynastisch-adelsrechtlich kaum durchsetzbar).[30] Heute leben Nachkommen der wettinischen Königsfamilie mit der Last und Glorie einer langen Geschichte als Bürger unter Bürgern im Freistaat Sachsen. Ihre Präsenz macht die historische Erinnerung an das über 800 Jahre herrschende Fürsten-Geschlecht fassbar und lebendig.

1 So hatte der letzte bayerische Monarch Ludwig III. (1845–1921) schon in den Wintermonaten 1919 wieder nach Bayern zurückkehren können, das er dann zwar nach der Ermordung Kurt Eisners (1867–1919) durch Anton Graf von Arco-Valley (1897–1945), dem als Motiv für diese Tat auch Verbindungen zu monarchistischen Gruppierungen nachgesagt wurden, verließ, sich aber dann ab April 1920 wieder auf Schloss Wildenwart im Chiemgau niederließ. Beigetragen zu diesen Tendenzen hat wohl auch sein Tod 1921, der in eine noch immer von starken antirepublikanischen Stimmungen geprägte Zeit fiel.
2 Britta Günther/Michael Wetzel (Hrsg.): Die Grafen und Fürsten von Schönburg im Muldental, Olbersdorf 2013 (Adel in Sachsen, Bd. 1).
3 Zum Adel in Sachsen vgl. Katrin Keller/Josef Matzerath: Geschichte des sächsischen Adels, Köln/Weimar/Wien 1997; Josef Matzerath: Adelsprobe an der Moderne. Sächsischer Adel 1763–1866. Entkonkretisierung einer traditionalen Sozialformation, Stuttgart 2006; Martina Schattkowsky (Hrsg.): Adlige Lebenswelten in Sachsen. Kommentierte Bild- und Schriftquellen, Köln/Weimar/Wien 2013; und die Bände in der Reihe »Adel in Sachsen«, hrsg. von Lars-Arne Dannenberg und Matthias Donath.
4 Vgl. Josef Matzerath: Adel im Übergang: Die gesellschaftliche Stellung des niederen sächsischen Adels vor dem Ersten Weltkrieg. In: Simone Lässig/Karl Heinrich Pohl (Hrsg.): Sachsen im Kaiserreich. Politik, Wirtschaft und Gesellschaft im Umbruch: Köln/Weimar/Wien 1997, S. 271–297.
5 Vgl. Edition des Berichts von O'Byrn in diesem Band.
6 Vgl. Josef Matzerath: Aspekte sächsischer Landtagsgeschichte: Formierungen und Brüche des Zweikammerparlaments (1833–1868), Dresden 2003, Varianten der Moderne (1868–1952), Dresden 2007.
7 Vgl. Richard von Mansberg: Der mittelalterliche Turnierzug zur 800jährigen Jubelfeier des erlauchten Hauses Wettin. Darstellung der Theilnehmer in farbigem Lichtdruck nebst erläuternden historischen Nachweisen, Dresden 1890, vgl. dazu Simone Mergen: Monarchiejubiläen im 19. Jahrhundert. Die Entdeckung des historischen Jubiläums für den monarchischen Kult in Sachsen und Bayern, Leipzig 2005.
8 Vgl. Beitrag von Matthias Donath in diesem Band.
9 Vgl. Jan Bergmann: Wie aus John James Johann Jacob wurde. Die irische Familie O'Byrn in Sachsen. In: Lars-Arne Dannenberg/Matthias Donath (Hrsg.): Lebensbilder des sächsischen Adels II, Bernstadt 2016 (Adel in Sachsen, Bd. 7), S. 65–116.
10 Prinz Ernst Heinrich von Sachsen: Mein Lebensweg vom Königsschloß zum Bauernhof, Dresden/Basel 1995, S. 26.
11 Vgl. Beitrag von Matthias Donath in diesem Band.
12 Vgl. die Edition in diesem Band.
13 Vgl. Beitrag von Matthias Donath in diesem Band.
14 Zu Ludwig Renn vgl. Lars-Arne Dannenberg/Matthias Donath: Arnold Vieth von Golßenau alias Ludwig Renn (1889–1979). In: Lars-Arne Dannenberg/Matthias Donath: Lebensbilder des sächsischen Adels I, Bernstadt a. d. Eigen 2014 (Adel in Sachsen, Bd. 7), S. 159–180 mit weiterer Literatur und Quellennachweisen. Neuerdings auch Josef Matzerath: Linker Adel. Die Entkonkretisierung einer Sozialformation. In: Dresdner Hefte 35 (2017), Heft 130, Das »linke« Dresden. Eine Spurensuche über 100 Jahre, Dresden 2017, S. 62–64, hier jedoch ohne Hinweis auf die neuesten Renn-Forschungen.
15 Zu ihm und zur Familie von Schönberg vgl. Matthias Donath: Rotgrüne Löwen. Die Familie von Schönberg in Sachsen, Meißen 2014 (Adel in Sachsen, Bd. 4.), v. a. S. 462–464, 481–485.
16 Caspar v. Schönberg: Aus meinem Leben, Panitzsch 2011, bes. S. 238–258.
17 Ebd., S. 257.
18 Vgl. Arndt von Kirchbach: Lebenserinnerungen, 5 Bände, Göppingen 1987, betreffend die Jahre 1886 bis 1939, als Privatdruck in nur wenigen Exemplaren gedruckt. Ein Teil des Nachlasses befindet sich im Sächsischen Staatsarchiv, Hauptstaatsarchiv Dresden, Bestand 13087, Personennachlass Arndt von Kirchbach (D), dort u. a. auch Exemplare der Lebenserinnerungen.
19 Prinz Ernst Heinrich von Sachsen 1971, S. 211–213.
20 Vgl. Stefan Breuer: Ordnungen der Ungleichheit. Die deutsche Rechte im Widerstreit ihrer Ideen 1871–1945, Darmstadt 2001; Ders.: Die Völkischen in Deutschland. Kaiserreich und Weimarer Republik, Darmstadt 2008.
21 Zu den Militärvereinen in Sachsen vgl. HStA Dresden, 10736 Ministerium des Innern, Nr. 11168.
22 Zum Stahlhelm in Sachsen vgl. HStA Dresden, 10736 Ministerium des Innern, Nr. 19090, 11134.
23 HStA Dresden, 10736 Ministerium des Innern, Nr. 11134.
24 Bernhard Sauer: Schwarze Reichswehr und Fememorde. Eine Milieustudie zum Rechtsradikalismus in der Weimarer Republik, Berlin 2004.
25 Vgl. Beitrag von Matthias Donath in diesem Band.
26 Angaben nach Wikipedia, Art. Fürstenenteignung (letzter Zugriff am 1.1.2018).
27 HStA Dresden, 12614, Familiennachlass von Schönberg, Nr. 734.
28 Ebd.
29 Vgl. Donath 2014, S. 545.
30 Zwischengutachten des Deutschen Adelsrechtsausschusses, Marburg, 5. November 2014 (Kopie im Archiv des Zentrums für Kultur// Geschichte). Vgl. auch Gemeinsame Erklärung der Oberhäupter des Gesamthauses Wettin vom 23. Juni 2015.

Amtsgericht Dresden
im Dienstzimmer
des Herrn Ministerpräsidenten
im Ministerialgebäude in Dresden-Neustadt, Königsufer 2
am 25. Juni 1924.

Mitwirkend als Richter: Amtsgerichtspräsident Schachtel.

Erschienen
dem mitwirkenden Richter von Person bekannt:
Herr Ministerpräsident Max Wilhelm August Heldt
von hier, Schnorrstr. 73,
als Vertreter des Freistaates Sachsen,
und

Herr Rechtsanwalt und Notar Justizrat Dr. Carl Heinrich
Leonhard Libal von hier, Winckelmannstr. 39¹,
als Vertreter des vormaligen Königs Friedrich
August von Sachsen,
zugleich als derzeitigen Vorsitzenden des
Familienvereins „Haus Wettin Albertinischer
Linie e.V.",
Generalvollmacht vorlegend.

Die Beteiligten nehmen Bezug auf den diesem
Protokoll als Anlage A beigefügten Vertrag nebst
dessen Anlagen, diese befinden sich Seite 15 bis mit
240 des Vertrages vom 23. August 1922 und weiter bei-
gefügt als Sammlungsverzeichnis A bis H.
Sie bekennen sich zum Inhalte des Vertrags und seiner Anlagen und erklären, daß sie
diesen Vertrag hiermit abschließen.
Sie erklären weiter, daß jeder einen Durch-
schlag des Vertrags nebst Anlagen in den Händen
habe und gelesen habe.
Dieses Protokoll und die Anlage A nebst
deren Anlagen werden vorgelesen und von den
Beteiligten genehmigt und wie folgt eigenhändig mitunterschrieben:

Max Wilhelm August Heldt
Dr. Karl Heinrich Leonhard Libal
Schachtel, Amtsgerichtspräsident

Matthias Donath

Der Besitz des vormaligen sächsischen Königshauses zwischen 1918 und 1945

Als Friedrich August III. am 15. November 1918 in Sibyllenort eintraf, hatte er nicht nur den Thron verloren, sondern auch den Großteil seines Vermögens. Die Revolutionäre hatten sämtliche Vermögenswerte des Königshauses beschlagnahmt, auch den privaten Besitz, und jegliche Zahlungen eingestellt. Am 23. November 1918 verfügte das Gesamtministerium, dass »alle Besitztümer des vormaligen Königs von Sachsen sowie der Prinzen und Prinzessinnen des vormaligen königlichen Hauses« beschlagnahmt seien, »soweit sie sich im Bereich der Republik Sachsen befinden«. Außerdem wurde das Hausgesetz vom 30. Dezember 1837 aufgehoben, das unter anderem die Zahlung der Apanagen (Abfindungen) an die nicht regierenden Mitglieder des Königshauses regelte.[1] Die Auszahlung der Gelder gemäß der »Zivilliste«, so der Begriff für die Zahlungsverpflichtungen des Staates an den König, wurde zum 1. Dezember 1918 eingestellt. Am 30. Dezember 1918 wies Georg Graf von Metzsch-Reichenbach (1836–1927), der sich weiterhin als Minister des Königlichen Hauses betrachtete, das Hof-

zahlamt an, aus Mitteln der Kronrente 40 000 Mark zu Händen des Geheimen Legationsrats Dr. Oskar Rudolf Steinbach auszuzahlen.[2] Mit diesem Schreiben, das nicht mehr bearbeitet wurde, enden die Akten des Ministeriums des Königlichen Hauses, das ersatzlos aufgelöst wurde.

Die Einstellung der Zahlungen betraf nicht nur den früheren König, sondern auch sämtliche Mitglieder und Bedienstete des Hofes, von denen die meisten ab Dezember 1918 kein Einkommen mehr hatten. Diese merkten unmittelbar, was die Revolution und die Auflösung des Königshofes bedeuteten. Friedrich August III. selbst konnte seinen königlichen Lebensstil nur beibehalten, weil er über einen bedeutenden Grund-

besitz außerhalb von Sachsen verfügte. Auf Schloss und Herrschaft Sibyllenort in der preußischen Provinz Schlesien hatten die sächsischen Behörden keinen Zugriff. In Preußen wurde Friedrich August III. als normaler Grundeigentümer behandelt, nicht als ehemals regierender Monarch. Allerdings war die Herrschaft Sibyllenort verschuldet und durch die laufenden Unterhaltskosten für Schloss Sibyllenort belastet. In einem Brief vom 8. Dezember 1920 beklagte er sich bei seinem Bruder Johann Georg (1869–1938): »Meine Verhältnisse sind jetzt wenig erfreulich.«[3]

Das Königshaus war keineswegs bereit, auf sämtliche Zahlungen zu verzichten, sondern strebte eine Freigabe des be-

Links: Staatsvertrag zwischen dem Freistaate Sachsen und dem vormaligen Königshaus, Original des ausgehandelten Vertrags vom 25. Juni 1924, unterzeichnet von Ministerpräsident Max Heldt und dem Vertreter des Königshauses, Dr. Bernhard Eibes.

Oben: Schloss Sibyllenort mit Schlossteich und Brauerei, Postkarte, 1903.

Den Bediensteten des Hofes standen schwere Zeiten bevor, denn Ende 1918 wurden sämtliche Zahlungen eingestellt. Das Gemälde von Prinzessin Mathilde stammt noch aus glücklicheren Tagen: Portier, Offiziant, Heiduck, Gondoliere und Hoftrompeter im Schlosspark Pillnitz.

Rechts: Eine Hofjagd war sehr aufwendig und teuer. Leibjäger, Gemälde von Prinzessin Mathilde, Schwester des Königs.

schlagnahmten Privatvermögens und eine Abfindung für die entfallenen Apanagen an. Mit der Durchsetzung seiner Ansprüche beauftragte Friedrich August III. den Dresdner Rechtsanwalt Justizrat Dr. Bernhard Eibes (1867–1942).[4]

Das königliche Vermögen vor der Revolution

Der König und die Mitglieder der königlichen Familie verfügten vor der Revolution über Vermögenswerte ganz verschiedener Rechts- und Eigentumsformen.

Mit der Einführung der ersten sächsischen Verfassung vom 4. September 1831 erfolgte eine Trennung des Staatsguts vom Privatvermögen des Königshauses. Der Grundbesitz des Königshauses, das heißt die königlichen Ämter, Domänen, Kammergüter und Forstreviere, ging an den Staat über.[5] Damit wurde ein Staatsvermögen gebildet, auch bezeichnet als »Königlicher Fiskus«. Die Erträge daraus flossen der Staatskasse zu. Da zahlreiche Schlösser nicht mehr vom Königshaus genutzt wurden, sondern als Behördensitze dienten, wurden sie ebenfalls verstaatlicht. Das betraf etwa die Schlösser Rochlitz, Colditz und Nossen oder das frühere Jagdschloss Hubertusburg in Wermsdorf. Zur Entschädigung erhielt der König eine Geldzahlung aus der Staatskasse, die sogenannte Zivilliste, über die er frei verfügen konnte.[6] Gemäß Verfassung war diese Zivilliste ein Äquivalent für die Erträge des königlichen Domänengutes. Aus der Zivilliste, deren Höhe der Landtag bestimmte, war der gesamte Aufwand der Hofhaltung zu begleichen, darunter die Gehälter und Pensionen für die Beschäftigten des Hofes, die Hofjagd, der Hofgottesdienst und das Hoftheater. Die Zivilliste belief sich zuletzt auf jährlich 3 778 962 Mark.

Die Mitglieder des Königshauses erhielten gemäß der Verfassung[7] und dem Hausgesetz vom 30. Dezember 1837 ebenfalls regelmäßige Geldzahlungen (Apanagen). Diese Mittel stammten aus der Staatskasse und waren als jährliche Geldrente auszuzahlen. Eine besondere Apanage stellte die Sekundogenitur dar. Dabei handelte es sich um einen Fideikommiss, der von Kurfürstin Maria Antonia (1724–1780), der Witwe des Kurfürsten Friedrich Christian (1722–1763), 1776 aus dem Allodialvermögen gestiftet worden war, das sie als bayerische Prinzessin geerbt hatte. Die Erträge dieses Vermögens sollten dem nächstberechtigten männlichen Familienmitglied des Königshauses nach dem König zustehen. In der Regel war das der jüngere Bruder des Königs. Das von Maria Antonia gestiftete Vermögen war dem Staat zugeordnet worden, der gemäß Hausgesetz eine jährliche Sekundogeniturrente in Höhe von 85 000 Talern, später 262 000 Mark, zahlte. Zur Sekundogenitur gehörten außerdem eine Bibliothek und eine Kunstsammlung, vorwiegend Kupferstiche und Zeichnungen.

Mit dem Hausfideikommiss wies die Verfassung vom 4. September 1831 eine weitere Vermögensmasse aus.[8] Das Hausfideikommiss beruhte auf einer testamentarischen Bestimmung Kurfürst Friedrich Augusts II. (1696–1763) vom 3. Mai 1737, wonach die Schlösser und Kunstgüter als vom Staatsgut abgesondertes unteilbares Vermögen an seine Nachkommen weiterzugeben waren. Im Hausfideikommiss waren die königlichen Schlösser, Paläste, Hofgebäude, Gärten, die Stallungen und Wagen, das Inventar der Schlösser, die Bibliothek, die Kunstschätze sowie die Sammlungen zusammengefasst. Der jeweilige König konnte diese Güter zeit seines Lebens nutzen. Nach seinem Ableben gingen sie an den nachfolgenden König über. Die Thronfolge war in der Verfassung genau geregelt, sie beruhte auf dem Recht der Erstgeburt und der agnatischen Linealfolge.[9] Zum Hausfideikommiss gehörten das Grüne Gewölbe, die Gemäldegalerie, die Porzellansammlung und andere Kunstsammlungen, die zusammen als »Königliche Sammlungen für Kunst und Wissenschaft« firmierten und für Besucher zugänglich waren. Auch die Königliche Öffentliche Bibliothek konnte von jedermann genutzt werden. Sie hatte 1917 den Namen »Sächsische Landesbibliothek« erhalten.

Oben: Schlosspark Pillnitz mit Bergpalais, Postkarte, koloriert, 1917.

Unten: Residenzschloss Dresden, Foto von Walter Hahn, 1939.

Rechts oben: Königliche Villa Strehlen, vor 1891.

Rechts Mitte: Königliche Villa Wachwitz, 1907.

Rechts unten: Neues Königliches Schauspielhaus in Dresden, 1916.

Dem Hausfideikommiss waren das Residenzschloss in Dresden, die Schlösser Moritzburg und Pillnitz, der Park und das Friedrichschlösschen in Großsedlitz und das als Jagdsitz genutzte Schloss Wermsdorf sowie die Villa des Kronprinzen in Dresden samt ihrem Inventar zugeordnet. Die bauliche Erhaltung der Schlösser war Aufgabe des Hausfideikommisses, während die laufende Nutzung aus der Zivilliste des Königs zu finanzieren war.

Daneben verfügten der König und die Mitglieder des Königshauses über Privatvermögen. Dabei war zwischen dem Allodialvermögen, das frei vererbt werden konnte, und den Fideikommissen zu unterscheiden. Letztere, in Sachsen auch Anwartschaften genannt, stellten ein gebundenes Vermögen dar, das ungeschmälert zu erhalten war. Der Inhaber eines Fideikommisses konnte nur die Erträge der Vermögensmasse nutzen. Der König von Sachsen war Inhaber von drei Fideikommissen: Das Fideikommiss Sibyllenort im früheren Herzogtum Oels in Schlesien war von dem kinderlosen Herzog Wilhelm von Braunschweig-Lüneburg (1806–1888), dem letzten Herzog von Oels, gestiftet worden. Es umfasste das im englischen Tudorstil ausgebaute Schloss Sibyllenort sowie rund 16 200 Hektar Grundbesitz. Der letzte Herzog von Oels hatte sowohl das Fideikommiss Sibyllenort als auch weiteres Allodialvermögen, darunter die Herrschaft Guttentag, seinem Jagdfreund, König Albert von Sachsen (1828–1902), vermacht. 1904 übernahm Friedrich August III. das Fideikommiss, das nach Abtretungen und Zukäufen nunmehr insgesamt 22 930 Hektar Ackerland und Forsten sowie rund 1600 Gebäude umfasste.

Das zweite Fideikommiss war die Familienanwartschaft Wachwitz, die König Friedrich August II. von Sachsen (1797–1854) gemäß Testament vom 4. April 1854 errichtet hatte. Sie umfasste die Königliche Villa in Wachwitz mit dem Königlichen Weinberg, mehrere Parkgrundstücke und Gebäude sowie die katholische Kapelle. Das dritte Fideikommiss, die Familienanwartschaft, hatte König Albert von Sachsen in seinem Testament vom 23. März 1901 gestiftet. In diesem Sondervermögen waren mehrere, seit dem 19. Jahrhundert vom Königshaus erworbene Rittergüter und Gebäude zusammengefasst. König Albert hatte 1878 das Rittergut Helfenberg bei Pillnitz gekauft. Es umfasste den Gutshof in Helfenberg sowie Grundstücke in Rockau, Cunnersdorf, Hosterwitz, Malschendorf, Niederpoyritz, Pappritz und Schönfeld mit insgesamt 246 Hektar land- und forstwirtschaftlicher Fläche. Außerdem hatte er das benachbarte 85 Hektar große Rittergut Gönnsdorf erworben, das den Besitz um Wachwitz und Helfenberg abrundete. Ein weiterer Bestandteil war die Königliche Villa in Hosterwitz mit der katholischen Kapelle Maria am Wege. Zur Familienanwartschaft gehörten weiterhin das 331 Hektar große Rittergut Jahnishausen bei Riesa, das der spätere König Johann von Sachsen (1801–1873) 1824 erworben hatte, die Königliche Villa Strehlen, die unter König Albert von Sachsen auf einem 1860 erworbenen Grundstück unter Verwendung von Teilen eines älteren Forsthauses erbaut worden war, und das 1870/71 errichtete Jagdschloss Rehefeld bei Altenberg im Osterzgebirge, ein Geschenk der Kronprinzessin Carola (1833–1907) an ihren Ehemann, den späteren König Albert von Sachsen. Neben diesen Vermögensteilen, die den Regeln des Fideikommissrechts unterlagen, hatten Friedrich August III. und seine Familienangehörigen auch frei verfügbares Privateigentum. Alles, was er aus Mitteln der Zivilliste erwarb, gehörte ihm persönlich. Er konnte darüber frei verfügen. Gemäß Verfassung wären diese Vermögenswerte, soweit vom König keine andere testamentarische Regelung getroffen worden wäre, dem Hausfideikommiss zugefallen. So gehörte dem König das Neue Königliche Schauspielhaus in Dresden, das 1911 bis 1913 gegenüber dem Kronentor des Zwingers aus Mitteln der Zivilliste erbaut worden war. Auch waren der gesamte Theaterfundus des Hoftheaters sowie die Wein- und Lebensmittelvorräte des Hofkellers sein persönliches Eigentum.

Ausgleich mit dem Freistaat Sachsen

In allen deutschen Staaten wurden nach der Revolution Regelungen zur Abfindung der früheren Monarchen getroffen.[10] Der Regelungsbedarf resultierte daraus, dass der Staatsbesitz und die Privatvermögen der Landesfürsten nicht ausreichend getrennt waren und zahlreiche gegenseitige Verpflichtungen bestanden, die aufzuheben waren. Den Verzicht der früheren Monarchen auf bestimmte Vermögensteile glichen die nunmehrigen Freistaaten durch Abfindungen aus. Die Abfindungsregelungen waren das Ergebnis von meist längeren Verhandlungen.

Oben: Schloss Rehefeld, Postkarte, um 1910.

Unten: Schloss Moritzburg, Foto: Ermenegildo Antonio Donadini, um 1891.

Rechts: Zusatzvereinbarung vom 2. September 1922 zur Vollmacht für Rechtsanwalt Dr. Bernhard Eibes von König Friedrich August vom 6. Dezember 1918. 1922 unterschreibt Friedrich August noch mit »König von Sachsen«.

In Sachsen wurde rund fünf Jahre verhandelt.[11] Dr. Bernhard Eibes hatte schon am 11. Dezember 1918 dem Gesamtministerium einen schriftlichen Einspruch gegen die Beschlagnahmung des Vermögens des Königs zugestellt.[12] Zu diesem Zeitpunkt war die Beschlagnahme noch gar nicht ausgesprochen, wohl aber faktisch vollzogen. Am 24. Januar 1919 forderte er die Freigabe des Privatvermögens.[13] Zudem legte er am 20. März eine 88 Seiten starke Denkschrift vor, in der er eine Aushändigung des Privat- und Sondervermögens, eine Aufteilung des königlichen Besitzes in Staats- und Privatgut und eine Abfindung für den Wegfall der Zivilliste forderte.[14] Letztere sei der Ausgleich für die 1831 an den Staat abgetretenen königlichen Domänen und Kammergüter gewesen. Die Entschädigung sollte nicht durch Geld, sondern durch die Abtretung von Domänen und Forstrevieren erfolgen. Dr. Eibes verlangte die Überlassung des Schlosses Moritzburg »zu dauerndem Wohnsitz für die kgl. Familie«, die Forstreviere Moritzburg, Kreyern, Rehefeld, Altenberg und Nassau, die Domänen Prabschütz, Jessen, Schönfeld und Graupa, das Jagdrecht auf Auer- und Birkwild im Revier Bad Elster I, die Nutzung des Königlichen Saloneisenbahnwagens und die Abfindung der Apanagen durch Kapitalbeträge.

Das Hausfideikommiss sei ebenfalls als Privateigentum zu werten. Die Kunstsammlungen könnten öffentlich zugänglich bleiben, doch forderte das Königshaus die Herausgabe bestimmter Gegenstände, die vorwiegend familiengeschichtlichen Wert hätten, etwa Ahnenbilder. Auch seien die im Depot stehenden Teile der Gemäldegalerie herauszugeben.

Die Verhandlungen zwischen dem Freistaat Sachsen und dem vormaligen Königshaus begannen im Mai 1919. Dazu wurde eine Kommission gebildet, der zehn Personen angehörten, wovon fünf von der Regierung des Freistaats Sachsen und fünf vom früheren König ernannt wurden. Der Regierungskommission gehörten von Amts wegen der Finanz- und der Justizminister an. Ab dem 11. Mai 1921 wirkten zudem fünf Landtagsabgeordnete in der Kommission mit, die von den Fraktionsvorsitzenden ernannt wurden. Friedrich August III. ließ sich von Dr. Eibes vertreten. Außerdem gehörten der Kommission des »Hofes« der ehemalige Minister des Königlichen Hauses Georg Graf von Metzsch-Reichenbach (1836–1927), der frühere Justizminister Rudolf Heinze (1865–1928), der frühere Finanzminister Dr. Max Otto Schröder (1858–1926), Oberhofmarschall Georg von Metzsch-Reichenbach (1864–1931) und Schlosshauptmann Wolf von Tümpling (1861–1938) an. Heinze hat wohl nicht an allen Sitzungen der Kommission teilgenommen, denn er gehörte zwischen 1920/21 und 1922/23 als Justizminister der Reichsregierung an, außerdem übte

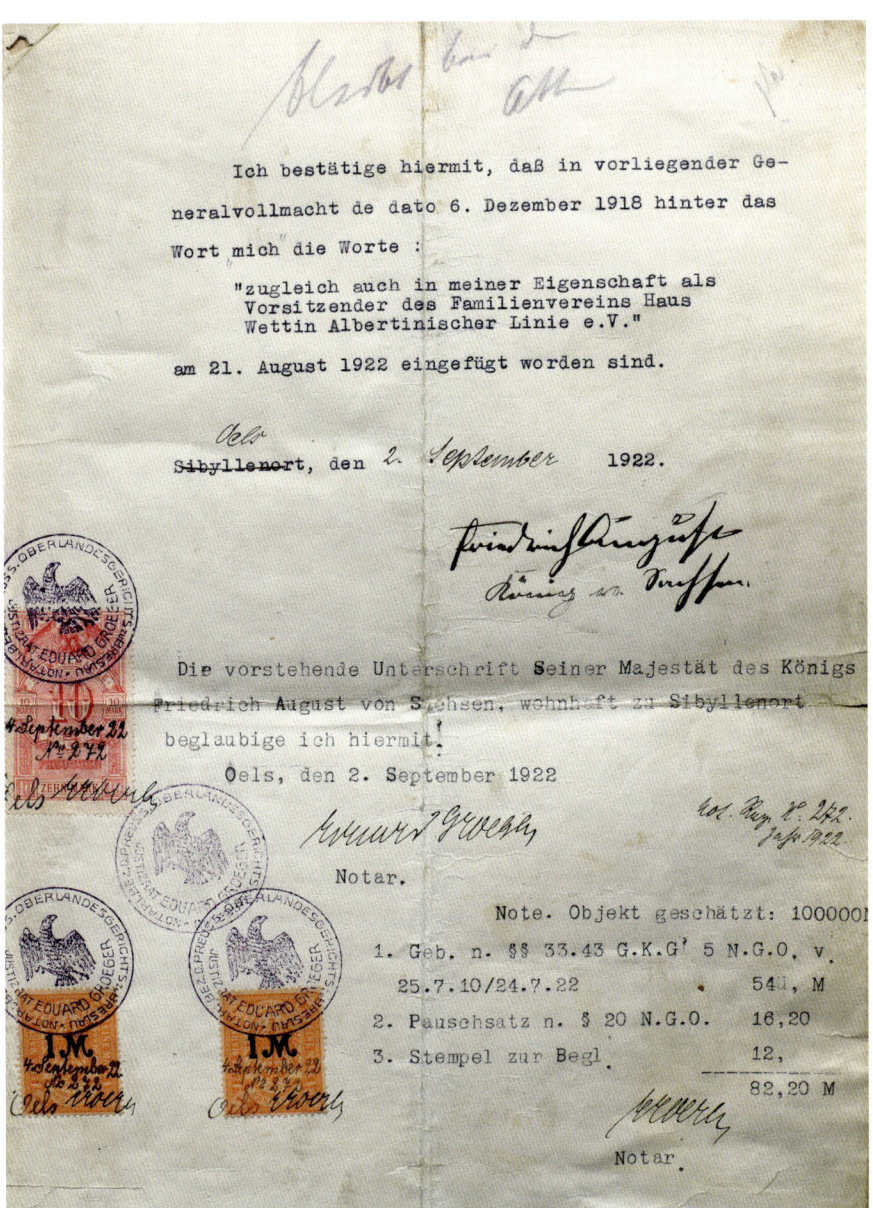

er nach der Absetzung der Regierung Zeigner im Oktober 1923 im Freistaat Sachsen als Reichskommissar die Regierungsgewalt aus. Die Öffentlichkeit erfuhr von den Verhandlungen nichts, wohl weil man Proteste von Teilen der Bevölkerung gegen die »Fürstenabfindung« erwartete.

Dr. Eibes erreichte einen ersten Erfolg, indem das Gesamtministerium am 30. Mai 1919 die Beschlagnahmung jener Vermögensteile aufhob, die unstrittig zum Privatvermögen des Königs zählten. Das betraf die beiden Familienanwartschaften sowie Verwaltung und Nutzung des Heiratsguts der früheren Kronprinzessin Luise, welches 350 000 Mark umfasste. Außerdem durfte Friedrich August III. den Wein aus den Kellern des Dresdner Residenzschlosses zu sich kommen lassen, weil dieser von ihm selbst erworben worden war. Insgesamt waren das 10 500 Flaschen.

Die Verhandlungen waren davon geprägt, dass die Vertreter des Freistaates schon zu Beginn einen grundsätzlichen Anspruch des Königshauses auf eine Abfindung anerkannten und sich auf die von Dr. Eibes in seiner Denkschrift vorgeschlagene Abtretung von Grundbesitz einließen. Allerdings wollte man diese Abtretung so gering wie möglich halten. Das Finanzministerium verweigerte die Herausgabe von Domänen, stimmte aber der Überlassung des Schlosses Moritzburg und der angrenzenden Forstreviere Moritzburg und Kreyern zu. Den Vertretern des früheren Königs war das zu wenig. Sie forderten weiteren Grundbesitz, darunter die Kammergüter Lohmen und Mügeln, konnten sich aber nicht durchsetzen. Umstritten war ferner, welche Anteile an den Kunstsammlungen und am Inventar der Schlösser dem Privateigentum des Königs zugeordnet werden sollten.

Die Verhandlungskommission einigte sich innerhalb von 26 Monaten auf die Inhalte des späteren Vertrags. Demnach verzichtete das Königshaus gegen eine einmalige Leistung dauerhaft auf Ansprüche gegen den Freistaat Sachsen. Die staatliche Seite war dafür bereit, das Schloss Moritzburg, die Forstreviere Moritzburg und Kreyern sowie einen Geldbetrag an das vormalige Königshaus abzutreten. Aufgrund der fortschreitenden Inflation hatte man eine Abfindung von 14 Millionen Mark ermittelt, zu denen 955 357,50 Mark für einbehaltene Kunstgegenstände und Möbel und 6 552 100 Mark für die Ablösung der Sekundogeniturrente kamen. Das Kunstgut des Hausfideikommisses und die Königlichen Sammlungen für Kunst und Wissenschaft sollten in eine Kulturstiftung überführt werden. In Erwartung der Vermögensregelung wurde am 27. Februar 1922 der Verein Haus Wettin Albertinischer Linie e. V. gegründet.[15] Er umfasste die Mitglieder der königlichen Familie und sollte die vom Freistaat Sachsen übertragenen Sach- und Geldwerte verwalten.

Der Vertragsentwurf wurde am 23. August 1922 von Ministerpräsident Wilhelm Buck (1869–1945) und Dr. Bernhard Eibes unterzeichnet.[16] Die Verabschiedung des Gesetzes verzögerte sich jedoch. Ministerpräsident Buck verlor den Rückhalt in seiner eigenen Partei und wurde im März durch Erich Zeigner (1886–1949) ersetzt, der eine linkssozialistische Regierung unter Beteiligung der Kommunisten bildete. Zeigner, ein Gegner der Fürstenabfindung, lehnte den ausgehandelten Vertrag ab und setzte mehrere Änderungen durch. So wurde die Entschädigung für die Sekundogenitur und die Überführung der Kunstsammlungen in eine Kulturstiftung gestrichen. Friedrich August III., dem eher an Geld als an Sachwer-

Schloss Moritzburg ging an den Verein Haus Wettin Albertinischer Linie über und wurde 1933 Wohnsitz des Prinzen Ernst Heinrich und seiner Familie, 1932.

Rechts: »Bist du für die Fürstenenteignung? dann stimme mit ja!«, Plakat der SPD zum Volksentscheid am 20. Juni 1926.

ten gelegen war, fürchtete, die Inflation werde den ihm zugesagten Geldbetrag wertlos machen. Um zu einem schnellen Abschluss zu gelangen, stimmte er den Vertragsänderungen am 30. Juni 1923 zu. Das Kabinett unterzeichnete den Vertrag am 19. Oktober 1923 und leitete ihn dem Landtag zur Beschlussfassung zu. Dieser debattierte am 23. Oktober 1923, als sich Sachsen nach dem Einmarsch der Reichswehr in einer tiefen Krise befand, über die Fürstenabfindung. Angesichts der katastrophalen wirtschaftlichen wie politischen Situation des Landes bekannten sich nur wenige Abgeordnete zu dem ausgehandelten Vertrag. Deutlich lauter war die Kritik an dem Millionenbetrag, den der König erhalten sollte – der aber aufgrund der fortschreitenden Geldentwertung Ende Oktober 1923 nahezu wertlos geworden war.[17] Unterdessen enthob Reichspräsident Friedrich Ebert (1871–1925) die vom Landtag gewählte Zeigner-Regierung gemäß Artikel 48 der Weimarer Reichsverfassung durch eine Reichsexekution ihres Amtes. Außerdem gelang es, durch die Einführung der Rentenmark zum 15. November 1923 die Währung zu stabilisieren. Unter diesen für Friedrich August vorteilhaften Umständen kündigte Dr. Eibes den Vertrag am 12. Dezember 1923 einseitig auf. Am 19. Dezember 1923 stand die Abfindungsfrage zum zweiten Mal auf der Tagesordnung des sächsischen Landtags, doch aufgrund der neuen Sachlage entfiel die Debatte.[18]

Nachdem Sachsen eine neue Regierung unter Ministerpräsident Max Heldt (1872–1933) erhalten hatte, wurden die Verhandlungen wieder aufgenommen. Nun kehrten beide Seiten zur ursprünglichen Vertragsfassung von 1922 zurück, jedoch mit der Änderung, dass die Abfindungssumme in Goldmark umgerechnet wurde. Die Abfindung der Sekundogeniturrente entfiel. Die Regierungsseite erklärte sich lediglich bereit, befristet vom 1. Januar 1924 bis zum 31. Dezember 1928 jährlich 15 Prozent der vor 1918 gezahlten Sekundogeniturrente zu zahlen, also knapp 40 000 Mark.

Der Vertrag zwischen dem Freistaat Sachsen und dem vormaligen Königshaus wurde am 25. Juni 1924 von Ministerpräsident Max Heldt und Dr. Bernhard Eibes als Bevollmächtigtem des früheren Königs unterzeichnet. Der Landtag stimmte dem »Gesetz über die Auseinandersetzungen zwischen dem Freistaat Sachsen und dem vormaligen Königshause« am 9. Juli 1924 ohne weitere Debatte zu, nachdem alle Fraktionen – mit Ausnahme der KPD – eine gemeinsame zustimmende Erklärung abgegeben hatten. Gegen die Vorlage der Regierung stimmten lediglich die zehn Abgeordneten der KPD-Fraktion. Damit konnte das Gesetz mit der Veröffentlichung im Gesetzblatt am 21. Juli 1924 in Kraft treten.[19]

Mit der Einigung verzichtete Friedrich August III. auf alle Rechte am Staatsgut. Dafür erhielt der Verein Haus Wettin Albertinischer Linie das Schloss Moritzburg samt Einrichtung, verschiedene Moritzburger Domänengrundstücke, die Teichwirtschaft, die Forstbezirke Moritzburg und Kreyern und mehrere angrenzende Forstparzellen sowie eine einmalige Abfindung in Höhe von 300 000 Reichsmark. Die Familie musste sich allerdings verpflichten, das Fasanenschlösschen und die Repräsentationsräume im Schloss Moritzburg[20] an mindestens 150 Tagen im Jahr für Besucher zu öffnen. Außerdem wurden das Palais Kap-herr[21] sowie mehrere Grundstücke in Dresden freies Eigentum des Familienvereins. Das Neue Schauspielhaus und der Fundus des Hoftheaters gingen in den Besitz des Freistaates über. Die Kunstsammlungen wurden nicht verstaatlicht, sondern in eine Kulturstiftung überführt. Diese Stiftung öffentlichen Rechts war von einem Vorstand zu führen, dem auch ein Mitglied des früheren Königshauses angehören sollte. Verschiedene Gegenstände der Kunstsammlungen sowie Teile des Inventars der Schlösser Dresden, Pillnitz, Wermsdorf und Großsedlitz wurden dem ehemaligen Königshaus überlassen, desgleichen die Kunstsammlung und Bibliothek der Sekundogenitur. Der Staat verpflichtete sich, die Familiengrüfte in der Katholischen Hofkirche in Dresden, in den Domen zu Meißen und Freiberg und im Kloster Altzella »in gutem baulichen Zustande zu erhalten«. Der Jagdleidenschaft des früheren Königs wurde entsprochen, indem

Friedrich August III. auf Lebenszeit das Jagdrecht in den Revieren Rehefeld, Altenberg und Nassau sowie das Jagdrecht auf Auer- und Birkwild im Revier Bad Elster I zugesprochen bekam. Am 22. November 1924 verzichtete jedoch der frühere König auf die Ausübung der Jagd in den Revieren Rehefeld, Altenberg und Nassau, vermutlich deshalb, weil er zuvor das Jagdschloss Rehefeld verkauft hatte.[22]

Vergleicht man die Regelung in Sachsen mit den Abfindungen, die in anderen deutschen Ländern vereinbart wurden, muss man zum Schluss kommen, dass es sich um sehr magere Zugeständnisse handelt. Anders als in Baden, Bayern oder den Kleinstaaten in Thüringen erhielt der frühere Monarch nur ein Schloss, und dieses auch nur mit der erheblichen Einschränkung einer Öffnung für Besucher. Im Schloss Moritzburg konnte praktisch nur das zweite Obergeschoss genutzt werden, da alle anderen Bereiche für Besucher zugänglich sein mussten. Außerdem war das Forstrevier, das zum Unterhalt des Schlosses übereignet wurde, nicht übermäßig groß. In Moritzburg konnte nur Teich- und Forstwirtschaft betrieben werden; landwirtschaftliche Flächen hatte das Königshaus nicht erhalten. Zum Vergleich: Der Wittelsbacher Ausgleichsfonds, der im Freistaat Bayern 1923 als Stiftung öffentlichen Rechts zur Abfindung des früheren Königshauses gegründet wurde, erhielt rund 12 000 Hektar Wald, einen 260 Hektar großen Landwirtschaftsbetrieb, Unternehmensanteile sowie drei Schlösser.

Friedrich August III. war mit dem Ergebnis der Verhandlungen keineswegs zufrieden. In einer Denkschrift über den Wirtschaftsbetrieb des Familienvereins äußerte er 1927 rückblickend: »Justizrat Eibes führte die Verhandlungen mit mehr Fleiß und Hingabe als Geschick. Er verblieb bei seiner festgefassten Meinung und ließ sich mit allen Mitteln nicht davon abbringen. 2 Punkte stören mich vor allem: 1. Das Schloss Moritzburg, dessen Unterhaltung einem unerschwingliche Last aufbürdet, namentlich, da die 2¾ uns angebotenen Forstreviere nicht genügen, um das Schloss zu unterhalten. 2. der völlige Mangel des Betriebskapitals für den Familienverein.«[23] Letzteres betrug nur 300 000 Reichsmark, was bei einer Verzinsung von vier Prozent gerade einmal 12 000 Reichsmark im Jahr erbrachte. Bei der Höhe der Geldabfindung ist zu beachten, dass sämtliche Apanagen für die Familienmitglieder entfallen waren. Außerdem hatte sich der frühere König verpflichtet, die Pensionen für die Bediensteten seines Hofes zu zahlen. Diese Pensionsverpflichtungen stellten eine enorme Last dar.

Am 25. November 1925 initiierte die KPD einen Gesetzwurf, der eine entschädigungslose Enteignung der Fürstenhäuser im Deutschen Reich vorsah. Auch die SPD schloss sich diesem Vorstoß an.[24] So kam es

Oben: Herrenhaus des Ritterguts Jahnishausen, 1937.

Mitte: Herrenhaus des Ritterguts Helfenberg, Lithografie, um 1840.

Unten: Herrenhaus des Ritterguts Gönnsdorf, 2012.

Rechts oben: Berghotel Jagdschloss Rehefeld, Postkarte, 1941.

Rechts unten: Lausitzer Stube im Jagd- und Wintersporthotel Schloss Rehefeld.

im März 1926 zu einem reichsweiten Volksbegehren, dem am 20. Juni der Volksentscheid folgte. Dieser scheiterte, denn es sprachen sich nur 36,3 Prozent der Wähler für eine Fürstenenteignung aus. Bemerkenswert ist allerdings, dass in Sachsen fast die Hälfte der Wähler für die Enteignung votierte. Einen Spitzenwert erzielten die Gegner der Fürstenabfindung im Wahlkreis Leipzig, wo 51,7 Prozent die Annahme des Gesetzes befürworteten. Insofern spiegelt die weitgehende Zustimmung der Fraktionen im sächsischen Landtag zum Ausgleich mit dem Königshaus wohl nicht die tatsächliche Stimmung in der Bevölkerung wider.

Die Schlösser und Gutsbetriebe des früheren Königshauses

Friedrich August III. hatte bis zu seinem Tod den Vorsitz im Verein Haus Wettin Albertinischer Linie e. V., von den Mitgliedern meist Familienverein genannt. Zu seinem Generalbevollmächtigten hatte er seinen dritten Sohn, den Prinzen Ernst Heinrich von Sachsen (1896–1971), bestimmt.[25] Die Forstbezirke um das Schloss Moritzburg wurden am 1. September 1924 dem Familienverein übergeben. Ernst Heinrich bewohnte seit 1925 in den Sommermonaten das Schloss Moritzburg, während er den Winter in München verbrachte, um die immensen Heizkosten in Moritzburg zu sparen. Der Prinz leitete die Forstwirtschaft in Moritzburg und verwaltete das Vermögen des Familienvereins. Dazu gehörten auch mehrere Grundstücke in Dresden. Die Villa Kap-herr in der Parkstraße 7 in Dresden war gemäß Ausgleichsvertrag zunächst für 15 Jahre an den Freistaat Sachsen vermietet. Später befand sich hier der Verwaltungssitz des Familienvereins. Die vom Familienverein erwirtschafteten Überschüsse wurden an die Mitglieder des Vereins ausgeschüttet. Die Zahlungen waren aber deutlich niedriger als die vor 1918 gewährten Apanagen.

Die anderen Schlösser und Wohngebäude der königlichen Familie waren nicht vom Ausgleichsvertrag betroffen, da sie als Privatbesitz galten. Der sächsische Besitz des vormaligen Königs wurde von einer eigenen Vermögensverwaltung geleitet, der sogenannten »Sächsischen Verwaltung«. Sie hatte ihren Sitz in der Zinzendorfstraße 9 in Dresden. Leiter war Schlosshauptmann Wolf von Tümpling, der schon vor 1918 die Verwaltung des Privatvermögens des Königs innegehabt hatte. Um Einnahmen zu erzielen, wurden die nicht genutzten Gebäude vermietet. In der Königlichen Villa in Strehlen richtete man Mietwohnungen ein. 1939 wurde das Grundstück an das Deutsche Reich verkauft, das auf dem Parkgelände das Luftgaukommando Dresden errichtete. Die Königliche Villa in Hosterwitz blieb Wohnsitz der Prinzessin Mathilde (1863–1933), Friedrich Augusts Schwester. Nach ihrem Tod wurde das Gebäude ebenfalls in ein Miethaus umgewandelt.

Die Rittergüter Jahnishausen, Helfenberg und Gönnsdorf wurden als Landwirtschaftsbetriebe von Pächtern bewirtschaftet, wobei die Pachten der »Sächsischen Verwaltung« zuflossen. Die Herrenhäuser hatten nie als königliche Wohnsitze gedient, in ihnen wohnten die Pächter oder Inspektoren der jeweiligen Gutsbetriebe.[26]

Das Jagdschloss Rehefeld samt Nebengebäuden und Inventar verkaufte Friedrich August III. 1924 für 78 650 Reichsmark an die Schwerter-Genossenschaft, einer Organisation der Dresdner Freimaurerloge »Zu den drei Schwertern«. Diese baute das Jagdschloss zu einem Erholungsheim und Konferenzzentrum um. 1933 verpachtete die Loge das Gebäude an die Frontkämpferorganisation Stahlhelm, die hier ein »Frontkämp-

ferheim« betrieb. Nach dem Verbot der Freimaurerlogen bot die Schwerter-Genossenschaft das Jagdschloss dem früheren Königshaus zum Rückkauf an. Prinz Friedrich Christian erwarb es am 1. Oktober 1935 für 80 000 Mark, was weniger war, als die Schwerter-Genossenschaft in den Umbau investiert hatte. Der Königssohn ließ das Gebäude 1936/37 zu einem exklusiven Jagd- und Wintersporthotel umbauen. 1942 beschlagnahmte die Wehrmachtsinspektion IV in Dresden das Hotel, um es als Lazarett für verwundete Soldaten zu nutzen.

Das Schloss Sibyllenort war seit November 1918 der Wohnsitz des letzten sächsischen Königs. Die Herrschaft Sibyllenort brachte bedeutende Einnahmen, denen aber enorme Ausgaben für die Hofhaltung Friedrich Augusts, die Zahlungen an die Familienmitglieder[27] sowie die Pensionszahlungen an die früheren Beschäftigten gegenüberstanden. Aus einem Brief von Prinz Ernst Heinrich an seinen Vater vom 25. Dezember 1925 geht hervor, dass Friedrich August jährlich rund 200 000 Reichsmark für den Hofhaushalt ausgeben wollte.[28] Rund 35 000 Reichsmark flossen jährlich an die Familienmitglieder, zusätzlich 7 000 Reichsmark an die Gräfin Montignoso alias Luise von Toscana, die geschiedene Ehefrau Friedrich Augusts.[29] Die jährlichen Pensionszahlungen betrugen rund 76 000

Luftaufnahme Schloss Wachwitz, Foto, 2014.

Reichsmark. Die Generaldirektion der Herrschaft Sibyllenort konnte jährlich aber nur 100 000 Reichsmark erwirtschaften, so dass der Rest von der Dresdner Verwaltung und von den Erträgen des Vereins Haus Wettin Albertinischer Linie aufzubringen war.[30] Der frühere König gab sich schließlich mit Hofhaltungs- und Reisekosten von jährlich 170 000 Reichsmark zufrieden. Dafür nahm er in Kauf, dass sein Vermögen immer kleiner wurde und die Schuldenlast stieg. Zwischen 1922 und 1932 nahm Friedrich August 250 000 Reichsmark Schulden auf Sibyllenort auf. Um weitere Erlöse zu erzielen, wurden rund 6 000 Hektar Land verkauft. An einen baulichen Unterhalt des Schlosses Sibyllenort war bei dieser Überschuldung durch zu hohe Ausgaben nicht zu denken. Nach außen indes wurde der Eindruck erweckt, der frühere König lebe als Privatmann ohne finanzielle Sorgen. Fritz Wecker urteilte 1928 mit Blick auf Friedrich August III. und Schloss Sibyllenort: »Vor wirtschaftlichen Nöten war also der Besitzer eines derartig großartigen Schlosses, das ihm kein Gesetz streitig machen konnte, von vornherein gefeit.«[31]

Der überdimensionierte Hofstaat gab Friedrich August das Gefühl, weiterhin als König zu leben. Chef der Hofhaltung in Sibyllenort war Curt von der Damerau-Dambrowski (1869–1944), die Rittergüter und Forsten verwaltete Generaldirektor Albert von Thaer. Der Sitz der Generaldirektion befand sich in der Holteistraße 2 in Oels. Zum Hof gehörten Kabinettschef Georg Freiherr O'Byrn (1864–1942), Adjutanten, Hofmarschall, der Hofprediger Franz Müller (1876–1934), dazu Hausdame, Kammerdiener, Stubenmädchen, Jäger, Köche, Chauffeur, Reitknecht. Auch bei der Generaldirektion war zahlreiches Personal angestellt. Zu den Personalkosten kamen die Kosten für die Reitpferde, zwei Automobile und den Jagdbetrieb in Sibyllenort. Auch die Fernreisen, die Friedrich August mit königlichem Aufwand unternahm, waren kostspielig. 1925 unternahm er per Schiff eine »Nordlandfahrt«, 1927 verbrachte er den Sommer auf den Kanarischen Inseln, 1928 reiste er nach Brasilien und 1930 nach Indien und Ceylon, das heutige Sri Lanka.

Nachdem die Weimarer Reichsverfassung die Auflösung der Fideikommisse verfügt hatte, war auch für die Herrschaft Sibyllenort eine neue Rechts- und Eigentumsform zu finden. 1931 entschied sich Friedrich August, das Fideikommiss Sibyllenort noch zu seinen Lebzeiten aufzulösen und zugunsten seines zweiten Sohnes Friedrich Christian auf den Besitz zu verzichten. Der Erstgeborene, der frühere Kronprinz, kam als Nachfolger nicht mehr in Frage, da er Priester geworden und dem Jesuitenorden beigetreten war. Allerdings ist die Auflösung des Fideikommisses vor dem Tod des letzten sächsischen Königs nicht mehr rechtskräftig vollzogen worden.

Das Erbe des letzten sächsischen Königs

Friedrich August III. starb am 18. Februar 1932 in Sibyllenort. Er hinterließ ein Testament vom 21. August 1931, dem er mehrere Nachträge hinzugefügt hatte.[32] Im letzten Nachtrag vom 20. September 1931 bestimmte er, dass eine Aufteilung seines Nachlasses nach seinem Tod zu unterbleiben habe. Erst wenn alle Pensionslasten weggefallen seien, frühestens 30 Jahre nach seinem Tod, könne eine Aufteilung des Vermögens erfolgen. Bis dahin solle sein Nachlass von einem Kuratorium verwaltet werden. Mit dieser Regelung waren aber die Kinder des Königs nicht einverstanden. Die Erben trafen sich am 16. März 1932 in München, wo sie die umgehende Aufteilung des Besitzes in Sachsen und Schlesien und die Streichung des von Friedrich August III. erwünschten Kuratoriums beschlossen. Mit der Durchsetzung dieser Ansprüche wurde Rechtsanwalt Dr. Eibes beauftragt. Er argumentierte, dass der Nachtrag des Testaments nie in Kraft getreten sei und daher keine Gültigkeit besitze. Die im Testament von 11. Juni 1926 eingesetzten Testamentsvollstrecker Curt von der Damerau-Dambrowski, Wolf von Tümpling, Albert von Thaer und Rechtsanwalt Dr. Arthur Meding verteidigten den letzten Willen des Königs, konnten ihre Rechtsposition aber nicht durchsetzen.[33]

So wurde eine Aufteilung des Besitzes vorgenommen. Georg, der frühere Kronprinz, und seine verheirateten Schwestern erhielten Leibrenten. Die mit 13 452 000 Reichsmark bewertete Herrschaft Sibyllenort gelangte an Prinz Friedrich Christian von Sachsen, der den Vorsitz im Familienverein übernahm und als Chef des Hauses Wettin Albertinischer Linie den Titel »Markgraf von Meißen« annahm. Er löste die teure Hofhaltung in Sibyllenort im November 1934 auf und setzte alles daran, die Kosten so weit wie möglich zu reduzieren. Die Verwaltung wurde teils aufgelöst, teils nach Dresden verlegt. Im Dezember 1935 ließ Friedrich Christian das Inventar des Schlosses bei einer Auktion versteigern. Der seit Jahren ungenutzte Theaterflügel wurde abgebrochen. Im Schloss und in den Nebengebäuden richtete man 35 Wohnungen unterschiedlicher Größe ein, die zur Vermietung gelangten. 1937 vermietete der Markgraf das Schloss Sibyllenort an die Wehrmacht. Seit 1944 diente es der Luftwaffe als Hauptdepot. Vom Grundbesitz in Dresden und Umgebung erbte Friedrich Christian den Königlichen Weinberg in Wachwitz mit der Königlichen Villa. Auf dem Parkgelände ließ der Markgraf als neuen Familiensitz 1935/36 das Schloss Wachwitz (auch »Haus Wachwitz«) im Stil des sächsischen Barock erbauen.[34] Wachwitz sollte der neue Familiensitz des Königshauses sein, doch hat der Markgraf das Anwesen nur wenige Jahre bewohnen können.

Prinz Ernst Heinrich, der im Schloss Moritzburg wohnte, verwaltete weiterhin das Vermögen des Vereins Haus Wettin Albertinischer Linie. Er erbte die Rittergüter Jahnishausen, Helfenberg und Gönnsdorf. Nach dem Tod seines Vaters entschloss er sich, den Wohnsitz in München aufzugeben und ganz nach Moritzburg zu ziehen. Nach der Modernisierung der Räume und dem Einbau einer Zentralheizung bezog er im Frühjahr 1933 das zweite Obergeschoss des Schlosses Moritzburg, wo er mit seiner Familie bis 1945 wohnte.[35]

Der Verlust des Besitzes 1945
Mit dem Ende des Zweiten Weltkrieges verlor das sächsische Königshaus sämtliche Vermögenswerte in Sachsen und Schlesien. Das Schloss Sibyllenort wurde am 26. Januar 1945, kurz vor dem Eintreffen der Roten Armee, von Offizieren der Luftwaffe in Brand gesetzt. Es blieb eine ausgebrannte Ruine, die verfiel und dann größtenteils gesprengt und abgerissen wurde. Mit der Verschiebung der Westgrenze Polens ging sämtlicher Grundbesitz in Schlesien verloren.

In Dresden wurden das Residenzschloss, die Villa Kap-herr und die Königliche Villa Strehlen beim Bombenangriff am 13. Februar 1945 zerstört. Die übrigen Wohnsitze aus dem Besitz des Königshauses blieben zwar erhalten, doch erfolgte unter der sowjetischen Besatzungsmacht eine vollständige Enteignung des Vermögens. Ein Teil des Inventars des Schlosses Moritzburg wurde als »Beutekunst« in die Sowjetunion gebracht und im Schloss 1946 mit Kunstgut aus den Dresdner Schlössern ein Barockmuseum eingerichtet.

Das unzerstörte Schloss Wachwitz diente zunächst als Verwaltungssitz der Sowjetischen Militäradministration in Deutschland und seit 1947 als Hotel für Reisende aus der Sowjetunion. Das zum Hotel umgebaute Jagdschloss Rehefeld nutzte man seit 1945 als Ferienheim. Die Rittergüter Helfenberg und Gönnsdorf kamen bei der Bodenreform im Herbst 1945 zur Aufteilung. Das Rittergut Jahnishausen blieb erhalten und wurde als Volksgut weiterbetrieben. Das Herrenhaus Jahnishausen verfiel, die Herrenhäuser Helfenberg und Gönnsdorf blieben als Wohngebäude erhalten. Der Verein Haus Wettin Albertinischer Linie e. V. wurde am 16. Oktober 1946 auf Grund einer Verfügung der Landesverwaltung Sachsen im Vereinsregister des Amtsgerichts Dresden gelöscht.

Mit der Enteignung und Zerstörung der Vermögenswerte und der Aufhebung der Gesetze des ehemaligen Freistaates Sachsen war der 1924 vereinbarte Vermögensausgleich schon nach 21 Jahren zunichtegemacht.

---

1 Sächsisches Staatsarchiv, Hauptstaatsarchiv Dresden, 10701 Staatskanzlei, Nr. 89/5.
2 HStA Dresden, 10711 Ministerium des Königlichen Hauses, Loc. 5, Nr. 26.
3 Zitiert nach Hans Eggert/Rainer Kubatzki: Ein König auf gut sächsisch. Friedrich August III. Meißen 2007, S. 94.
4 Generalvollmacht Friedrich Augusts für Dr. Bernhard Eibes, betreffend die Vermögensangelegenheiten, vom 6. Dezember 1918 in HStA Dresden, 10701 Staatskanzlei, Nr. 491/2.
5 Verfassung des Königreichs Sachsen vom 4. September 1831, §§ 16–19.
6 Ebd. § 22.
7 Ebd. § 23.
8 Ebd. §§ 20–21, zuletzt geändert durch Gesetz vom 13. April 1888.
9 Ebd. §§ 6–7.
10 Vgl. Fritz Wecker: Unsere Landesväter. Wo sie gingen, wo sie blieben. Berlin 1928.
11 Die Unterlagen zu den Verhandlungen befinden sich im HStA Dresden, 10701 Staatskanzlei, Nr. 85, 86, 88, 97, 89/1, 89/2, 89/3, 89/4, 89/5, 491/1, 491/2, 491/3, 501, vgl. auch Nr. 496 und 497 (Inventare der Schlösser Moritzburg und Pillnitz).
12 HStA Dresden, 10701 Staatskanzlei, Nr. 85.
13 HStA Dresden, 10701 Staatskanzlei, Nr. 85.
14 HStA Dresden, 10701 Staatskanzlei, Nr. 89/1.
15 Ein Teil des Schriftgutes dieses Vereins befindet sich im HStA Dresden, 10716 Haus Wettin Albertinischer Linie e.V.
16 Der Vertrag mit den Originalunterschriften befindet sich im HStA Dresden, 10701 Staatskanzlei, Nr. 491/2.
17 Am 22. Oktober 1923 entsprachen 10 Milliarden Mark einer Goldmark vor der Inflation, die Abfindung hätte einen Wert von 14 Pfennigen gehabt.
18 Zu den Debatten im Landtag vgl. Walter Fellmann: Sachsens letzter König Friedrich August III. Berlin/Leipzig 1992, S. 203–206.
19 Sächsisches Gesetzblatt 1924, Nr. 37 vom 21. Juli 1924.
20 Es sollten Kapelle, Monströsensaal, Speisesaal, Billardsaal, Fremdenquartiere 2, 3 und 4, die Quartiere im Amts-, Jäger- und Küchenturm im ersten Obergeschoss sowie das Federzimmer zu besichtigen sein.
21 Die Villa in der Parkstraße 7 in Dresden war 1872 bis 1874 für die Familie von Kapp-herr erbaut worden. Friedrich August III. kaufte sie 1912 und ließ sie als Wohnsitz für seinen ältesten Sohn, Kronprinz Georg (1893–1943), ausbauen.
22 HStA Dresden, 10701 Staatskanzlei, Nr. 501.
23 Denkschrift über den Wirtschaftsbetrieb des Familienvereins, eigenhändig von Friedrich August III. für die Tagung des Familienvereins am 20. September 1927, HStA Dresden, 10716 Haus Wettin Albertinischer Linie e. V., Nr. 300 b.
24 Vgl. den Beitrag von Lars-Arne Dannenberg in diesem Band.
25 Vgl. Prinz Ernst Heinrich von Sachsen: Mein Lebensweg vom Königsschloß zum Bauernhof. Dresden/Basel 1995, S. 191.
26 Jahnishausen war ein Sommeraufenthaltsort des Prinzen Johann gewesen und verfügte über eine aufgelassene katholische Kapelle.
27 Gemäß Familienschluss vom 17. Juli 1924 wurden den Mitgliedern des Königshauses jährliche Zahlungen zugesprochen, die die früheren Apanagen ersetzten.
28 Eggert/Kubatzki 2007, S. 120–125, hier S. 122.
29 Zu Luise von Toscana vgl. jetzt Iris Kretschmann/Mike Huth: Skandal bei Hofe! Die Flucht der Luise von Toscana, Kronprinzessin von Sachsen. Dresden 2017.
30 Zu den Einnahmen und Ausgaben vgl. Eggert/Kubatzki 2007, S. 125.
31 Wecker 1928, S. 84.
32 HStA Dresden, 10716 Haus Wettin Albertinischer Linie e. V., Nr. 266, vgl. Edition der Testamente in Eggert/Kubatzki 2007, S. 200–215.
33 Zum Erbstreit vgl. Eggert/Kubatzki 2007, S. 191, 216–221.
34 Vgl. M. Frank-Michael Bäsig: Friedrich Christian Markgraf von Meißen. Dresden 1995, S. 120–128; Matthias Donath: Architektur in Dresden 1933–1945. 2. Auflage Meißen 2016, S. 65–69.
35 Prinz Ernst Heinrich von Sachsen 1995, S. 240 f.

Jan Bergmann-Ahlswede

Der Bericht von Georg Freiherr O'Byrn über die Begräbnisfeierlichkeiten König Friedrich Augusts III.
– Edition –

Friedrich August III. von Sachsen starb am 18. Februar 1932 auf Schloss Sibyllenort (heute Szczodre) bei Breslau (heute Wrocław).

Im Nachlass von Georg Freiherr O'Byrn hat sich eine Beschreibung der Begräbnisfeierlichkeiten in Dresden erhalten, die überaus detailliert das Zeremoniell beschreibt.[1]

O'Byrn entstammte einer irischstämmigen Familie, die sich selbst dem Clan Byrne zugehörig ansieht.[2] In den 1720er Jahren war sein Vorfahre John James Byrne (Johann Jakob O'Byrn) aus Irland nach Sachsen eingewandert und hier in die Armee Augusts des Starken eingetreten. Georg O'Byrn hatte es seinem Ahnen gleichgetan und eine militärische Laufbahn eingeschlagen. Aufgrund seines katholischen Glaubens und der über Generationen bereits bestehenden engen Bindung der Familie O'Byrn an das sächsische Königshaus hatte Friedrich August III. ihn schließlich zum Prinzenerzieher ernannt und ihm gleichzeitig den Titel eines Militärgouverneurs verliehen. Er gehörte bald zum engen Vertrautenkreis des Königs und war häufig Teilnehmer der Skatrunden. 1907 wurde er zum Flügeladjutanten ernannt. Er nahm am Ersten Weltkrieg teil und

Links: Friedrich August auf dem Totenbett im Schloss Sibyllenort, 1932.

Oben: Georg Freiherr O'Byrn mit seinen Eltern, 1905.

war bis zum Generalmajor aufgestiegen. Nach seiner Abdankung und im schlesischen Exil ernannte Friedrich August III. Georg O'Byrn zum Kabinettsminister. Er besuchte Friedrich August regelmäßig in Sibyllenort und erstattete ihm Bericht aus Dresden.

Georg O'Byrn nahm als treuer Diener auch an den Begräbnisfeierlichkeiten des letzten sächsischen Königs teil und verfasste darüber einen ausführlichen Bericht, wohlwissend, dass es sich um ein historisch bedeutsames Ereignis handelte. Eine zeitgenössische Abschrift des Originals aus dem Nachlass O'Byrns gelangte in die Sächsische Landesbibliothek, Staats- und Universitätsbibliothek Dresden. Bis heute blieben die Aufzeichnungen von der Forschung weitgehend unbeachtet. Bislang ist nur eine Teiledition von Friedrich Kracke in dem Band »Das königliche Dresden. Erinnerungen an Sachsens Landesväter und ihre Residenzstadt« bekannt geworden, der längere Partien wiedergab, allerdings gekürzt und unter Auslassung von Anredeformeln, militärischen Rängen und Dienstgraden sowie Regimentsbezeichnungen.[3] In der vorliegenden Edition wird der Text erstmals vollständig ediert. Die genannten Personen wurden bis auf wenige Ausnahmen verifiziert und mit einer kurzen Erläuterung versehen.[4]

Links: Friedrich August III. von Sachsen, um 1930.

Unten: Margarete am Sarg ihres Vaters in Sibyllenort.

S. 179 oben: Die trauernden Töchter von Friedrich August: Maria Alix, Margarete und Anna Monica Pia, Foto, Februar 1932.

S. 179 unten links: Das Pferd Friedrich Augusts vor Schloss Sibyllenort.

S. 179 rechts Mitte: Schloss Sibyllenort, die Flagge wurde wegen des Todes von Friedrich August im Februar 1932 auf Halbmast gesetzt.

S. 179 rechts unten: Der tote Friedrich August in seinem Sterbezimmer im Schloss Sibyllenort.

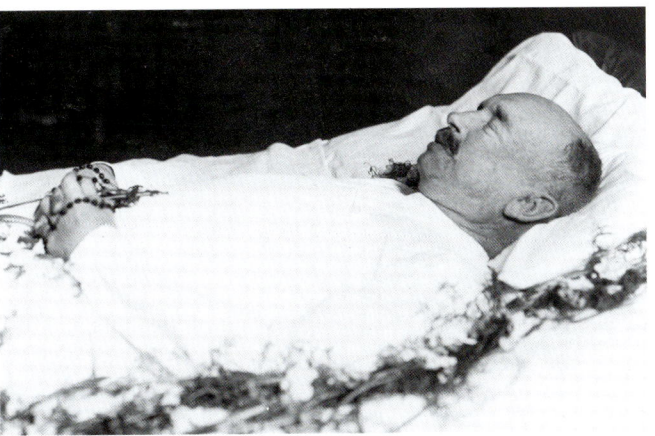

EDITION
Die Feierlichkeiten in Dresden
am 22. und 23. Febr. 1932.
von Baron O'Byrn[5] General la suite
weiland S[eine]r Majestät des Königs

Montag, 22. Februar 1932.

Am nasskalten Montagmorgen des 22. Februar 1932 erwartet die Königliche Familie den am 18. Februar auf Schloss Sibyllenort heimgegangenen Chef ihres Hauses und mit ihr die trauernde ehemalige Residenzstadt an der Elbe ihren Ehrenbürger und einstigen Landesvater. Hunderttausende harren, um dem geliebten Könige die letzte Huldigung zu erweisen, auf den Strassen und Plätzen, die der Trauerzug durchschreiten soll.

Die Reichsbahndirektion hat den ehemaligen Königspavillon des Hauptbahnhofs geöffnet. An ihm fahren die Prinzen und Prinzessinnen des Königlichen Hauses, die Schwiegersöhne des verewigten Hohen Herrn, der Kronprinz Rupprecht von Bayern[6] und Prinz Georg von Sachsen-Meiningen[7] vor. Durch das Fürstenzimmer und einen von der Beerdigungsanstalt »Pietät« schwarz ausgeschlagenen Gang werden sie zum Bahnsteig geleitet, wo Ministerpräsident Schieck[8] mit Ministerialdirektor Dr. Schettler,[9] der Oberbürgermeister Dr. Külz,[10] Polizeipräsident Dr. Palitzsch[11] und der Präsident der Reichsbahndirektion Dr. Domsch[12] sich eingestellt haben.

Feierlich, leise, geheimnisvoll fährt 10.08 [Uhr] der Sonderzug in die Halle des Bahnhofs; er hält geräuschlos. Der Wagen, der die Hohe Leiche birgt, kommt unmittelbar vor den zum Königszimmer führenden Gang zu stehen; Beamte öffnen die Schiebetür, während der Kronprinz dem Begleitwagen entsteigt. Von dem Reisigschmuck schlesischer Fichten hebt sich der mit rotem Sammet und goldener Borte ausgeschlagene Sarg ab. Wer diesen eindrucksvollen Augenblick erleben darf, grüsst in tiefer Bewegung den in Seine Vaterstadt zu letzter Ruhe heimkehrenden König.

Offiziere der alten Armee übernehmen die von Sibyllenort mitgeführten Ordenskissen und den Feldmarschallstab. Der Sarg wird mit der Hausstandarte bedeckt und von den Trägern der Reichswehr durch den Gang und das Königszimmer zu der davor haltenden Lafette getragen. Die Hohen Leidtragenden folgen, während Rittmeister Fr[ei]h[er]r von Beschwitz[13] das Gefäss mit dem Herzen des Hohen Entschlafenen zum Kranzwagen trägt. (Die Intestina waren in der Hohen Leiche belassen worden.)

Sobald der Sarg mit der Hohen Leiche sichtbar wird, befiehlt der Kommandeur der auf dem Wiener Platz aufmarschierten Trauerparade der Reichswehr das Präsentieren. Das Musikkorps des I./Inf[anterie] Reg[imen]ts 10 spielt den altehrwürdigen Präsentiermarsch des Leib Grenadier-Regiments, die ruhmvollen Fahnen der alten Königlichen Armee, die Banner der Militär-Vereine und die Paniere der Studenten senken sich huldigend vor dem toten Kriegsherrn und Rector Magnificentissimus.

Hinter dem ehernen Wall der Parade trauert ein einiges Volk. Vor der Majestät des Todes schweigt Hass und Hader, Eifersucht und Missgunst; vergessen ist die politische Partei, vergessen der Unterschied von Stand, Rang und Bekenntnis. Alle eint der gleiche Gedanke: »Lasst uns im Tode unseren geliebten König ehren.«

Vor Ihm zieht der Bürger den Hut, der Mann mit der roten Kokarde die Mütze, mancher hebt die Rechte zum Gruss.

Links oben: Der Trauerzug beginnt vor dem Dresdener Hauptbahnhof. Der Sarg wird auf der Lafette befestigt. Die Reichswehr sichert die Veranstaltung.

Links unten: Musiker vor dem Hauptbahnhof erweisen Friedrich August die letzte Ehre.

Oben: Kreuzträger, Chorknaben, katholische Geistlichkeit, Förster Andrich, Kämmerer Schlegel und Leibjäger Bartelt.

Unten, vorn: der Träger des Feldmarschallstabes Seidel, dahinter die vier Träger der Kissen mit den Orden des früheren sächsischen Königs.

Der Sarg wird auf die Lafette festgeschnallt. Zu ihren Seiten tritt eine Ehrenwache von 6 Offizieren mit gezogenem Säbel. Der Trauerzug ordnet sich und setzt sich in folgender Reihenfolge in Bewegung:
1. Berittene Schutzmannschaft.
   Der Polizeipräsident im Kraftwagen.
2. Die Trauerparade:
   Kommandeur: Generalmajor Beck,[14]
   Art[illerie]Führer IV
   6./Reit[er]Reg[iment] 12 (Traditionseskadron Garde-Reiter-Reg[imen]ts/Rittmeister von Schlieben.[15]
   I. (Jäger-)Bataillon Inf[anterie]-Reg[iments] 10, Oberstl[eu]tn[ant] Olbricht[16]
   Fahnen des Leib-Gren[adier]-R[e]g[iments],
   Fahnen I/Gren[adiere] 101, 1/104, Ka-d[etten]Korps,
   2./Inf[anterie]R[e]g[imen]t 10, H[au]ptm[ann] Fr[ei]h[er]r von Biedermann,[17]
   9./[Inf[anterie]R[e]g[imen]t 10, [Hauptmann] Hillebrand,
   11./Inf[anterie]R[e]g[imen]t 10, H[au]ptm[ann] Schmidt (Werner)[18]
   4. (M[aschinen]-G[ewehr]) Inf[anterie]R[e]g[imen]t 10, H[au]ptm[ann] Versock,[19]
   7./Art[illerie]R[e]g[imen]t 4 (Traditionsbatterie F[eld-]A[rtillerie-]R[egiment] 12) H[au]ptm[ann] Peter
3. Der Befehlshaber im Wehrkreis IV Generall[eutnan]t Fr[ei]h[er]r v[on] Gienanth,[20] an der Spitze der dienstfreien Offiziere der Reichswehr
4. Kreuzträger und Chorknaben. Katholische Geistlichkeit.
5. Förster Andrich,[21] Geh[eimer] Kämm[erer] Schlegel, Leibjäger Bartelt.
6. Oberstl[eutnan]t Siedel[22] (F[eld-]A[rtillerie-]R[egiment] 28) mit dem Feldmarschallstab,
   Maj[or] Jungnickel G[a]rd[e] 101
   R[i]ttm[eister] v[on] Abendroth[23] G[arde]R[eiter(?)]
   Maj[or] v[on] Hoening O'Caroll[24] Hus[aren] 18

Maj[or] v[on] Wittern[25] Leib-G[a]rd[e] mit den Ordenskissen.
Die Hohe Leiche †
Oberst Ebert G[arde]R[eiter] R[egiment]
Oberst Partzsch F[eld-]A[rtillerie-]R[egiment] 32
Maj[or] Blohm Schütz[en] 108
Träger der Reichswehr
Träger der Reichswehr
Oberstl[eutnan]t v[on] Schönberg[26] Leib-G[a]r[de]
Maj[or] Lange F[eld-]A[rtillerie-]R[egiment] 12
Rittm[eister] v[on] Boxberg[27] Hus[aren] 18

Oben: Trauerzug, beginnend mit den Söhnen Friedrich Augusts: Friedrich Christian, Georg und Ernst Heinrich.

Unten: Studenten und Angehörige von Militärvereinen im Trauerzug.

Rechts oben: Spalier der Reichswehr. Auf den Fußwegen drängen sich die Menschen, viele beobachten das Geschehen aus dem Fenster.

Rechts unten: Der Trauerzug überquert den Neumarkt.

7. Die Hohen Leidtragenden:
   Prinz Ernst Heinrich[28]
   Kronprinz[29]
   Markgraf Friedrich Christian von Meissen[30]
   Fürst Hohenzollern[31]
   Prinz Johann Georg[32]
   Kronprinz Rupprecht v[on] Bayern
   Prinz Georg von Sachsen-Meiningen
   Prinz Franz Joseph v[on] Hohenzollern[33]
   Erzherzog Joseph Franz[34]
8. Joachim Graf v[on] Schönburg,[35] Prinz Ulrich v[on] Schönburg.[36]
9. Das ehem[alige] militärische Gefolge und die ehemaligen kommandierenden Generale,
10. die ehem[aligen] Hofstaaten und ehem[aligen] Königl[ichen] Staatsminister,
11. die Generalität,
12. die Kammerherren, Leibärzte, Kammerjunker,
13. die Kommandeure des Mil[itär]-S[an]ct-Heinrichsordens, soweit sie nicht an anderer Stelle eingetreten sind.
14. die Offiziere der ehemal[igen] Leib-Regimenter, des 5. Inf[anterie] Reg[imen]ts Nr. 104 und des Schützen-Reg[imen]ts

15. die Offiziere, soweit sie nicht an anderer Stelle eingetreten sind, und die Inhaber der Goldenen Medaille des Militär-S[an]ct-Heinrichs-Ordens,
16. die jetzigen und ehemaligen Hofbeamten,
17. Königl[iches] Forstpersonal,
18. Abordnungen der Studentenschaft,
19. Präsidium und Banner des Militär-Vereinsbundes, Militärvereine.

Der Trauerzug durchschreitet den Fahnenwald von 300 Militär-Vereinen auf der Lüttichaustrasse, rückt zwischen den Bannern von Hunderten von Innungen und Verbänden über Bürgerwiese und Georgplatz und erreicht, vorüber an dem straffen und starren Spalier der Reichswehr, auf dem Neumarkt von dem prachtvollen Geläut aus der Kuppel der Frauenkirche empfangen, in einstündigem Marsch die Augustusstrasse. Von der Wand der Gewehrgalerie blicken Markgrafen, Kurfürsten und Könige, die in mehr als 800 Jahren Sachsens Geschicke lenkten, auf den verewigten Nachfahren.

Von den Häusern wehen die Fahnen auf Halbmast, auf den Fußsteigen stauen sich die Menschen Kopf an Kopf, grüssen die alten Fahnen und heften in stiller Wehmut den umflorten Blick auf das Rautenbanner, unter dem ihr König schlummert. Von den Türmen schallt das Trauergeläut und zum Chopinschen Trauermarsch und dem Choral »Jesus meine Zuversicht« schlagen die gedämpften Trommeln den Takt.

Während die Spitze des Trauerzuges vorüber am Haupteingang der Hofkirche zum Theaterplatz weitermarschiert, hat die Fahnenkompagnie die Höhe des Georgentors erreicht.

Oben: Der Trauerzug zieht am Georgentor vorbei.

Unten: Der Trauerzug überquert den Schlossplatz zwischen Residenzschloss und Hofkirche.

Rechts oben: Der Sarg des letzten sächsischen Königs wird in die Hofkirche getragen.

Rechts unten: Die Leiche des letzten sächsischen Königs im geöffneten Sarg in der Hofkirche.

Die Fahnenträger schultern die Feldzeichen. Die riesige Volksmenge, die den Schlossplatz bis zur Höhe der Brühlschen Terrasse und bis zur Augustusbrücke füllt, schweigt; wie auf Kommando entblössen die Männer das Haupt.

Die Fahnenoffiziere der Reichswehr und die Fahnenträger lösen sich aus der weitermarschierenden Trauerparade. Die letzteren treten zwischen die Fahnenoffiziere der alten Königlichen Armee, die auf beiden Seiten der Stufen des Haupteingangs zur Hofkirche Front gegeneinander Aufstellung genommen haben.

Als die Lafette mit der Hohen Leiche die Höhe des Georgentores erreicht hat; lässt der Chef der vor dem König Albert-Denkmal aufgestellten I./Inf[anterie]Reg[imen]t 10, der Traditionskompagnie des Leib-Grenadier-Reg[imen]ts, präsentieren. In das Geläute der Glocken der Hofkirche mischt sich der kernige Präsentiermarsch der Leibgrenadiere und der gedämpfte Ton der Silbermannschen Orgel, während die ruhmvollen Fahnen sich senken.

Kreuzträger und Chorknaben, sowie die katholische Geistlichkeit, der Kammerdiener und die Leibjäger, die Offiziere mit dem Feldmarschallstab und den Ordenskissen steigen die Stufen des Haupteingangs hinauf und stellen sich innerhalb der Kirche zum Zuge nach dem vor dem Hochaltar errichteten Katafalk auf.

Die Lafette hält vor dem Haupteingang. Der Sarg wird losgeschnallt und auf die am Haupteingange bereitstehende Tragbahre gestellt. Der hochwürdigste Herr Bischof von Meissen[37] empfängt mit dem Klerus der Hofkirche die Hohe Leiche und begibt sich mit ihm an die Spitze derjenigen Geistlichen, die am Trauerzuge teilgenommen haben.

Unter Vorantritt der Geistlichkeit wird die Hohe Leiche vorüber am Spalier der Fähnriche der Infanterie-Schule zum Katafalk getragen und der Sarg vor diesem niedergesetzt.

Unterdessen ist das Gefäss mit dem Herzen des Hohen Entschlafenen am Tor C (Elbseite) vom Kammerherrn von Ponickau[38] in Empfang genommen und unter Begleitung des Kammerherrn Grafen Schall[39] und des Kammerjunkers Grafen von Rex[40] in die Gruft getragen worden.

Die Prinzessinnen des K[öni]gl[ichen] Hauses haben die Hofkirche über Reitbahn- und Marienstrasse erreicht und wohnen von den Oratorien aus dem Einzug in die Kirche bei.

Die Fürstlichkeiten, die am Trauerzuge teilgenommen haben, verfügen sich nach den Stuhlreihen links des Hochaltars.

Die Ehrenwache nimmt beiderseits der Hohen Leiche Aufstellung. Der Kammerdiener und die Leibjäger stehen zu Füssen des Sarges, die Fahnen des Leib-Grenadier-Regiments neben dem Josefs-, die 3 anderen Fahnen neben dem Marienaltar. Die Teilnehmer am Trauerzuge füllen die Bänke des Mittelschiffs.

Oben: Zwei Offiziere mit gesenkten Säbeln halten am offenen Sarg Totenwache (links Husar Freiherr Hoenning O'Caroll).

Unten: Die Familie hält am Katafalk Andacht.

Rechts: Trauergäste in der Hofkirche.

Nach kurzer Andacht verlässt die Trauergemeinde das Gotteshaus, das geschlossen wird.

Der Sarg wird zum Zwecke der Ausstellung der Hohen Leiche von der Tragbare auf den Katafalk gehoben und geöffnet. Sie ist mit der Generaluniform bekleidet; Stern- und Grossmeisterkomtur des Militär-S[an]ct-Heinrichsordens, das E[iserne] K[reuz] I schmücken die Brust, über die sich von der rechten Schulter zur linken Hüfte das grüne Band der Rautenkrone zieht. Um den Hals liegt die Kette des Preussischen Hausordens von Hohenzollern als Zeichen der Treue gegen den Kaiserlichen Freund und Bundesgenossen.

Auf Taburetts zu Füssen des Sarges liegen Scepter und Krone, der Feldmarschallstab und 4 Ordenskissen.

Beiderseits zu Häupten des Entschlafenen halten 2 Offiziere mit gesenktem Säbel die Totenwacht.

Im Beisein des Markgrafen von Meissen legt Ministerpräsident Schieck den Kranz der Sächsischen Regierung nieder, während am St.-Benno-Altar Hunderte von Kränzen abgegeben werden.

12.30 [Uhr] finden sich die Mitglieder des K[öni]gl[ichen] Hauses zu kurzer Andacht am Katafalk ein.

Um 1 Uhr wird der Eingang durch Tür C (Elbseite) in die Hofkirche freigegeben. 200 000 Menschen durchschreiten sie, um ein letztes Mal das gütige, im Tode unveränderte Antlitz ihres geliebten Königs zu schauen. Weiteren Hunderttausenden, die bis zur Mitte der Marienbrücke im Schneegestöber anstehen, muss da um 9 Uhr das Gotteshaus, zur Vermeidung von Unglücksfällen, geschlossen wird, die letzte Huldigung leider versagt werden.

Von 6 bis 7 Uhr verweilen die Mitglieder des K[öni]gl[ichen] Hauses in stiller Andacht am Sarge des Hohen Entschlafenen. Die Nacht ist hereingebrochen, die Kirche hat sich geleert. Die Absperrung der Fähnriche der Infanterie-Schule wird eingezogen. Im Gotteshaus bleibt nur die Wache der Offiziere die sich in die Ehre des letzten Dienstes in halbstündiger Ablösung teilen.

Dienstag, den 23. Februar 1932.

Am frühen Morgen des folgenden Tages hören die Hohen Leidtragenden die vom Kronprinzen am offenen Sarge gelesene h[eilige] Messe. Ein letzter Abschied. Der Sarg wird, nachdem der Hohen Leiche die Orden abgenommen worden sind und der Zinkeinsatz verlötet worden ist, geschlossen und auf der ihn bedeckenden Hausflagge Helm und Säbel befestigt.

Als um 10 Uhr die Hofkirche für die zum Einlass berechtigten Personen geöffnet wird, sind die nicht vorbehalten Sitzplätze des Mittelschiffs, sowie die Seitenschiffe und die Gänge hinter der absperrenden Reichswehr binnen wenigen Minuten gefüllt. Die Emporen der Damenseite nehmen die Frauen der Hofstaaten, die im Excellenzenrang stehenden Damen, die Frauen der Kammerherren und des milit[ärischen] Gefolges, die Frauen der Staatsminister und höheren Staatsbeamten ein, während die Emporen auf der Männerseite der Staatsregierung, den Vertretern der Stadt Dresden und der Presse vorbehalten sind.

Von 10¹⁵ weisen Kammerherren Einzelpersönlichkeiten und Abordnungen in den 7 vorderen Bänken des Mittelschiffs Plätze an.

Es nehmen Platz: in der I. Bank links
- Gesandter Graf Wirrsén[41] / für den König von Schweden,
- Kammerherr Graf Trampe / für den König von Dänemark,
- Militär-Attaché Oberst Rabeff / für König Boris der Bulgaren
- Gen[eral]L[eutnan]t Gantscheff / für Zar Ferdinand / (während des Krieges im deutschen G[ene]r[al]Hauptquartier),
- Oberhofjägermeister Fr[ei]h[er]r v[on] Brandis / für d[ie] Grossherzogin von Luxemburg
- Gen[eral]L[eutnan]t Kammerherr v[on] Falkenhausen / für d[en] Erbgrossherzog von Oldenburg
- Oberhofmarschall Fr[ei]h[er]r v[on] Fritsch[42] / für d[ie] Grossherzogin von Sachsen-Weimar,
- Fr[ei]h[er]r v[on] Kerckerinck zur Borg,[43] Ehren-Bailli des souv[eränen] Malteserordens,
- Prinz Gustav Biron von Kurland[44]
- Oberstmarschall Graf Vitzthum v[on] Eckstädt[45].

in der 1. Bank rechts.
- Generall[eutnan]t Fr[ei]h[er]r v[on] Gienanth, Befehlshaber im Wehrkr[eis] IV,
- Oberst v[on] Hindenburg,[46] Vertreter des Generalfeldmarschalls, seines Vaters,
- Staatsminister Dr. v[on] Beck,[47]
- Gen[eral] d[er] Inf[anterie] Edler v[on] der Planitz[48] (rangält[ester] Offizier der alten K[öni]gl[ichen] Armee, im Kriege Kommandeur 32. I[nfanterie(?)]D[ivision], komm[andierender] General XII. u[nd] XII. R[eiter(?)] K[ompanie(?)]),
- Gen[eral] d[er] Kav[allerie] v[on] Garnier,[49] Vertr[eter der] 2. Garde-Ul[anen] (im Kriege F[ü]hr[er] VII. R[eiter(?)] K[ompanie(?)])
- Gen[eral] d[er] Inf[anterie] v[on] Hutier,[50] Vorsitzender des Deutschen OffizierBundes (im Kriege O[ber]B[efehlshaber der] 18 A[rmee])
- Adelsmarschall Gen[eral] L[eutnan]t v[on] Below[51]
- Gen[eral]L[eutnan]t v[on] Tutschek[52], Vertr[eter des] 15. bay[e]r[ischen] Inf[anterie]-Reg[imen]ts (im Kriege Führer d[es] Deutsch[en] Alpenkorps)
- Gen[eral]Maj[or] Fr[ei]h[er]r v[on] Maltzahn,[53] als Vertreter 2. Garde-Ulan[en]-Reg[imen]ts.

in den folgenden Bänken:
- Staatsminister v[on] Nostitz-Wallwitz[54]
- General d[er] Kav[allerie] Fr[ei]h[er]r v[on] Müller,[55] Generaladjutant
- [General der Kavallerie] Fr[er]h[er]r Leuckardt v[on] Weissdorf,[56] Gen[eral] Adj[utant] (im Kriege zul[etzt] Mil[itär] Gouverneur d[er] Provinz Lüttich)
- [General der Inf[anterie] Götz v[on] Olenhusen[57] (1914 Kommandeur d[er] Div[ision] Nr. 40; zuletzt stellv[ertretender] K[omman]d[eur]Gen[eral] XII)
- Gen[eral]L[eutnan]t Leuthold[58] (1914 Chef der Zentralabt[eilung] d[es] Gen[eral]St[-abs], 1918 F[ü]hr[er] XII. Res[erve]Korps)
- Die Ehrendienste
- Graf Schaffgotsch[59]

Gefolge der fürstlichen Trauergäste:
- Oberstl[eutnan]t Fr[ei]h[er]r Schilling v[on] Cannstatt[60], Begleiter des Prinzen Eitel Friedrich v[on] Preussen
- Kabinettchef Graf v[on] Soden[61], Begleiter des Kronpr[inzen] Rupprecht v[on] Bayern
- Hofm[arschall] Fr[ei]h[er]r v[on] Gemmingen[62], Begleiter des Herzogs Philipp Albrecht v[on] Württemberg
- Hofmarschall Fr[ei]h[er]r v[on] Hornstein[63], Begl[eiter] des Markgrafen Berthold von Baden
- Hofmarschall Graf v[on] Hardenberg[64], Begl[eiter] d[es] Grossherzog v[on] Hessen
- Hofchef Fr[ei]h[er]r Hattberg zu Broich
- Hofkammerpräs[ident] Aengenheister[65], [beide] Begleiter des Fürsten von Hohenzollern
- Hofm[arschall] Fr[ei]h[er]r Schirndinger v[on] Schirnding[66], Begleiter des Fürsten von Thurn und Taxis
- Hofchef Fr[ei]h[er]r v[on] Rolshausen[67], Begleiter des Erbprinzen von Thurn und Taxis
- Landgerichtspräs. von Einsiedel[68], Vors[itzender] der Adelsgenossensch[aft]
- Generalmajor v[on] Eulitz[69], Vorsitzender des D.O.B.
- Sanitätsrat Dr. Hopf[70], Präsident des M.V.B.
- Oberst Brückner[71], Landesführer des Stahlhelms
- Oberst Schellbach[72], K[omman]d[eu]r A[rtillerie]Reg[imen]t 4, Vertreter der nichtsächsischen Truppen der Reichswehr,
- Oberst Boltze[73], K[omman]d[eu]r I[nfanterie]R[egiment] 10, als Landesk[omman]d[an]t in Sachsen
- Major v[on] Arnim u[nd] H[au]ptm[ann] v[on] Wuthenau[74] als Vertr[eter] des Offz[iers]Ver[eins] Garde-Schützen
- Major v[on] Knoblauch u[nd] v[on] Buch, als Vertr[eter] d[es] Offz[iers]-Ver[eins] Ul[anen] 16
- Rittm[eist]er Prochazka u[nd] Oberl[eutnan]t Lewis, als Vertr[eter] d[es] K.u.K. Drag[oner]Reg[imen]ts 3
- Landesbischof D[oktor] Ihmels[75] u[nd] Vertreter d[er] Evangl[ischen] Geistlichkeit
- Oberrabbiner D[oktor] Winter[76] u[nd] Vertr[eter] d[er] Israel[itischen] Religionsgemeinde
- Rector Prof. Dr. Litt[77] u[nd] Dekan der Universität Leipzig,
- Rector Dr. Binder[78] der techn[ischen] Hochschule, Rector der Forstakademie, Vertreter der Hochschulen in ihrer historischen Tracht, das Konsularcorps.

Links: Trauerzug auf dem Weg durch Dresden.

Der Sarg Friedrich Augusts III. in der Fürstengruft der Hofkirche.

Von 10.30 [Uhr] ab fahren an Tür A unter dem Uebergang die fürstlichen Trauergäste vor, die Herren werden von Oberceremonienmeister Graf Wilding[79] zu den Sitzen auf der Kanzelseite geleitet und in nachstehender Reihenfolge gesetzt:

1. S[eine] K[önigliche] H[oheit] Prinz Eitel Friedrich v[on] Preussen[80] als Vertreter S[eine]r Majestät des Kaisers,
2. S[eine] K[önigliche] H[oheit] Herzog Philipp Albrecht v[on] Württemberg,[81] als Vertreter des Herzogs Albrecht,
3. S[eine] K[önigliche] H[oheit] Berthold Markgraf von Baden,[82]
4. S[eine] K[önigliche] H[oheit] Grossherzog von Hessen,[83]
5. S[eine] Hoh[eit] Herzog Adolf Friedrich zu Mecklenburg,[84] als Vertreter des Grossherzogs,
6. S[eine] Hoh[eit] Prinz Georg von Sachsen-Meiningen, als Vertreter des Prinzen Ernst,
7. S[eine] Hoh[eit] Prinz Hubertus von Sachsen-Coburg und Gotha,[85] als Vertreter S[einer] K[öniglichen] H[oheit] des Herzogs Karl Eduard,
8. S[eine] Durchl[aucht] Fürst Friedrich Günther zu Schwarzburg,[86]
9. S[eine] Durchl[aucht] Erbprinz Reuss Heinrich XLV.[87],
10. S[eine] Hochfürstl[iche] Durchl[aucht] Prinz Julius Ernst zur Lippe,[88] als Vertreter S[eine]r Hochfürstl[ichen] Durchl[aucht] des Fürsten Leopold IV.,
11. S[eine] Hochfürstl[iche] Durchl[aucht] Prinz Wolrad zu Schaumburg-Lippe,[89] als Vertreter S[eine]r Hochfürstl[ichen] Durchl[aucht] des Fürsten Adolf,
12. S[eine] K[önigliche] H[oheit] Prinz Hubertus von Preussen,[90] als Vertreter S[einer] K[aiserlichen] u[nd] K[öniglichen] Hoh[eit] des Kronprinzen Wilhelm,
13. S[eine] K[önigliche] H[oheit] Duarte Herzog von Braganza,[91]
14. S[eine] Hoh[eit] Prinz und Landgraf Wilhelm v[on] Hessen,[92] als Vertreter S[eine]r Hoh[eit] des Landgrafen Chlodwig,
15. S[eine] Durchl[aucht] Prinz Ferdinand zur Lippe-Baruth,[93]
16. Botschaftsrat Cicconardi,[94] ausserordentl[icher] Gesandter S[eine]r Majestät des Königs von Italien,
17. S[eine] Durchl[aucht] Fürst Günther v[on] Schönburg-Waldenburg,[95]
18. S[ein]e Erl[aucht] Joachim Graf und Herr v[on] Schönburg,[96]
19. S[ein]e Erl[aucht] Friedrich Magnus Graf zu Solms-Wildenfels,[97]
20. S[eine] Durchl[aucht] Prinz Hermann v[on] Schönburg-Waldenburg,[98]
21. S[eine] Durchl[aucht] Prinz Ulrich v[on] Schönburg-Waldenburg
22. S[ein]e Erl[aucht] Friedrich Leopold Graf zu Stolberg-Stolberg,[99]
23. S[eine] Durchl[aucht] Fürst Franz Joseph zu Salm-Reifferscheidt,[100]
24. S[eine] Durchl[aucht] Erbprinz Victor von Ratibor und Corvey,[101] für den Herzog von Ratibor,
25. S[eine] Durchl[aucht] Erbprinz Franz Ferdinand v[on] Isenburg-Birstein[102] für den Fürsten Franz Joseph von Isenburg,
26. S[ein]e Erl[aucht] Erbgraf Karl von Schönburg,[103]
27. S[eine] Durchl[aucht] Prinz Rudolf von Hohenlohe-Langenburg,[104]
28. S[eine] Durchl[aucht] Prinz Alfred von Schönburg-Droyssig,[105]
29. S[eine] Durchl[aucht] Prinz Hugo von Schönburg-Droyssig.[106]

Die fürstlichen Damen nehmen, geführt von Kammerherrn von Schönberg-Roth-Schönberg,[107] in den Oratorien Platz und zwar:

- I[hre] K[önigliche] H[oheit] die verw[itwe]te] Fürstin Adelgunde von Hohenzollern,[108]
- Ihre Hoh[eit] Frau Prinzessin Georg v[on] Sachsen-Meinungen,[109]
- Ihre Hoh[eit] Frau Prinzessin Julius Ernst zur Lippe,[110]
- Ihre Erl[aucht] Frau Gräfin und Herrin von Schönburg
- Ihre Durchl[aucht] Frau Prinzessin Ulrich von Schönburg-Waldenburg,[111]

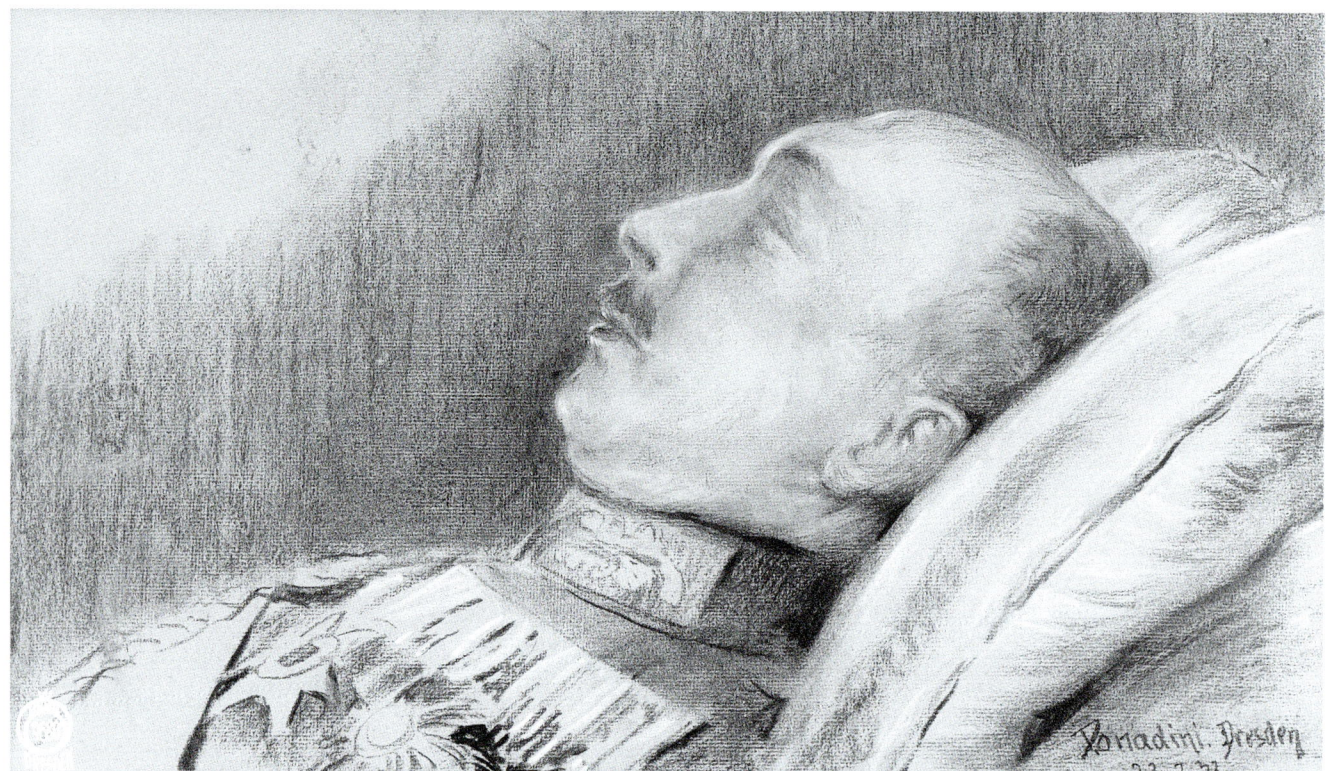

Oben: Totenporträt Friedrich Augusts III., Zeichnung von Ermenegildo Carlo Donadini, 22. Februar 1932.

Rechts: Aufbahrung des ehemaligen sächsischen Königs in der Hofkirche. Ermenegildo Carlo Donadini (rechts neben dem Sarg) beim Zeichnen des Totenporträts.

- Ihre Erl[aucht] Frau Gräfin Friedrich Leopold zu Stolberg-Stolberg,
- Ihre Erl[aucht] Frau Gräfin Friedrich zu Castell-Castell,[112]
- Ihre Erl[aucht] Frau Erbgräfin von Schönburg,[113]
- ferner
- Frau Gräfin von Schaffgotsch[114] und die Hofdamen.

Unterdessen setzt das Trauergeläute der Kirchenglocken ein. Die Hohen Leidtragenden betreten das Gotteshaus. Die Frau Markgräfin von Meissen,[115] die Fürstin von Hohenzollern,[116] die Prinzessin Franz Joseph von Hohenzollern,[117] die Frau Erzherzogin Joseph Franz,[118] die Frau Erzherzogin Otto,[119] Prinzessin Mathilde[120] und die Fürstin von Thurn und Taxis[121] suchen ihre Plätze in den Oratorien auf.

An den Kniebänken auf der Evangelienseite nehmen vor der Bahre Platz:
- S[ein]e Königl[iche] Hoheit der Markgraf von Meissen,
- S[ein]e Königl[iche] Hoheit der Kronprinz,
- S[ein]e Königl[iche] Hoheit Prinz Ernst Heinrich,
- S[ein]e Königl[iche] Hoheit Prinz Johann Georg,
- S[ein]e Königl[iche] Hoheit Prinz Max,
- S[ein]e Königl[iche] Hoheit Kronprinz Rupprecht von Bayern,
- S[ein]e Hoheit der Fürst von Hohenzollern[122],
- S[ein]e Königl[iche] Hoheit der Erzherzog Joseph Franz,
- S[ein]e Durchl[aucht] der Prinz Franz Joseph von Hohenzollern,
- S[ein]e Durchl[aucht] der Fürst von Thurn und Taxis,[123]
- S[ein]e Durchl[aucht] der Erbprinz von Thurn und Taxis.[124]

Unbeweglich, wie aus Stein gemeisselt, stehen auf der Esterade, beiderseits des Sarges, die Offiziere der Ehrenwache:
- Oberst v[on] Wolf, 1. F.A.Reg[imen]t 12,
- Oberst v[on] Egidy,[125] I. (Leib-)G[ar]d[e]-Reg[iment] 100,
- Oberst v[on] Schweinitz,[126] Inf[anterie]-Reg[imen]t 10 (Reichswehr),
- Oberst Müller (Herbert), 2. Hus[aren] Reg[imen]t 19,
- Major Jungnickel, 2. G[a]rd[e]Reg[imen]t 101,
- Oberstleutnant v[on] Watzdorf,[127] Leib-G[a]rd[e]-Reg[imen]t.

während vor der Estrade zu Füssen des Sarges der Geheim-Kämmerierer Schlegel, der Leibjäger Bartelt und der ehemal[ige] Leibjäger Förster Andrich ihre Plätze einnehmen.

Elf Uhr lösen die Akkorde der Orgel das Trauergeläut ab. Im feierlichen Zuge eines zahlreichen Klerus, ihn wie der Abt von Grüssau[128] mit der Mitra überragend, schreitet der hochwürdigste Herr Bischof[129] zum Altarplatz und celebriert das Totenamt. Die heilige Handlung begleiten die Klänge des von der Staatskapelle unter Hofkapellmeister Pembaur[130] aufgeführten, seit Generationen bei Trauerfeiern des Königshauses üblichen Requiems von Cherubini. Die trauernden Töne des »Dies irae« brechen sich an Säulen und Wölbungen.

Nach dem Evangelium besteigt der Königliche Seelsorger Prälat Müller[131] die Kanzel und knüpft seine kurze, markige und treffende Rede an die Worte der Geheimen Offenbarung: »Sei getreu bis in den Tod, so will Ich dir die Krone des Lebens geben.« Das Pontifikalamt wird fortgesetzt. Bei Wandlung und Kommunion neigen sich die Fahnen vor dem Allerheiligsten.

Der Sarg Friedrich Augusts III. in der Fürstengruft der Hofkirche.

Nach dem letzten Evangelium verlässt die Geistlichkeit den Altarplatz und zieht in feierlicher Prozession, brennende Kerzen in der Rechten, von der Sakristei durch den Säulengang der Männerseite an der Kanzel zum Mittelschiff einbiegend, zum Katafalk und stellt sich auf dem Altarplatz hinter den mit Hunderten von Kränzen bedeckten Schranken, Front zur Hohen Leiche, auf, nur der Bischof und die Assistenz bleiben vor dem Katafalk. Der Oberhirte beginnt den Busspsalm Davids »Miserere mei, Deus«, den die Sängerin Helene Jung[132] mit prachtvoller Stimme begleitet, und erteilt, wie auch der Abt von Grüssau, unter Incens und Besprengung mit Weihwasser die absolutio ad feretrum. Der Kirchenchor stimmt das Benedictus an.

Die Träger der Reichswehr lösen die Ehrenwache der Offiziere ab. Sie heben den Sarg vom Katafalk. Verhaltenen Atems schaut die Gemeinde.

Vom Chor schallt aus den hellen Kehlen der Kapellknaben das Salve Regina. Da setzen sich die Chorknaben, der Kreuzträger in ihrer Mitte, zum Gange zur Gruft in Bewegung. Prälat Müller und Propst Seidler[133] folgen. Feuchten Auges ruht jeder Blick auf dem Sarge, vor dem sie schreiten. Zu letztem Gruss senken sich die ruhmvollen Feldzeichen vor dem geliebten Kriegsherrn, dem nur die nächsten männlichen Angehörigen zur letzten Ruhestätte das Geleit geben. Der Hofchef[134] übergibt dem Propst Seidler die Sargschlüssel.

3 Ehrensalven der zwischen Schloss und Hofkirche aufgestellten 1./Inf[anterie] Regi[ment] 10, der Ehrensalut von 21 Schuss der am Finanzministerium abgeprotzten 7./A[rtillerie]R[egiment] 4, und das Trauergeläut der Kirchenglocken künden weithin über Stadt und Land:

»König Friedrich August III. weilt bei Seinen Vätern«.

1 Sächsische Landesbibliothek, Staats- und Universitätsbibliothek Dresden, Georg O'Byrn: Die Feierlichkeiten in Dresden am 22. und 23. Febr. 1932, [Dresden] 1932, Signatur: 2009 4 004675.
2 Vgl. Jan Bergmann: Wie aus John James Johann Jacob wurde. Die irische Familie O'Byrn in Sachsen. In: Lars-Arne Dannenberg/Matthias Donath (Hrsg.): Lebensbilder des sächsischen Adels II. Bernstadt 2016, S. 65–116.
3 Friedrich Kracke: Das königliche Dresden. Erinnerungen an Sachsens Landesväter und ihre Residenzstadt, Boppard 1972, S. 252–257.
4 Für die Unterstützung bei der Identifizierung der Personen danke ich Henning von Kopp-Colomb, Dr. Matthias Donath und Dr. Lars-Arne Dannenberg.
5 Georg Baron O'Byrn (1864–1942), Erzieher der Prinzen von Sachsen (Söhne von Friedrich August III.), Generalmajor in der Königlich Sächsischen Armee, Kabinettschef des ehemaligen sächsischen Königs Friedrich August III.
6 Rupprecht von Bayern (1869–1955), letzter Kronprinz von Bayern, Armeeführer im Ersten Weltkrieg; lebte 1939–1945 aufgrund seiner Gegnerschaft zum Nationalsozialismus im italienischen Exil.
7 Georg Prinz von Sachsen-Meiningen (1892–1946), bis 1918 Erbprinz des Herzogtums Sachsen-Meiningen, ab 1928 Chef des Hauses.
8 Walther Schieck (1874–1946), Politiker (DVP), 1930 Ministerpräsident des Freistaates Sachsen, bis 1933 kommissarisch in diesem Amt.
9 Dr. Wolfgang Schettler (1880–1950 (?), 1957 für tot erklärt), sächsischer Ministerialdirektor.
10 Dr. Wilhelm Külz (1875–1948), Politiker (DDP, LDP), 1926 Reichsinnenminister, 1931–1933 Oberbürgermeister von Dresden, 1945–1948 Vorsitzender der LDP.
11 Dr. Friedrich Johannes Palitzsch (1878–1951), ab 1922 Präsident der sächsischen Kriminalpolizei, später Polizeipräsident von Dresden.
12 Dr. Karl Hermann Domsch (1871–1945), 1931–1936 Präsident der Reichsbahndirektion Dresden.
13 Werner Freiherr von Beschwitz (1884–1972), Rittmeister.
14 Ludwig Beck (1880–1944), ab 1931 Generalmajor und ab 1932 Artillerieführer IV in Dresden, seit 1938 Generaloberst, beteiligte sich am missglückten Attentat auf Adolf Hitler am 20. Juli 1944.

15 Wohl Karl-Wilhelm von Schlieben (1894–1964) Offizier, zuletzt Generalleutnant im Zweiten Weltkrieg.
16 Friedrich Olbricht (1888–1944) Offizier, zuletzt General der Infanterie, beteiligte sich am missglückten Attentat auf Adolf Hitler am 20. Juli 1944.
17 Wolf Freiherr von Biedermann (1890–1964), zuletzt Generalmajor der Luftwaffe im Zweiten Weltkrieg.
18 Werner Schmidt-Hammer (1894–1962), zuletzt Kommandeur verschiedener Armeeeinheiten im Zweiten Weltkrieg.
19 Kurt Versock (1895–1963), zuletzt General der Gebirgstruppe während des Zweiten Weltkrieges.
20 Curt Ludwig Freiherr von Gienanth (1876–1961), Kommandeur der 4. Division der Reichswehr, später General der Kavallerie.
21 Walter Andrich, Förster in Sibyllenort.
22 Georg Siedel (geb. 1872).
23 Vermutlich Bernhard von Abendroth, Rittmeister der Landwehr.
24 Freiherr Hoenning O'Carroll.
25 Horst von Wittern (1876–1939).
26 Friedrich von Schönberg (1870–1945).
27 Friedrich von Boxberg (1877–1957).
28 Ernst Heinrich Prinz von Sachsen Herzog zu Sachsen (1896–1971), Sohn König Friedrich Augusts III., 1923–1945 Verwaltungschef des Vereins »Haus Wettin Albertinischer Linie e. V.«
29 Georg Prinz von Sachsen Herzog zu Sachsen (1893–1943), Sohn König Friedrich Augusts III. und letzter Kronprinz von Sachsen, nach dem Ende der Monarchie katholischer Priester und Jesuit.
30 Friedrich Christian Prinz von Sachsen Herzog zu Sachsen (1893–1968), Sohn König Friedrich Augusts III., seit dem Tod des Vaters 1932 Chef des Hauses Wettin und als solcher Markgraf von Meißen.
31 Friedrich Viktor Fürst von Hohenzollern-Sigmaringen (1891–1965), königlich-preußischer Oberst, 1927–1965 Oberhaupt des Hauses Hohenzollern.
32 Johann Georg Prinz von Sachsen Herzog zu Sachsen (1869–1938), Bruder König Friedrich Augusts III., Kunstsammler.
33 Franz Joseph Prinz von Hohenzollern-Emden (1891–1964), Zwillingsbruder von Friedrich Viktor Fürst von Hohenzollern-Emden.
34 Dr. jur. Dr. oec. Josef Franz Erzherzog von Österreich (1895–1957), 1927–1945 Mitglied des Oberhauses im Ungarischen Reichstag.
35 Joachim Graf von Schönburg-Glauchau (1873–1943), Abgeordneter der Ersten Kammer des Sächsischen Landtags.
36 Ulrich Georg Prinz von Schönburg-Waldenburg (1869–1939), Herr auf Schloss Guteborn.
37 Conrad Gröber (1872–1948), Bischof von Meißen und später Erzbischof von Freiburg.
38 Wolff von Ponickau (1876–1947), königlich sächsischer Kammerherr.
39 Adam-Ferdinand Graf von Schall-Riaucour (1883–1949), königlich sächsischer Kammerherr.
40 Alexander Graf von Rex (1881–1948), königlich sächsischer Kammerjunker.
41 Carl Einar Thure af Wirsén (1875–1946), schwedischer Offizier und Diplomat, 1925–1937 schwedischer Gesandter in Berlin.
42 Hugo Freiherr von Fritsch zu Seerhausen (1869–1945), Major, Kammerherr, 1907–1918 letzter Oberhofmarschall von Sachsen-Weimar, 1919 Mitbegründer des Weimarer Bauhauses.
43 Vermutlich Engelbert Freiherr von Kerckerinck zur Borg (1872–1933), Rittergutsbesitzer, Reichstagsabgeordneter (Zentrumspartei).
44 Gustav Prinz Biron von Curland (1859–1941), Standesherr von Groß Wartenberg.
45 Friedrich Graf Vitzthum von Eckstädt (1855–1936), letzter Präsident der Ersten Kammer des Königlich Sächsischen Landtages, letzter Majoratsherr auf Schloss Lichtenwalde, auf Auerswalde, Schönwölkau, Reibitz und Sausedlitz.
46 Oskar von Beneckendorff und von Hindenburg (1883–1960), Generalleutnant, Sohn des Reichspräsidenten Paul von Hindenburg.
47 Heinrich Gustav Beck, ab 1918 von Beck (1854–1933), 1895–1896 Freiberger Oberbürgermeister, 1896–1907 Chemnitzer Oberbürgermeister, 1908–1918 sächsischer Kultusminister, 1914–1918 Vorsitzender des sächsischen Gesamtministeriums, ihm wurde als letztem sächsischen Untertan von König Friedrich August III. der erbliche Adel verliehen.
48 Horst Edler von der Planitz (1859–1941), General der Infanterie im Ersten Weltkrieg.
49 Otto von Garnier (1859–1947), General der Kavallerie im Ersten Weltkrieg.
50 Oskar von Hutier (1857–1934), General der Infanterie im Ersten Weltkrieg.
51 Ernst von Below (1863–1955), General der Infanterie im Ersten Weltkrieg, Ritter des Ordens Pour le Mérite mit Eichenlaub.
52 Ludwig Tutschek, seit 1914 Ritter von Tutschek (1864–1937), Generalleutnant, seit 1917 Befehlshaber des Alpenkorps im Ersten Weltkrieg.
53 Vermutlich Hans Leopold Freiherr von Maltzahn (1867–1940).
54 Alfred von Nostitz-Wallwitz (1870–1953), Diplomat, sächsischer Innen- und Kultusminister.
55 Ludwig Freiherr von Müller (1854–1942), General der Kavallerie im Ersten Weltkrieg.
56 Traugott Freiherr Leuckart von Weißdorf (1857–1933), General der Kavallerie, Generaladjutant von Friedrich August III., 1918 Militärgouverneur von Lüttich.
57 Leo von Olenhusen (1855–1942), General der Infanterie, 1916–1918 Militärgouverneur von Lüttich.
58 Max Leuthold (1863–1934), Generalleutnant, letzter Chef des Sächsischen Generalstabes.
59 Friedrich Graf Schaffgotsch (1883–1947), Besitzer der Herrschaft Warmbrunn.
60 Vermutlich Friedrich Freiherr Schilling von Cannstatt (1869–1962), Oberstleutnant.
61 Josef Graf von Soden-Fraunhofen (1883–1972), Jurist, Diplomat, Politiker, 1923–1933 Kabinettschef des Kronprinzen Rupprecht von Bayern.
62 Dietrich Alfred von Gemmingen (1879–1955), Oberstleutnant, Hofmarschall des vormaligen württembergischen Königs Wilhelm II.
63 Franz Freiherr von Hornstein (1884–1979), Hofmarschall des Markgrafen Berthold und des Prinzen Max von Baden, Generaldirektor der Markgräflich Badensischen Vermögensverwaltung, Bürgermeister von Salem.
64 Vermutlich Kuno Graf von Hardenberg (1871–1938), Hofmarschall des Großherzogs von Hessen, Kunsthistoriker, Schriftsteller, Maler, Initiator des Darmstädter Schlossmuseums.
65 Peter Heinrich Aengenheister (1877–1961), Fürstlich Hohenzollernscher Hofkammerpräsident.
66 Otto Karl Freiherr Schirndinger von Schirnding (1892–1979), Prinzenerzieher im Haus Thurn und Taxis, ab 1931 Hofmarschall, später Fürstlich Dirigierender Geheimrat und Chef der Thurn- und Taxis'schen Gesamtverwaltung.
67 Vermutlich Wilhelm Freiherr von Rolshausen, Major der Reserve.
68 Horst von Einsiedel (1863–1934), sächsischer Landesgerichtspräsident, juristischer Berater des Hauses Wettin.
69 Hans von Eulitz (1866–1945), Vorsitzender des Deutschen Offiziersbundes (D. O. B.).
70 Sanitätsrat Dr. Friedrich Eugen Hopf (1870–1944), Dermatologe, Stadtrat in Dresden, ab 1921 Präsident des Sächsischen Militärvereinsbundes (M.V.B.).
71 Hans Brückner (geb. 1869), 1925–1933 Führer des Stahlhelm-Landesverbandes Sachsen.
72 Oskar Schellbach (1877–1947), Offizier im Ersten Weltkrieg.
73 Arthur Boltze (1878–1954), zuletzt Generalleutnant und Kommandeur verschiedener Armeeeinheiten im Zweiten Weltkrieg.
74 Fedor von Wuthenau (1889–1945), Königlich Preußischer Hauptmann a. D.
75 Dr. Ludwig Ihmels (1858–1933), 1902–1922 Professor für Dogmatik an der Universität Leipzig, 1922–1933 erster Landesbischof der Evangelisch-Lutherischen Landeskirche Sachsens.
76 Jakob Winter (1857–1940), ab 1887 Oberrabbiner in Dresden.
77 Prof. Dr. Theodor Litt (1880–1962), Kultur- und Sozialphilosoph, 1931–1932 Rektor der Universität Leipzig.

78 Prof. Dr. Ludwig Binder (1881–1958), Direktor des Instituts für Starkstrom- und Hochspannungstechnik und des Elektrochemischen Prüfungsamtes der TH Dresden, 1931–1932 Rektor der TH Dresden.

79 Ernst Graf Wilding von Königsbrück, Fürst von Radali (1861–1952).

80 Eitel Friedrich Prinz von Preußen (1883–1942), zweiter Sohn Wilhelms II., Generalmajor, 1907–1926 war er 34. Herrenmeister des Johanniterordens.

81 Philipp Albrecht Herzog von Württemberg (1893–1975), ab 1939 Chef des Hauses Württemberg.

82 Berthold Markgraf von Baden (1906–1963), ab 1928 Chef des Hauses Baden.

83 Ernst Ludwig von Hessen und bei Rhein (1868–1937), 1892–1918 letzter Großherzog von Hessen-Darmstadt.

84 Adolf Friedrich Herzog zu Mecklenburg (1873–1969), Gouverneur der deutschen Kolonie Togo, 1949–1951 erster Präsident des Deutschen Olympischen Komitees.

85 Hubertus Prinz von Sachsen-Coburg und Gotha (1909–1943), Offizier, später Chef des Hauses.

86 Friedrich Günther Fürst von Schwarzburg (1901–1971), ab 1926 letzter Chef des Hauses.

87 Heinrich XLV. Prinz Reuß jüngerer Linie (1895–1945), ab 1928 Chef des Gesamthauses Reuß, letzter männlicher Vertreter der Linie Reuß-Schleiz.

88 Julius Ernst Prinz zur Lippe-Biesterfeld (1873–1952), Diplomat, ab 1905 Prinz zur Lippe.

89 Wolrad Fürst zu Schaumburg-Lippe (1887–1962), ab 1936 Chef des Hauses.

90 Hubertus Prinz von Preußen (1909–1950), nach dem Zweiten Weltkrieg Leiter des Weingutes Schloss Reinhartshausen in Erbach.

91 Duarte II. Nuno Herzog von Braganza (1907–1976), seit 1932 Chef des Hauses Braganza portugiesischer Linie.

92 Wilhelm Prinz von Hessen-Philippsthal-Barchfeld (1905–1942), Sohn des Landgrafen und Hauschefs Chlodwig.

93 Ferdinand Prinz zur Lippe-Biesterfeld-Weißenfeld (1903–1939), ab 1916 Prinz zur Lippe, Herr auf Baruth (Oberlausitz).

94 Vincenzo Cicconardi.

95 Günther Fürst von Schönburg-Waldenburg (1887–1960), seit 1914 letzter Chef des Hauses.

96 Joachim Graf von Schönburg-Glauchau (1873–1943), Herr von Glauchau, Penig, Wechselburg und Rochsburg, Abgeordneter der Ersten Kammer des Sächsischen Landtages.

97 Friedrich Magnus V. zu Solms-Wildenfels (1886–1945), letzter Besitzer von Schloss Wildenfels.

98 Hermann Prinz von Schönburg-Waldenburg (1865–1943), Diplomat, Fideikommissherr auf Schneeberg (Krain), Herr auf Hermsdorf und Grünberg in Sachsen.

99 Graf Friedrich-Leopold zu Stolberg-Stolberg (1868–1955), Herr auf Brauna.

100 Franz Josef Fürst und Altgraf zu Salm-Reifferscheid-Krautheim und Dyck (1899–1958), Unternehmer, letzter Chef des Hauses, ab 1932 erster Statthalter des Deutschen Ritterordens vom Heiligen Grab zu Jerusalem.

101 Viktor (IV.) Erbprinz von Ratibor und Corvey (1916–1939).

102 Franz Ferdinand Erbprinz von Isenburg-Birstein (1901–1956), ab 1939 Chef des Hauses Isenburg.

103 Vermutlich Karl Leopold Erbgraf von Schönburg-Waldenburg (1902–1992).

104 Rudolf Prinz zu Hohenlohe-Langenburg (1903–1976).

105 Alfred Prinz von Schönburg-Droyßig (1905–1941), designierter Erbe von Droyßig.

106 Hugo Prinz von Schönburg-Droyßig (1910–1942), Bruder von Alfred.

107 Joseph von Schönberg-Roth-Schönberg (1873–1957), Königlich Sächsischer Kammerherr, Herr auf Roth-Schönberg, Wilsdruff, Limbach.

108 Adelgunde Fürstin von Hohenzollern-Sigmaringen (1870–1958, geb. Prinzessin von Bayern).

109 Klara Maria Prinzessin von Sachsen-Meiningen (1895–1992, geb. Gräfin von Korff), genannt Schmising-Kerssenbrock.

110 Victoria Marie Prinzessin zur Lippe-Biesterfeld (1878–1948, geb. Herzogin zu Mecklenburg-Strelitz), geschiedene Gräfin Jametel.

111 Pauline Prinzessin von Schönburg-Waldenburg (1881–1945, geb. Prinzessin zu Löwenstein-Wertheim-Freudenberg).

112 Vermutlich Anna-Agnes Fürstin zu Castell-Castell (1899–1987, geb. Prinzessin zu Solms-Hohensolms-Lich), Gemahlin von Carl Friedrich Fürst zu Castell-Castell (1897–1945).

113 Maria Ana Gräfin von Schönburg-Glauchau, geb. Baworowska (1902–1988), Ehefrau des Erbgrafen Carl von Schönburg-Glauchau (1899–1945).

114 Sophie Gräfin Schaffgotsch, geb. Gräfin von Oppersdorff (1887–1973), Ehefrau von Friedrich Graf Schaffgotsch.

115 Elisabeth Helene Markgräfin von Meißen Herzogin zu Sachsen (1903–1976, geb. Prinzessin von Thurn und Taxis).

116 Margarete Fürstin von Hohenzollern (1900–1962, geb. Prinzessin von Sachsen), Tochter von Friedrich August III.

117 Maria Alix Prinzessin von Hohenzollern-Emden (1901–1990, geb. Prinzessin von Sachsen), Tochter von Friedrich August III.

118 Anna Monica Pia (1903–1976, geb. Prinzessin von Sachsen), Erzherzogin von Österreich, Tochter von Friedrich August III.

119 Maria Josepha (1867–1944, geb. Prinzessin von Sachsen), Erzherzogin von Österreich, Schwester von Friedrich August III.

120 Mathilde Prinzessin von Sachsen (1863–1933), Schwester von Friedrich August III.

121 Margarethe Klementine Maria Fürstin von Thurn und Taxis (1870–1955, geb. Erzherzogin von Österreich), Schwiegermutter von Friedrich Christian Markgraf von Meißen Herzog von Sachsen.

122 Friedrich Viktor Fürst von Hohenzollern (1891–1965).

123 Albert Fürst von Thurn und Taxis (1867–1952), 1888–1918 letzter regierender Fürst.

124 Franz Joseph Prinz von Thurn und Taxis (1893–1971), ab 1952 Chef des Hauses Thurn und Taxis.

125 Ralph von Egidy (1867–1955), 1916/17 Kommandeur des Reserve-Grenadierregiments Nr. 100.

126 Wolfgang von Schweinitz (1876–1945), später Generalmajor z. D., Führer der Landesabteilung Sachsen der Deutschen Adelsgenossenschaft.

127 Georg von Watzdorf (1872–1955), 1917/18 Kommandeur des 1. Königlich Sächsischen Leib-Grenadier-Regiments Nr. 100 (»Regiment Watzdorf«).

128 Albert Schmitt (1894–1970), ab 1924 erster Abt des neubesiedelten Benediktinerklosters Grüssau (Niederschlesien), nach der Vertreibung 1947 Abt der Abtei Grüssau in Bad Wimpfen.

129 Conrad Gröber (1872–1948), 1931–1932 Bischof von Meißen, ab 1932 Erzbischof von Freiburg.

130 Karl Maria Pembaur (1876–1939), Komponist, Leiter der Dresdner Hofkirchenmusik.

131 Franz Müller (1876–1934).

132 Helene Jung (1887–1975), Kammersängerin der Dresdner Staatsoper, später Professur Musikhochschule Weimar.

133 N. Seidler, Propst, wohnhaft in Dresden.

134 Kurt von der Damerau-Dambrowski (1869–1944), Oberst a. D.

Iris Kretschmann · Götz Krüger

Besuche nach dem Untergang –
Sibyllenort gestern und heute

Wer den Titel dieses Beitrages liest, dem kommen sicherlich die »Besuche vor dem Untergang« von Udo von Alvensleben in den Sinn. Zwischen 1925 und 1945 bereiste er Adelssitze zwischen der Altmark und den Masuren und beschrieb sie in seinen Tagebuchaufzeichnungen, stellte kunsthistorische Betrachtungen an und charakterisierte zahlreiche Schlösser, Herrenhäuser und Parkanlagen vor ihrer Plünderung, Zerstörung und der Vertreibung der rechtmäßigen Besitzer. Er schilderte eindrucksvoll seine Besuche, wie er sie erlebt hat: die Pracht und den Zauber der Schlösser und Gärten – als sie noch voller Leben waren. Er weilte ebenfalls in Schlesien. Dass er auch Sibyllenort, die Herrschaft des letzten sächsischen Königs, besucht hat, ist möglich, aber in dem Buch nicht veröffentlicht. Vieles von ihm ist noch nicht publiziert, um die Familien zu schonen. Vielleicht war auch er dort und schlenderte einst durch die englische Gartenanlage mit jahrhundertealten Eichen, denen der König Namen sächsischer Minister gegeben hatte. Noch heute küssen die Zweige der Weiden die Teichflächen im Schlosspark.

Links: Das größere Restgebäude des Schlosses Sibyllenort, 2018.

Rechts oben: Frische Müllhalde 100 Meter von Schloss Sibyllenort entfernt, 2018.

Rechs: Baumriesen fallen in den Schlossteich, 2018.

Links: Efeu umwucherter Baum, 2018.

Unten: Kranker Baum im Schlosspark von Sibyllenort, 2018.

S. 197 links: Das kleinere Restgebäude des Schlosses Sibyllenort, 2018.

S. 197 rechts oben: Die Zweige der Weiden küssen den Teich, 2018.

S. 197 rechts unten: Schloss Sibyllenort mit Schlossteich, Postkarte um 1910.

Wir waren nach dem Untergang dreimal in Sibyllenort: im September 1997, im September 1999 und – in Vorbereitung unserer Sonderausstellung »Macht euern Dreck alleene« im Schlossmuseum Pillnitz – im März 2018. Rund zwanzig Jahre liegen zwischen unseren Besuchen. Der Verfall wird sich leider noch weiter vollziehen. Es wird kaum Baumpflege betrieben, sodass man das Gefühl hat, es kann nicht besser werden. Es ist nun schon so weit, dass Berge von Müll hundert Meter vom Schloss entfernt vom LKW abgekippt werden – frische Reifenspuren waren noch zu sehen. Leider. Leider. Leider!!! Wenn man heute nach Sibyllenort kommt, so ist es von einem müden, morbiden Charme geprägt, der unumkehrbar ist.

Der frühere Glanz der Schlossanlage und des Parkes ist unwiederbringlich verloren. Das ist zum einen so, weil es niemanden gibt, der sich ernsthaft dafür interessiert, den Verfall der beiden noch vorhandenen Schlossrestbauten zu stoppen. Das betrifft ebenso Park und Teichanlagen. Der Park verwildert immer mehr, Baumriesen fallen um, weil kontinuierliche Baumpflege fehlt. Viele Bäume sind krank. Der Tod in Form von Efeu erobert die Bäume. Entwurzelte, umgefallene Bäume überall! Teilweise sind die Bäume krank, manchmal wurde sicher auch zu dicht gepflanzt bzw. die Natur ging ihren Lauf. Man läuft Gefahr, dass einem plötzlich einmal solch ein alter Riese auf den Kopf fällt. Da es aber offenbar kein Konzept für eine weitere Nutzung gibt, läuft rein gar nichts. Altem schlesischem Kulturerbe droht in nicht allzu langer Zeit der Tod.

Erster Besuch 1997

Freitag, 5. September 1997. Der Arbeitskreis Sächsische Militärgeschichte ist auf dem Weg in die alte polnische Hauptstadt Krákow (früher Krakau). Eine Fahrt auf den Spuren sächsisch-polnischer Geschichte, aber auch der vielen Kriege, die in der Vergangenheit den Raum zwischen unserer Heimat und dem Zielort heimsuchten. Wir haben Wrocław (früher Breslau) passiert und verlassen damit auch das Gebiet der Oder, deren Hochwasser hier vor wenigen Wochen große

Schäden anrichtete. Einige Zeit später biegt der Bus nach links von der Hauptstraße ab und fährt eine Allee entlang. Rechts taucht ein Ortsschild auf: Szczodre. Das ist der heutige Name von Sibyllenort.

Nach einer Rechtskurve passieren wir eine Torduchfahrt mit zwei mächtigen Säulen. Die früher darauf befindlichen Metallfiguren – nach Auskunft eines Mitreisenden sollen es an dieser Stelle Hirsche gewesen sein – sind verschwunden. Gleich hinter dem Tor liegt rechts das Torwärterhaus. Am Dach über dessen kleinem Erker sind kunstvolle Holzverzierungen erhalten. Dafür fällt der Putz im Sockelbereich ab. Danach führt eine asphaltierte Straße weiter, an der Laternen neuerer Bauart stehen.

Zwei Gebäude werden sichtbar. Sie weisen Elemente des Tudorstils auf, sind aber vor etwa 15 bis 20 Jahren von außen saniert worden. Ein rauer Putz bedeckt die Fassaden. In der Dachzone und am Sockel ist der Putz glatt und leicht farbig. Die Bauten machen keinen heruntergekommenen Eindruck. Sie sehen aus wie Ähnliches bei uns am Ende der DDR: etwas grau, aber intakt.

Wir halten vor dem größeren der beiden Restbauten, und langsam verlassen über 30 Personen den Bus. Man sieht sich in alle Richtungen um. Auch wenn an einigen Stellen die Vegetation stark gewuchert hat, macht die ganze Anlage einen recht ordentlichen Eindruck. Zu einem geschlossenen Tor führt ein befestigter Weg, an dem intakte, aber lange nicht mehr gestrichene Bänke stehen. Sie werden von einigen Damen unserer Gruppe für ein kurzes Sonnenbad genutzt. Die anderen schwärmen aus. Leider hat niemand einen Plan, eine Luftaufnahme oder eine Ansicht des Schlosses bei sich. So können wir auch die beiden Bauwerke nicht einordnen. Wir halten sie für Nebengebäude, die früher abseits vom Schloss standen.

Das erwähnte Tor liegt etwa 150 Meter entfernt im Schatten. Ihm widmen einige Mitreisende ihre erste Aufmerksamkeit. Beim Näherkommen bricht Freude aus, denn auf den beiden Torsäulen liegen noch die hierher gehörenden metallenen Löwen. Die Torflügel selbst scheinen nicht mehr

Ganz oben: An den Resten von Schloss Sibyllenort, 1997.

Oben: Löwentor, 1997.

Rechts: Magister Edmund Wysocki vor Schloss Sibyllenort, 1999.

S. 199: Sibyllenort, Luftaufnahme, um 1930. Die heute noch vorhandenen beiden Restgebäude des Schlosses sind markiert.

original zu sein. Sie werden mit einer Kette zusammengehalten. Eigentlich sinnlos, denn auf beiden Seiten des Tores gibt es riesige Lücken in der früheren Einfriedung. Aber so wird verhindert, dass sich die Torflügel im Wind unkontrolliert bewegen. Sie bestehen aus Gittern, sorgfältig gefertigt, mit einigen Verzierungen. Eine modernere Arbeit. Der untere Teil ist mit einem Blech bedeckt, an dem sich erste Roststellen zeigen.

Die Gruppe der Torbesucher geht zurück zum großen Gebäude. Das ist abgewinkelt. Der eine Teil hat zwei Geschosse, der andere noch ein Drempelgeschoss darüber. Das Dach ist von Zinnen begrenzt. Auf der Südseite gibt es zwei achteckige Türme. Einen dünnen und einen dicken, der mehrere Fenster hat. Später entdecken wir auf der Nordseite noch zwei viereckige Türme, die allerdings nicht besonders weit aus der Fassade hervorspringen. Alle Türme ragen nur wenig über das Dach. Neben der Haupttür ist ein Schild angebracht, auf dem auf Polnisch etwas von »privat« steht. Die Tür ist abgeschlossen und wir verzichten darauf, illegal in das Bauwerk einzudringen.

Das zweite Gebäude ist kleiner. Es hat zwei Etagen, misst etwa zwölf mal zwölf Meter. Links und rechts geht von ihm ein Zaun ab, der ein großes Stück Grundstück umfasst. Dort hängt Wäsche auf der Leine und ein Hund bellt. Am Rand eines Weges ist auf einem Kanaldeckel die Firmenbezeichnung »B. Röber Dresden« zu lesen. Wir machen uns gegenseitig darauf aufmerksam und interpretieren das so, dass die königliche Familie Firmen aus der Heimat mit Arbeiten am Schloss beauftragt hat.

Wir sind nicht weit in das Gelände gegangen. Vom riesigen Park, der Orangerie und den ausgedehnten Anlagen des Gutes haben wir nichts gesehen. Uns fehlen Informationen dazu und auch die Zeit. Bei Verlassen des Geländes begegnet uns ein BMW mit dem Kennzeichen eines bayerischen Landkreises. An diesem Tag sind wir also nicht die einzigen deutschen Besucher an diesem Ort.

Am späten Nachmittag erreichen wir Oleśnica, das frühere Oels. Das mächtige Renaissanceschloss der Fürsten von Oels kann nur von außen besichtigt werden. Als

Sibyllenort aus der Vogelschau.

wir am nächsten Morgen im Hotel die Zimmer verlassen, beginnt im Fernsehen gerade die weltweite Übertragung des Begräbnisses von Lady Diana. Eine Stimmung des endgültigen Abschieds von unwiederbringlich Vergangenem macht sich breit.

Zweiter Besuch 1999
Zwei Jahre später, am Freitag, dem 10. September 1999, sind wir wieder auf dem Weg nach Osten. Diesmal sind die Teilnehmerzahl und der Bus kleiner. Einer der Mitreisenden ist der Neffe von Arthur Nikolaus Ernst Kaden, dessen Erlebnisse im Ersten Weltkrieg in einem anderen Beitrag geschildert werden. Sibyllenort ist ein eigener Programmpunkt mit längerem Aufenthalt am nächsten Morgen. Jeder Teilnehmer hat etwas Material erhalten, einfache Schwarz-Weiß-Kopien einer Luftaufnahme und zweier Ansichten.

Um neun Uhr wird das Hotel in Oleśnica verlassen. Die Fahrt dauert nur wenig mehr als zwanzig Minuten. Diesmal kommen wir von Osten, aber die letzten zwei Kilometer wird der uns schon bekannte Weg genommen. Der Bus parkt an der gleichen Stelle wie 1997.

Diesmal haben wir einen Führer. Und was für einen! Magister Edmund Wysocki. Aus dem Gebiet von Poznań (früher Posen) stammend, wo er nach dem Ersten Weltkrieg aufwuchs, erlernte er schon in seiner Schulzeit die deutsche Sprache. Das ist interessant, denn damals war Polen nach langer Zeit wieder ein eigener Staat geworden. Das Gebiet rings um Posen hatte seit der zweiten polnischen Teilung zu Preußen und damit später auch zum Deutschen Reich gehört. Nun, als es wieder polnisch war, wurde Deutsch nicht einfach aus den Schulen verbannt.

Herr Wysocki war über lange Zeit der Direktor der landwirtschaftlichen Güter der Universität Wrocław. Als solcher war er für das ehemalige Gut der Wettiner und den Park verantwortlich. Er hat nicht nur dafür gesorgt, dass viele Familien, die aus den ehemaligen polnischen Ostgebieten hierher umgesiedelt worden waren, auf dem Gut eine Arbeit fanden. Er entwickelte auch das Gut, erhielt den Park und die Reste des Schlosses, so gut es eben in der sozialistischen Zeit ging. Auf ihn ging die von uns zwei Jahre vorher bemerkte frühere Sanierung der restlichen Schlossgebäude zurück.

Durch seine guten Deutschkenntnisse war es Magister Wysocki möglich, sich intensiv mit der Geschichte von Sibyllenort zu beschäftigen. Er blüht richtig auf, als er einem so interessierten Zuhörerkreis sein Wissen an Ort und Stelle nahebringen kann.

Neben diesem positiven Anfangserlebnis müssen wir gleich eine negative Nachricht zur Kenntnis nehmen. Die gesellschaftlichen Umwälzungen in Polen hatten das Ende der Nutzung der Immobilie durch die Universität Wrocław zur Folge. Die ersten Auswirkungen davon haben wir gleich bemerkt: bei den Parkbänken fehlen mittlerweile die Lehnen. Der größere Schlossrest hat sich verändert. Viele Fensterscheiben sind eingeschlagen. Fensterflügel fehlen.

Auf der Nordseite gibt es in Kellerhöhe einen Mauerdurchbruch, durch den wir in das Bauwerk eindringen. Hier sieht es schlimm aus. Hinter vielen Fenstern sind Bretter angenagelt. Auch im Inneren gibt es neue Mauerdurchbrüche, an vielen Stellen ist der Putz abgeschlagen. In einem Flügel fehlt die Kellerdecke komplett. In einem anderen sind vom Fußboden des Dachgeschosses nur noch die Holzbalken zu sehen.

An der Wand eines Turmes sieht man die Spuren einer herausgerissenen Holztreppe. Wir gelangen über eine andere Treppe nach oben und kommen an ein großes Loch, wo man zwischen Stahlträgern herunter zu der von innen vernagelten Haupteingangstür sehen kann. In der Mitte des Gebäudes gibt es einen kleinen Innenhof, eigentlich nur ein besserer Lichtschacht. Hier finden wir etliche Fensterflügel, die man ausgehangen und von oben heruntergeworfen hat.

Das Ganze macht den Eindruck einer vorbereitenden Entkernung. Man sieht aber, dass diese abgebrochen wurde, und von den eigentlichen Bauarbeiten ist auch nichts zu bemerken. Wir beschließen, zwei herumliegende kleine Fensterflügel für den Arbeitskreis Sächsische Militärgeschichte e.V. mitzunehmen. Einige packen Ziegelsteine ein, die neben den Mauerdurchbrüchen liegen. Ein Stück vom Schloss des letzten Königs von Sachsen für die häusliche Raritätensammlung. Der Busfahrer ist entsetzt, als man das Abrissmaterial in sein Fahrzeug packen will. Es findet sich aber genügend Einwickelpapier für die Steine, und die Fensterflügel werden auf eine Folie gelegt.

Magister Wysocki weiß auch nicht, was hier genau abläuft. Er hat keine Verantwortung mehr für diese Immobilie. Sie ist Privatbesitz geworden. Aber er kann uns erzählen, was das für ein Gebäudeteil war. Er gehörte zum Schloss, stand nicht abseits, sondern war mit dem Hauptgebäude durch einen Trakt verbunden. Ursprünglich befanden sich in diesem Eckbau Küche, Konditorei, Kastellanwohnung und Gästezimmer. Zuletzt wurde er als Erholungsheim genutzt.

Das kleinere Gebäude ist weiter bewohnt. Der Zaun steht noch und der Hund bellt. Bis dahin ging einstmals das Schloss, erzählt unser Führer. Verbunden waren die beiden letzten existierenden Gebäudeteile durch den sogenannten Theaterflügel, der tatsächlich ein Theater mit allen notwendigen Räumen enthalten hatte. Da die Wettiner dort aber kein Theater mehr betreiben, wurde er lange nicht richtig genutzt und nach dem Tod Friedrich Augusts III. abgerissen, um Unterhaltskosten zu sparen. Der verbleibende Rest enthielt auch schon früher Wohnungen.

Links oben: Durch den Mauerdurchbruch betreten wir das größere übriggebliebene Schlossgebäude, 1999.

Links unten: Blick zur Eingangstür durch Loch im Fußboden, 1999.

Oben: Herausgerissene Fenster im Hof, 1999.

Mitte: An der Orangerie, 1999.

Unten: Diskussion zum verschwundenen Schloss, 1999.

Wir gehen nicht dorthin, sondern östlich zur Orangerie. In deren Nähe beschäftigen sich junge Frauen mit Pferden. Eine größere Fläche ist als Koppel eingerichtet. Die Orangerie steht auch noch, die Fassaden sehen nicht ganz so gut aus wie bei den Schlossresten. Doch die gläsernen Gewächshausteile sind verschwunden.

Über eine freie Fläche laufen wir zu den Wirtschaftsgebäuden des Gutes. Hier erzählt uns Herr Wysocki etliches zur Landwirtschaft, auch in den Zeiten der Wettiner. In der Nähe liegt der Eiskeller mit seinem nach Norden gerichteten Eingang.

An den Gutsgebäuden geht es zurück zu den Schlossresten. Vorbei an einem Ausläufer des riesigen Schlossteiches. Jetzt werden die nicht mehr vorhandenen Teile des Schlosses diskutiert. Mit der alten Luftaufnahme wird versucht, die Lage im Gelände festzustellen. Da auf dieser und der einen mitgenommenen Ansicht der Springbrunnen zu erkennen ist, begeben wir uns zu dessen Resten, die im wild wuchernden Gras noch deutlich zu sehen sind. An dieser Stelle begreifen wir, dass man früher, hier stehend, auf drei Seiten vom Schloss umgeben war.

Nun wird auch die Zerstörung besprochen. Das Schloss ist abgebrannt, die Ruinen haben noch lange gestanden. Die Ursache waren keine Kampfhandlungen, keine Bombenangriffe und keine nach Entdeckung des Weinkellers alkoholisierten Soldaten. Das Schloss wurde von der Wehr-

Oben links: Postkarte, auf den Tod des Königs Albert, 1902.

Oben rechts: König-Albert-Denkmal, 1999.

Unten: Ruine des Schlosses Sibyllenort, 1959.

S. 203 links: Löwentor, 1920–1935.

S. 203 rechts: Löwentor, 2018.

macht am 26. Januar 1945 teilweise gesprengt, aber hauptsächlich angezündet, um dort lagerndes Material nicht in die Hände der Roten Armee fallen zu lassen. Und deshalb ist es jetzt weg.

Weg sind jetzt auch die beiden Löwen auf den Torsäulen, die wir vor zwei Jahren noch bewundern konnten. Weg ist ebenfalls der in Dresden hergestellte Kanaldeckel. Allerdings ist das entstandene Loch mit zusammengenagelten Brettern abgedeckt.

Vom Löwentor gehen wir eine längere Strecke am Teich entlang durch den Wald. Dann hinauf auf einen Hügel. Dort steht ein Kreuz als Denkmal für König Albert. Nach seinem Tod im Jahre 1902 hat es seine Witwe Carola dort errichten lassen. Es trägt die Inschrift: »Die Ihr vorübergehet an seinem Lieblingsplatze gedenket seiner in Liebe und im Gebet. Er, dessen Freude Wohltun war, Milde und Gerechtigkeit an andern auszuüben.« Am Fuß des Kreuzes war eine

Gedenktafel aus rotem Marmor angebracht. Darauf sein Name, das Hochzeitsdatum 18. Juni 1853, das Sterbedatum 19. Juni 1902, die Worte »Friede seiner Seele« und »Auf Wiedersehen Carola« sowie ein Medaillon mit dem Bildnis des Königs.

Nach dem Krieg wurde die Tafel zerschlagen. Magister Wysocki hat die auffindbaren Reste wieder am Fuß des Kreuzes anbringen lassen. Wir machen ein Gruppenfoto und verabschieden uns wenig später von unserem sachkundigen Experten. Ein Mitglied unseres Vereins hält weiter Kontakt. Zwei Jahre später muss dieser Vereinsfreund erfahren, dass Edmund Wysocki leider verstorben ist. Er nimmt an seiner Beerdigung teil. Bei der Trauerfeier fasst die Dorfkirche nicht die mehreren Hundert Menschen, die Abschied nehmen wollen. 2003 gibt der Arbeitskreis Sächsische Militärgeschichte e.V. ein Heft[1] über Sibyllenort heraus, das auf einem Manuskript von Edmund Wysocki basiert.

Dritter Besuch
Sonntag, 11. März 2018. Für diesen Tag ist heiteres bis wolkiges Wetter im Großraum Wrocław angekündigt. Eine letzte Gelegenheit, rechtzeitig vor der Ausstellung nach Szczodre zu fahren, um den heutigen Zustand der Reste von Park und Schloss Sibyllenort in Augenschein zu nehmen. Vom Stadtzentrum Dresdens sind es knapp 290 Kilometer bis zum Ort des früheren Schlosses. Bei normalem Verkehr ist das ohne Raserei in knapp drei Stunden zu schaffen. Noch ist die Autobahn bis Wrocław mautfei.

Kurz vor Mittag sind wir im Gelände des Schlosses. In der Nähe des Löwentores stehen schon einige Autos entlang der Mauer auf dem hier ausgewiesenen Parkplatz. Die dazu gehörigen Personen laufen mehr oder weniger entfernt herum. Der südlich von uns liegende breite Teil des Schlossteiches mit den dahinter liegenden Bäumen bildet die typische Kulisse eines großen Landschaftsparks.

Zuerst wird das Löwentor besichtigt. Sein Zustand hat sich in den letzten zwei Jahrzehnten nicht stark verändert. Der Rost ist mehr geworden und die beiden Torflügel werden jetzt durch zwei verschraubte Metallschienen fixiert. Wir machen, mittig vor dem Tor stehend, Fotos in Richtung Norden. Hinter dem Tor sieht man eine wilde Graslandschaft, 150 Meter entfernt eine helle Mauer mit Graffiti und dahinter viele unbelaubte Bäume.

Ein mitgebrachtes altes Bild aus gleicher Position zeigt den Mittelteil des Schlosses, mit der Uhr im kantigen Giebel über dem Wappen und der Fontäne des Springbrunnens davor.

Das Becken des Springbrunnens ist auch im hohen Gras zu erkennen. Noch immer führt ein befestigter Weg vom Tor zum größeren Restgebäude. Bei ihm sind die Fenster im Obergeschoss von innen mit Brettern vernagelt. Im Erdgeschoss sind sie mit Gas-

betonsteinen zugemauert oder mit Blech verschlossen. Auch der von uns 1999 benutzte Mauerdurchbruch ist vermauert. Noch ist ziemlich viel von der Fassade in Ordnung, nur an einer Stelle, wo Wasser vom Dach läuft, ist großflächig Putz abgefallen.

Nachdem wir uns mit Plänen und alten Luftbildern die Lage der beseitigten Schlossteile verdeutlicht haben, begeben wir uns nördlich vom genannten Gebäude in Richtung Orangerie. Diese ist verschwunden. Lediglich ihr Standort hebt sich durch starke Vegetation ab. Die Freiflächen nördlich und südlich sind auch schon mit Sträuchern und kleinen Bäumen besetzt.

Wir gehen nun nicht, wie vor 19 Jahren, direkt zum Gutsgelände, sondern erst einmal zu jenem Bereich, in dem sich früher der Teich am weitesten dem Schloss annäherte. Dabei kommen wir an einer frischen Müllhalde vorbei.

Der Teich ist zugefroren. Wir laufen außen an ihm entlang, um die Spuren einer ehemals hier vorhandenen Brücke zu suchen. Von ihr ist jedoch nichts mehr zu finden. Auf diese Weise gelangen wir nach einiger Zeit

Oben: Ansicht des größeren Restgebäudes des Schlosses Sibyllenort, 2018.

Unten: Eiskeller, 2018.

auf die Fläche, auf der 1999 die Wirtschaftsgebäude des Gutes standen. Sie sind komplett verschwunden. Nur das Haus des Gutsverwalters steht noch. Ein Stück weiter an der Straße finden wir den Eiskeller.

Etwas später erreichen wir erneut das Ufer des Teiches. Hier begegnen wir auch wieder Spaziergängern, während sich niemand im unmittelbaren Schlossgelände blicken ließ. Bis zum Hügel mit dem König-Albert-Denkmal ist es auf Grund der Größe und Form des Teiches eine längere Strecke. Das Denkmal finden wir so vor wie beim letzten Besuch. Von der früheren Carola-Brücke gibt es dagegen keine Spur mehr. Beim Erreichen des Hauptweges, der den Park von Westen nach Osten durchquert, müssen wir feststellen, dass dieser sehr schlammig ist. Das bremst die Fortbewegung.

Knapp drei Stunden nach der Ankunft sind wir an der Stelle, wo sich in alter Zeit die Marmortreppe als Anlegestelle am Teich befand. Auch sie ist komplett verschwunden. Zwischen Teich und dem Löwentor wird die Wiese als Fußballplatz genutzt. Hier herrscht jetzt großer Betrieb. Auf dem Parkplatz stehen fast 50 Autos und nicht alle Insassen sind losgewandert. Einige grillen, andere spielen mit ihren Kindern und Hunden auf dem Fußballplatz im Sonnenschein. Wir genießen dieses Bild einer neuen Zeit an einem veränderten Ort, bevor die Rückfahrt beginnt.

Oben: Sibyllenort. In der Bildmitte großes Restgebäude des Schlosses, rechts kleines Restgebäude des Schlosses, oben Orangerie, Luftaufnahme 2004.

Unten: Blick zur Schlossbrücke mit Marmortreppe, Postkarte um 1910.

Oben: Panoramaansicht des Schlosses Sibyllenort, Panoramapostkarte, um 1910.

Unten: Panoramaansicht des Schlosses Sibyllenort, 2018.

Rückblick – Die Familie nach der Abdankung in Sibyllenort

Nach der Thronentsagung wählten Friedrich August und seine Familie als neuen Wohnsitz das ländliche, von einer großen Park- und Waldlandschaft umgebene Schloss Sibyllenort in Schlesien. Welche Möglichkeit hätten sie denn sonst gehabt? Es blieb ihnen nur die Flucht aus Sachsen. Schließlich war die russische Zarenfamilie von den Bolschewiki auf direkten Befehl von Lenin und Swerdlow im Sommer 1918 heimtückisch ermordet worden. Die Angst, sein Leben zu verlieren, und die Sorge um das Leben der Kinder ließen Friedrich August kaum eine andere Wahl. Absolut nicht nachvollziehbar ist der Sarkasmus, mit der der Universitätsprofessor und Historiker Lothar Machtan die königliche Familie als »Reisegruppe«[2] definiert und belustigt die Flucht »törichte Ausreißversuche«[3] nennt.

Margarete ist mit den Ereignissen 1918 mit ihren erst 18 Jahren schlagartig erwachsen geworden. Seine älteste Tochter Margarete (»Ethe«), die ihn auf der Flucht begleitet hat, schilderte in ihren Tagebüchern, wie unwohl und einsam sie sich mitunter in Sibyllenort fühlte. Und wer einmal dort gewesen ist, kann das sicherlich nachempfinden. Sie betonte in ihren Aufzeichnungen, dass ihr Vater die Abgeschiedenheit auf dem Land liebte, sie jedoch die Geselligkeit: »Heute morgen als ich mit Papa durch die herbstkargen Fluren schritt, während vom polnischen Osten ein schneidender Wind pfiff, da faßte mich ein inneres Aufbäumen gegen das gottgewollte Schicksal. Wir werden wahrscheinlich unsere Zimmer aufgeben und mit den Herren in den Kavalierflügel zusammenrücken. Tümpling hält einen längeren Aufenthalt hier für seelisch und praktisch undurchführbar. Oh, wäre der Papa nicht so ein Landeinsiedler und ich so gesellig! Abends: Melancholie wollte wieder heftigst in meinem Herzen Platz nehmen, Tümpling hatte Pessimismus verbreitet. Der kahle Garten, die Aussicht auf den Winter, die gänzliche Abgeschiedenheit lasten auf mir.«[4]

Die Familie, jahrhundertelang in Sachsen ansässig, war, wie viele andere Adelige auch, plötzlich zur Flucht in die Fremde gezwungen. Das beschäftigte die erst 18-jährige junge Frau umso mehr, da Sibyllenort sehr abgeschieden liegt. Sie war mit ihren Geschwistern in der Residenzstadt Dresden aufgewachsen. Auch wenn die königliche Familie ihre Sommeraufenthalte vorwiegend in Pillnitz oder Wachwitz genossen hatte, so war die vertraute Großstadt Dresden doch mit der Kutsche oder mit dem Auto in einer reichlichen halben Stunde zu erreichen. Breslau liegt zwar auch nur rund

Ganz links: Sibyllenort, 1870.

Links: Margarete und ihre Schwestern, Postkarte, 1918.

Unten: König Friedrich August und seine Söhne, Postkarte, um 1918.

Oben: Postkarte, Schloss Sibyllenort mit Springbrunnen, um 1910.

Unten: Postkarte, Schloss Sibyllenort, Parkpartie, um 1910.

Rechts oben und rechts unten: Schloss Sibyllenort, Fotos von Else Seifert, Oktober 1897.

16 Kilometer von Sibyllenort entfernt, doch hatte sich Margarete als Dresdnerin, als Sächsin in der Stadt ihrer Kindheit sehr wohlgefühlt und die Familie war nun heimatlos geworden. Sie philosophierte mit ihrer Tante Mathilde (»Tita«) und ihrem Bruder Ernst Heinrich (»Erni«): »Das einzige mal, wo ich Tante Tita und Erni habe weinen sehen – das war beim Gedanken an die verlorene Heimat. Ein anderes ist Traditionsgefühl, ein anderes ist Familiensinn, ein anderes ist Heimatgefühl. Neulich habe ich mich mit Mia darüber unterhalten. Sie tadelte, daß bei mir das Heimatgefühl stärker sei, als das Ehrgefühl. Das größte Heimatgefühl sollen die haben, die sich das harte Opfer der Heimatentsagung auferlegen – weil die Heimat nicht mehr dieselbe ist. [...] Man liebt die Fehler der Heimat, man erträgt sie – wenn man sie nur hat. Damals wollte mir rastlos das Weinen kommen. Jetzt finde ich plötzlich bei der energievollen Tante Tita denselben Vorgang. Beim Papa scheint das andere zu überwiegen.«[5]

Eines Abends beim Domino unterhielten sich die Schwestern Margarete und Maria Alix über ihren Vater, und sie beschlossen, »ihm mehr echte, warme Liebe auch im Blick« wegen der »Liebesleere seines Lebens« entgegenzubringen.[6] Es ergab sich auch, dass sich Margarete nun mehr um ihren Vater kümmerte, einerseits tat sie es gern, andererseits war es ihr auch manchmal zuviel, sein Hausmütterchen zu sein: »Es kommt immer mehr dazu, daß ich Papas Hausmütterchen werde, da gehört aber viel Charakter und Selbstlosigkeit dazu. Sibyllenort wird immer mehr zum Fluchtasyl für die ganze Familie. Wir sprechen immer noch von Weihnachten in der Schweiz (Luzern). [...] Ich fühle mich gar nicht mehr vereinsamt. Tante Tita und Onkel Max sind gestern eingetroffen.«[7] Und weiter heißt es: »Heute abend sagte der Papa: ›Die Ethe ist mir eine große Stütze in der trüben Woche gewesen, sie hat die schwere Probe als Hausmütterchen glänzend gelöst. Immer lustig und stark.‹ Ich wußte nicht wohin vor Scham und Glück!«[8]

Sibyllenort. October 97.

October 97. Schloss-Sibyllenort.

GESCHICHTEN AUS SIBYLLENORT

Schokolade auf dem Zimmer

König Albert war mit dem Herzog von Braunschweig-Oels befreundet und reiste gern nach Sibyllenort. Der Herzog von Braunschweig ließ Schloss Sibyllenort mit einem weitläufigen englischen Garten bauen. Das Schloss wurde im Tudorstil errichtet und das »schlesische Windsor« genannt. Das Dach nahm eine Fläche von mehr als 10 000 Quadratmetern ein.

Links waren ein Reit- und Fahrstall mit Reithalle, und rechts befand sich ein Theater mit 100 Plätzen. Der Herzog war ein reicher Junggeselle, der das Leben genoss, gern große Feste feierte. Deshalb besaß Schloss Sibyllenort zahlreiche Gästequartiere. Für Theaterstücke im eigenen Theater reisten Schauspieler aus Berlin und Breslau an. Der Herzog hatte ein eigenes Kammerorchester. Er hatte ein Faible für Ballett und engagierte die besten Tänzerinnen. Prinz Ernst Heinrich erinnerte sich: »Er selber reiste umher und engagierte die jungen Damen, nachdem er jede einzelne zum Essen eingeladen hatte, um einen genauen Eindruck von ihr zu bekommen. Darunter waren schwarze Ungarinnen, blonde Schwedinnen, Wienerinnen, Französinnen und Deutsche. Diese jungen Damen des herzoglichen Balletts hatten aber noch eine andere Aufgabe als zu tanzen. Sie mußten nämlich mithelfen, den Gästen des Herzogs die Zeit zu vertreiben. Während der Tanzaufführungen konnte der Herzog unschwer feststellen, welche junge Dame einen Gast am meisten beeindruckte. Wenn die Aufführung beendet war, ging der Herzog hinter die Bühne, nahm dort eine brünette Französin am Arm und sagte zu ihr: ›Francoise, der Prinz X ist dir zugeneigt. Wir spielen jetzt bis Mitternacht im großen Saal. Geh schon hinauf in sein Wohnzimmer. Ich werde für dich Champagner und Erfrischungen bestellen, und du wartest, bis er kommt. Er wird beglückt sein, gerade dich zu sehen.‹ Wenn der Herzog sich dann später von seinen Gästen verabschiedete, bemerkte er: ›Ich habe Ihnen noch Schokolade auf Ihr Zimmer geschickt.‹ Betrat der Gast sein Wohnzimmer, sah er zu seinem Erstaunen und zu seiner Freude diejenige junge Dame auf ihn warten, die ihm auf der Bühne so sehr gefallen hatte.

Links: Festliche Tafel im Schloss Sibyllenort am 16. Mai 1902 (1. v. l.: Königin Carola von Sachsen, 3. v. l.: König Albert von Sachsen), Gemälde von Hermann Prell, 1902.

Oben: Innenansicht des Schlosses Sibyllenort, o. J.

Unten: Schloss Windsor diente Schloss Sibyllenort als architektonisches Vorbild, Foto 2018.

Zu dieser sybaritischen Gastfreundschaft gehörte auch das abendliche Glücksspiel im Schloß. Der Herzog forderte seine Gäste zum Bakkarat auf, das allerdings nur eine ganz bestimmte Zeit dauern durfte. Das hatte seinen Grund darin, daß er seinen Gästen nicht nur die Gewinne auszahlte, sondern auch die Verluste zurückerstattete. Er stand auf dem Standpunkt, daß es unehrenhaft sei, seinen Gästen in seinem Hause Geld abzunehmen.«[9]

Als er starb, hinterließ er eine Menge Schulden. Seinen gesamten Besitz vererbte er König Albert, mit dem ihn eine freundschaftliche Beziehung verband. So kam das Schloss Sibyllenort in den Besitz der Wettiner. Nach König Alberts Tod geriet Sibyllenort in König Georgs Hände, und danach gehörte es Friedrich August.

Der Schottentrakt

Margarete und ihre Erzieherin Maria (Mia) von Oer sollten in den Kavaliersflügel, in den »Schottentrakt« mit groß karierter Tapete und ebensolchen Stühlen gemeinsam mit ihrer Tante und Ersatzmutter Maria Immaculata (»Mamita«) und deren Mann Johann Georg (»Hans«), die gerade angekommen waren, ziehen. Sie erwähnte das in ihren Tagebuchnotizen: »Morgen ziehen wir in die ›Schotten‹, so nennen Mia und ich den Kavaliersflügel, wo die Herren wohnen. Ein langer Korridor, rechts und links Türen und jedes Zimmer schottisch tapeziert. Eigentlich fürchterlich, aber wenn Mamita und der Onkel auch dort wohnen, wird's lustig. Nach Tisch trafen sie ein. Noch nie haben der strenge Onkel und ich uns so herzinnig umarmt wie heute.«[10]

Hochzeit in Sibyllenort

Im Juni 1920 heirateten Margarete und Friedrich Viktor Prinz von Hohenzollern-Sigmaringen in Sibyllenort. Sie liebte ihren Friedel über alles. Ihre Freundin Ruth von Carlowitz durfte ihr Tagebuch lesen. Sie schrieb einen Widmungsspruch in ihr Buch: »Meine Wünsche, die kaum auszusprechen sind, lege ich in die äußere Form dieses Buches. Wenn Du wieder das Bedürfnis hast, Gedanken und Erleben festzuhalten, so bitte ich, daß sie immer umgeben wären von dem Glanz des Glücks, der auf Deiner Hochzeit lag.«[11] Margarete wurde Fürstin von Hohenzollern.

Oben links: ein »Schottenzimmer«, o. J.

Oben rechts: Schlaf- und Sterbezimmer des Herzogs von Braunschweig im »Schottentrakt« mit Gemälde des Herzogs zu Pferde, o. J.

Links: Stuhl mit kariertem Bezug (Schottenbezug) und reich vergoldetem Gestell. Er gehört zu den 28 Polsterstühlen, die zusammen mit drei Sofas und sechs Armlehnsesseln aus dem »Schottentrakt« stammen und 1935 versteigert wurden.

Oben: Hochzeit Margaretes in Sibyllenort im Juni 1920.

Die Versteigerung

Friedrich August III. war 1932 verstorben. Die Familie beschloss, Teile des Inventars von Sibyllenort zu versteigern.[12] Am 8., 9. und 11. Februar 1935 fand eine Auktion wegen der Auflösung des Schlosshaushaltes auf Schloss Sibyllenort mit 623 Losen statt.[13] Sie wurde vom Auktionshaus Hermann Nestle, Breslau, durchgeführt. Den Interessenten – sowohl Kunsthändler, Museen und Privatpersonen – blieben nur zwei Tage (6. und 7. Februar), um die Objekte in Augenschein zu nehmen und sich vom Zustand ein Bild zu machen.[14] Die Auktion war zustande gekommen, weil die Unterhaltungskosten für Sibyllenort zu hoch waren.

Ulrike Sbresny erwähnt in ihrem Buch »Sammlungen des Adels«, dass sich Lothar Machtan abwertend über Objekte aus Adelsbesitz äußerte, unpassend als »Nippes« bezeichnet.[15] Von »Nippes« kann aber hier gar keine Rede sein. Von einer einfachen blauen Tischglocke aus Glas für eine Reichsmark – dem preiswertesten Gegenstand – bis hin zur ganzen Wandbekleidung des Speisesaales – dem teuersten und größten Objekt –, für insgesamt 15 000 Reichsmark wurde alles Mögliche versteigert. Vorwiegend handelte es sich um Objekte aus dem 19. Jahrhundert.

Gebrauchsgegenstände, beispielsweise Aschenbecher, Zigarettenetuis, Streichholzständer, Briefbeschwerer, Schreibzeuggarnituren, Leuchter aus verschiedenen Materialien, Waschgarnituren, Lampen, Blumenbecken und Barometer, kamen »unter den Hammer«. Zu den Auktionslosen gehörten auch Tapetenbahnen, Velourbehänge und Sockel. Selbst verschiedene Fahrzeuge (Jagdschlitten, Leibschützwagen, Bremsschlitten, Wiener Wagen, Jagdwagen, mehrere Landauer) nebst Reitzubehör (Sättel, Pferdegeschirre und -decken, Fußsäcke) wurden angeboten.

Möbel wurden ebenfalls versteigert: Tische, Damenschreibtisch, Spiegel, Stühle, Armlehnsessel, Sofas, Schränke, Kommoden, Bidet, Klavier, Konzertflügel, Nähtisch, Sekretär, Schreibtische, Schränke, Paravents, Bücherschränke und Regale. Kunstwerke wie beispielsweise Bronze-, Porzellan-, Marmor- und Zinkgussfiguren, Kupferstiche, Gemälde, Uhren aller Art, Vasen aus chinesischem, Meissener und Imari-Porzellan, Fayence oder in Cloisonné-Technik, Marmor-, Bronze- und Porzellanfiguren konnten erworben werden, Spiegel und kuriose Gegenstände: 12 geschnitzte und reich vergoldete Palmen von jeweils 3,50 Metern Höhe – das Stück für 30 Reichsmark – und »9 Goldbronze-Puten über den Türeingängen im grünen Saal. Über jeder Tür dienen zur Decoration 3 Goldbronze-Puten, von denen die mittlere Pute eine runde, geschnitzte, vergoldete Holzschale trägt.«[16] Eine 82 Zentimeter hohe Prunkvase (mit Deckel 134 cm) aus Meissener Porzellan mit Watteaumalerei, aufgelegtem Rankenwerk und einer Frauenfigur als Bekrönung, um 1800, war mit 800 Reichsmark taxiert.

Die 623 Lose wurden auf einen Gesamtwert von 65 130 Reichsmark geschätzt. Die Käufer hatten ein Aufgeld von nur zehn Prozent zu zahlen.

Auktionskatalog und Gegenstände, die 1935 versteigert wurden.

Unten: Der Auktionator Hermann Nestle mit seinen Angestellten.

Schloss Sibyllenort, Salon von Königin Carola, Postkarte, um 1900. Sibyllenort besaß eine reiche Ausstattung, von der Teile im Jahre 1935 versteigert wurden.

Der »Plattensee«

Der Plattensee ist ein ruhiger Binnensee in Ungarn, dessen Oberfläche »spiegelglatt« glänzt. Der große Speisesaal im Schloss Sibyllenort wurde von den Kindern des Königs scherzhaft »Plattensee« genannt, weil die Deckenverkleidung aus Spiegeln bestand, in der sich die Glatzen der älteren Herren spiegelten. »Bei Diners sahen die Wissenden verstohlen nach oben und lächelten, während die Nicht-Wissenden sich wunderten, was es zu sehen gäbe«[17], schrieb Ernst Heinrich in seiner Autobiografie.

Der in den 1890er Jahren im venezianischen Stil gestaltete »Große Speisesaal« wurde mit Ledertapeten ausgestattet, die 50 Jahre zuvor unter Herzog Wilhelm von Braunschweig in Italien hergestellt worden waren. An den Wänden befanden sich – ähnlich wie im Schloss Moritzburg – Szenen aus der griechischen Mythologie. Die Hauptgemälde an den Wänden sind mit folgenden Szenen geschmückt: 1. Die Mondgöttin betrachtet Endymion, 2. Die Göttin der Jagd Artemis verstößt eine Gehilfin, 3. Die Flucht Daphnes vor Apollo, 4. Atlas, der Träger des Himmels, 5. Das Urteil des Paris, 6. Pyrrha und Deukalion schaffen ein neues Menschengeschlecht, 7. Pygmalion, König von Zypern, 8. Aphrodite flößt einer Figur aus Elfenbein Leben ein, 9. Leanders Leichnam wird von Nymphen über das Meer getragen. Die Tapeten aus Schweineleder wurden im Auktionskatalog von 1935 beschrieben. Sie waren mit 15 000 Reichsmark taxiert.

Oben, unten und rechts unten: Schloss Sibyllenort, Speisesaal, scherzhaft »Plattensee« genannt, Fotos aus dem Auktionskatalog von 1935.

Rechts oben: Speisesaal, Postkarte, um 1920/30.

Schloss Sibyllenort
Speisesaal

1 Militärhistorische Schriften des Arbeitskreises Sächsische Militärgeschichte e.V., Sibyllenort und König Albert von Sachsen, Heft 12, Dresden 2003.
2 Lothar Machtan: Die Abdankung. Wie Deutschlands gekrönte Häupter aus der Geschichte fielen, München 2016, S. 312.
3 Ebd., S. 310.
4 Margarete Fürstin von Hohenzollern Herzogin zu Sachsen 1900–1962, Tagebücher, Briefe, Schriften. Briefe von Verwandten und Freunden, Würdigungen. Herausgegeben von Johann Georg Prinz von Hohenzollern, München 2000, S. 136, 19. November 1918.
5 Ebd., S. 138 ff., 2. April 1919.
6 Ebd., S. 137, 20. November 1918.
7 Ebd., S. 137, 20. November 1918.
8 Ebd., S. 136 f., 19. November 1918.
9 Prinz Ernst Heinrich von Sachsen, Mein Lebensweg vom Königsschloß zum Bauernhof, Frankfurt am Main, 1979, S. 137 f.
10 Margarete Fürstin von Hohenzollern Herzogin zu Sachsen 1900–1962, wie Anm. 4, S. 136, 19. November 1918.
11 Ebd., S. 274, Eintrag Ruth Carlowitz zum 2. Juni 1920 ins Tagebuch vom 2. Juni bis 7. Dezember 1920.
12 Vgl. hierzu den Beitrag von Matthias Donath in diesem Band zum Thema »Besitz«.
13 Auktionator Hermann Nestle, Auktions-Katalog Versteigerung auf Schloß Sibyllenort (Schlesien) von Nr. 1 bis Nr. 623, Breslau 1935.
14 Auf Grund der Kürze der zur Verfügung stehenden Zeit konnten keine Details zu den Käufern recherchiert werden.
15 Ulrike Sbresny: Sammlungen des Adels. Bedeutung, Kulturgüterschutz und die Entwicklung der Waffensammlung nach 1918, Bielefeld 2016, Anm. 8.
16 Auktionator Hermann Nestle, Auktions-Katalog Versteigerung auf Schloß Sibyllenort (Schlesien) von Nr. 1 bis Nr. 623, Breslau 1935. Es gab noch keine einheitliche Rechtschreibung, deshalb schrieb der Verfasser des Auktionskataloges »Puten«. Es sind aber »Putten«, nackte Kleinkindergestalten, gemeint.
17 Prinz Ernst Heinrich von Sachsen, Mein Lebensweg vom Königsschloß zum Bauernhof, Frankfurt am Main, 1979, S. 137.

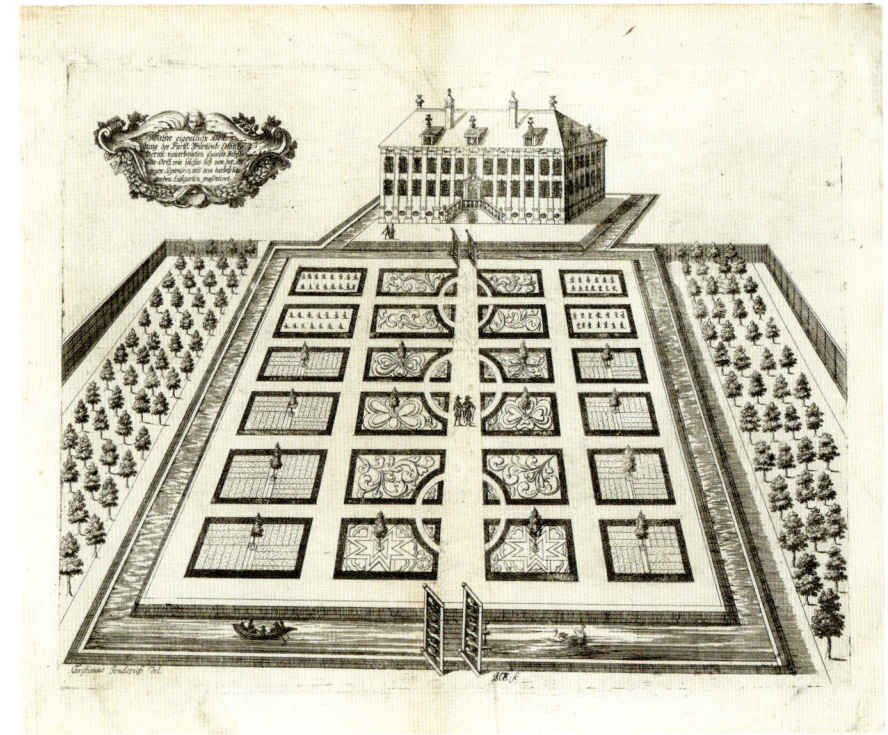

Schloss Sibyllenort wandelt sein Gesicht.

Oben: Christian Jenderich, Schloss Sibyllenort mit Gartenanlage, Kupferstich, Ende 17. Jh.

Unten: Wilhelm Sander, Schloss Sibyllenort, kolorierte Radierung, 1802.

Rechts oben: Wilhelm Sander, Schloss Sibyllenort, kolorierte Radierung, um 1800.

Rechts unten: Nach Theodor Blätterbauer, Schloss Sibyllenort im Tudorstil, Holzstich, 1889.

SYBILLENORT
Lustschloß Sr. Hochfürstl. Durchl. des regierenden Herren Herzogs Friedrich August von Braunschweig-Oels.

Friedrich August
König von Sachsen
seit 1904 —